Internet
Edición 2003

Internet
Edición 2003

Ricardo Nieto Silva
Néstor Palacios Suárez

ANAYA
MULTIMEDIA

GUÍAS PRÁCTICAS

Responsable editorial:
Marta Camarero Fernández

Diseño de cubierta:
Narcís Fernández

Realización de cubierta:
Cecilia Poza Melero

Autoedición:
Seven Servicios Integrales

Primera edición, septiembre 2002
Primera reimpresión, octubre 2002
Segunda reimpresión, noviembre 2002
Tercera reimpresión, febrero 2003
Cuarta reimpresión, abril 2003
Quinta reimpresión, septiembre 2003

Juan Ignacio Luca de Tena, 15. 28027 Madrid
Depósito legal: M. 39.326-2003
ISBN: 84-415-1398-8
Printed in Spain
Impreso en Lavel, S.A.

Este libro está dedicado a aquellos
que están cerca de mí, de un modo o de otro.
La lista sería muy larga, pero todos saben
a quiénes me refiero y quiénes están incluidos
en esa larga lista. Además, de este modo,
me aseguro de no olvidarme de nadie,
que es casi peor que nombrarle.

A Juan

Agradecimientos

Ponerse delante de una página como ésta es casi más difícil que escribir el resto del libro. Debo agradecer mucho a muchas personas, y no tengo la seguridad de acordarme de incluirles a todos, lo cual puede suponer un serio problema cuando coincida con alguno de los "ignorados".

En primer lugar le agradezco su total apoyo a mi familia, que no hay más que una, y además, no me encontraron en la calle (o eso quiero creer), porque han tenido que soportar mis cambios de humor casi a diario cuando algo no me salía... Bueno, digamos que me han tenido que soportar y eso es más que suficiente.

También se lo agradezco a toda aquella gente que me ha ofrecido su ayuda desinteresada para terminar una u otra parte y que en ocasiones han tenido que cambiar planes o deshacer los ya propuestos por mis continuos retrasos. Sé la mala imagen que da estar solo o sola en la barra de un bar.

Otro agradecimiento va a mis amigos, un poco en el camino del agradecimiento anterior.

Y el último agradecimiento (aunque no por ello menos importante), está dirigido a las personas que me ofrecieron hacer este libro. Espero que la confianza que depositaron en mí se vea recompensada en las ventas y que se convierta en el "bestseller del año". O, al menos, que la experiencia no haya sido excesivamente mala para ellos.

Índice

Introducción

En anteriores ediciones de este libro, esta introducción nos servía para explicarle las diferentes cosas que se podía encontrar en Internet y cómo éstas le podían influir en su vida cotidiana. Sabemos que este comentario puede parecer exagerado, pero si hace una pequeña revisión de las noticias que lee, del tiempo que pasa trabajando, y en ocasiones, conectado a Internet, se dará cuenta que la Red ha entrado en su vida de un modo silencioso pero seguro. Muchas son las ocasiones en que se sienta delante del ordenador para realizar tareas que no tienen que ver con su trabajo o entorno profesional: consultar las cuentas bancarias, hacer la compra, darse algún capricho en forma de libros o música, jugar en red, leer las últimas noticias... Porque una de las grandes ventajas de Internet es su amplitud y actualidad. Puede encontrar lo que necesite, y muchas veces, será mucho más actual que lo que cualquier otro medio le puede ofrecer.

Pero no pretendíamos pasar por encima de Internet y que este libro se convirtiera en un simple listado de páginas Web interesantes; para eso tiene muchas otras guías especializadas. Además, no tiene mucho sentido. En pocos sitios puede usted notar el cambio como lo hará en Internet. Una guía dedicada a listar páginas se quedará obsoleta en pocos meses (y no estamos exagerando). Hemos pretendido que el libro sea una herramienta más para conocer qué puede ofrecerle la Red. Por supuesto, es indispensable que incluyamos páginas Web, pero siempre como lugar al que acudir cuando necesite algún recurso. Es posible que cuando lea estas palabras, alguna de las direcciones que le ofrecemos se haya quedado obsoleta, pero seguro que en el dominio principal de éstas podrá retomar la dirección y acceder al lugar que necesita.

Hemos intentado darle a este libro un tono serio, profesional, completo, pero nunca hemos querido que fuese aburrido. Nuestra intención es que disfrute leyendo. Que se convierta en ese libro que tiene al lado del ordenador y al que puede acudir cuando tiene alguna duda. Pero también, que se siente a leerlo porque le apetece pasar un buen rato, porque le distrae, porque tiene sed de conocer sin que le aburran con palabras extrañas. Siendo muy optimistas, que se convierta en su libro de cabecera en la mesa del ordenador (puestos a pedir, para qué vamos a ser modestos...). Si, después de acabar la última página, usted asiente con la cabeza, sonríe y le presta el libro a un amigo, familiar o conocido y le dice "*merece la pena. Te va a aclarar muchas cosas*", entonces lo habremos conseguido. Ojalá este libro le sirva para "aparcar" por un momento otros libros y disfrute leyéndolo.

Nuestra intención ha sido siempre la de intentar ayudarle a conocer a fondo lo que Internet le ofrece. No es sólo un conjunto de páginas "desparramadas", es un gran supermercado. No es sólo un escaparate virtual para las empresas que quieran anunciarse. Internet implica entrar de lleno en la tan manida "Sociedad de la Información". Significa tener en su mano una serie de herramientas que eran impensables hace tan sólo cinco años. Quiere decir, y de nuevo no exageramos, cambiar totalmente su forma de pensar en cuanto a la comunicación se refiere. Y usted puede estar dentro de este mundo o dejarlo de lado. Si opta por lo primero, este libro le ayudará mucho (con ese sentido lo hemos escrito). Si opta por la segunda opción, es posible que ni siquiera lea esta introducción, pero tenga muy claro que Internet sí que va a seguir su marcha, y lo quiera o no, antes o después se encontrará con usted. La Red ya no es una anécdota que sólo interesa a unos cuantos "pirados". La Red está dentro de su vida. Haga la prueba: pare cinco minutos y póngase a pensar de cuántas maneras está usted en contacto con los ordenadores e Internet a lo largo del día. Si este número es superior a cinco, entonces usted está integrado en esta "Era" y necesita saber y conocer más. Si es inferior a cinco, entonces... quizá no exista.

No podíamos acabar de otro modo: buena lectura y un saludo ;-).

¿A quién va dirigido este libro?

Aunque pueda parecer una respuesta "peregrina", este libro está dirigido a usted. Sólo por el hecho de pararse delante del mostrador y cogerlo en sus manos, quiere decir que se interesa por el tema de Internet. Pero también necesita algún tipo de ayuda o de consejo. Y, por qué no decirlo, no se quiere quedar atrás.

Parece mentira la velocidad a la que evolucionan las cosas. Pues Internet las deja "tiradas" a todas. Si quiere volver a coger el tren, está de enhorabuena, porque ha llegado al sitio justo. Si sus hijos, sobrinos o nietos le hablan de unas cosas que no entiende. Si tiene que llamar a un amigo cada vez que enciende el ordenador. Si en las conversaciones, cuando sale el tema de la tecnología, usted se da la vuelta y va a la barra a "esconderse". Si no tiene una opinión formada sobre la "Sociedad de la Información". Si tiene curiosidad pero le "asusta" no entenderla. Si quiere, de una vez por todas, "agarrar el toro por los cuernos" y convertirse en un ilustrado de Internet, entonces este es su libro.

Y si estas páginas las está leyendo ya en su casa o en el trabajo, eso quiere decir que no sólo está interesado, sino que lo está mucho. Le damos las gracias por confiar en nosotros y esperamos (en el fondo estamos seguros) que le sirva de mucho. Con esa intención lo hemos escrito. De lo que no hay duda es que aquí tiene mucha información interesante que no le dejará "frío".

Cómo usar este libro

Este libro no es una guía de iniciación. Para entenderlo perfectamente, necesitará tener unos conocimientos previos (no muchos, pero sí algunos). En todo momento se han explicado los términos que pudieran suponer algún problema, tanto durante el propio texto, como en las partes iniciales de cada capítulo.

Por supuesto, es imprescindible, si quiere sacarle todo el jugo a las explicaciones y ejemplos que le ponemos, disponer de un ordenador con conexión a Internet, pero tampoco es totalmente necesario, ya que hemos intentado explicar todo en un lenguaje sencillo, claro y ameno, y lo hemos acompañado de numerosas capturas de pantalla para que sepa a qué nos referimos, pero si usted está delante de su monitor, mejor que mejor.

Es importante comentarle que para escribir este libro se utilizó un ordenador con el novísimo sistema operativo Windows XP. La razón de usar este sistema y no otro, se debe a que, por un lado, Windows ha demostrado ser el sistema más difundido en el mundo (por mucho que a algunos les pese). Además, consideramos que XP ha venido "a quedarse", y es el sistema más estable y seguro de los que Microsoft ha realizado hasta la fecha, hasta el punto que se convertirá, en poco tiempo, en un estándar. Por eso es posible que no reconozca alguna de las capturas incluidas en el libro, sobre todo en el "entorno" que puedan aparecer. También es posible que algunas de las características o aplicaciones que damos por incluidas en el sistema, no lo estén si usted usa un sistema anterior como Windows 95, 98 o ME. En todos estos casos, hemos intentado también ofrecerle una página Web donde puede descargarse estas aplicaciones, y que pocas veces le darán problemas de compatibilidad. En cualquier caso, le pedimos perdón si no es así, pero nuestra intención es que el libro le sirva por mucho tiempo, y estamos seguros que la "migración" a XP se acabará haciendo en breve (en la actualidad, todos los fabricantes y programadores se centran ya en este sistema y aprovechan todas sus características) y entonces, todo lo explicado será plenamente operativo.

Lo que no necesitará son tarjetas aceleradoras 3D, enormes cantidades de memoria RAM, discos duros interminables ni tarjetas de sonido con Dolby Sourround. Con su configuración básica podrá acceder a todas y cada una de las aplicaciones y explicaciones. Si además dispone de alguna de las opciones anteriores, entonces todo será más agradable, pero poco más.

Por último, no necesita leer de principio a fin el libro, en un orden concreto. Sería lo esperable y en ese sentido se ha escrito, pero puede acceder directamente al capítulo que más le interese sin necesidad de haber leído lo anterior. En cada uno de ellos le damos los datos necesarios para que sea una parte independiente de las demás. Lo que sí le recomendamos es que, más tarde o más temprano, pase por todos los capítulo pues seguro que algo nuevo aprenderá o que alguna duda, que no creía tener, le aclararemos.

1 Conceptos básicos

1.1. Introducción

Internet es, hoy por hoy, la mayor biblioteca y lugar de consulta que existe en el mundo. Su gran atractivo reside en que se puede encontrar, con apenas un clic de ratón, información corporativa sobre el FBI, leer las últimas noticias de todo el mundo, hacer la compra del mes, consultar la Enciclopedia Británica o adquirir el último modelo de deportivo. En definitiva, es donde la libertad es más patente, cuestión que, por cierto, también se convierte en uno de los mayores argumentos para la crítica por parte de sus detractores.

Si llevamos al límite este último aspecto, podríamos decir que es una "anarquía organizada": cualquiera puede tener un escaparate en el que mostrar sus ideas y decirle al mundo lo que piensa sin tapujos; cualquiera puede tener un catálogo de productos actualizado al minuto; cualquiera existe sin que nadie pueda decirle qué o cómo; cualquiera puede comprar, vender, cambiar, regalar; cualquiera es alguien desde el momento que está presente de un modo u otro... En la Red están juntas las grandes multinacionales con los negocios familiares, grupos musicales de heavy-metal con amantes de los boleros, aficionados a los juegos de rol con físicos nucleares. Y lo tiene todo "encerrado" en una pantalla de ordenador.

Imagínese que pudiese darse una vuelta por la biblioteca de Alejandría. Miles de títulos, tratados, estudios y dibujos concentrados en un edificio majestuoso. Pues, si lo compara con Internet, este edificio se convertiría en una caja de cartón mal puesta, mojada, rota por los lados y que no le aísla lo más mínimo de la intemperie. Hasta ese punto es inmensa la Red.

Si ya la conoce y navega habitualmente, no le estamos descubriendo nada. Pero si nunca ha estado "dentro" y le pica la curiosidad, no espere más y láncese a descubrir Internet. Se dará cuenta que se estaba perdiendo una gran experiencia.

1.2. Historia de Internet

1.2.1. Arpanet

En 1957, en plena guerra fría, la URSS lanzó al espacio el primer satélite artificial, el Sputnik. Este hecho se acabaría convirtiendo en el primer paso por tener el control de las comunicaciones. Más tarde, los Estados Unidos llegan a la conclusión de que la tecnología empleada por sus redes telefónicas tradicionales (denominada conmutación de circuitos), es claramente vulnerable ante un hipotético ataque de sus enemigos, y muy en especial ante un ataque nuclear, el mayor temor existente en esos tiempos. La destrucción de una conexión entre dos puntos estratégicos implicaría la pérdida total de las comunicaciones. Por ello, hacia 1969, responde creando ARPA (Advanced Research Projects Agency, o Agencia de Proyectos de Investigación Avanzada, dependiente del Departamento de Defensa Norteamericano), y con ella la red ARPANET, un proyecto basado en una tecnología que permitiese que la información emitida por alguno de sus centros, llegase a su destino aunque parte de la red quedase destruida por un ataque, y denominó a esta tecnología como "conmutación de paquetes". Básicamente consiste en que la información se divide en pequeños bloques (paquetes). Cada paquete lleva una información adicional (cabecera) con la información necesaria para que cada uno de ellos pueda "viajar" de forma independiente. Una vez en su destino, se vuelven a unir formando el mensaje original. La gran ventaja es que, en caso de encontrar la ruta bloqueada, cada paquete "busca" de nuevo otro camino para llegar al punto final, gracias a la información contenida en su cabecera. ARPANET desapareció en 1990 dejando una herencia que ha formado Internet tal y como se conoce hoy en día, gracias a la tecnología TCP/IP.

No es fácil dar la fecha en la que Internet es tal y como se conoce en la actualidad. Bien es cierto que en 1980 se interconectaron las redes CSNET (unas redes que unían ordenadores de distintos departamentos de ciencias de algunas universidades) con ARPANET, pero la "fecha oficial" del nacimiento es 1983, momento en el que el Departamento de Defensa decide integrar el protocolo TCP/IP y crea ARPA Internet. A la vez, se dividió la red original en ARPANET (para investigación y ámbito universitario) y MILNET (para uso militar).

ARPA Internet comienza a ser usada por otras organizaciones no militares dependientes del gobierno americano, como la NASA, y de ahí hasta nuestros días.

1.2.2. El caso español

España puede enorgullecerse de ser uno de los primeros países que adoptaron la tecnología de conmutación de paquetes desarrollada por ARPA. Creada en 1971 por CTNE (la antigua Telefónica), su nombre fue el de RETD (Red Especial de Transmisión de Datos), pasó a llamarse Iberpac en 1982 y su función fue la de crear un soporte de transmisión de datos entre organismos públicos y privados, especialmente universidades y centros de investigación.

A mediados de los 80 se desarrolla en Europa el servicio Videotex (en España, Ibertex), que permitía a los usuarios acceder a información de todo tipo a un bajo coste, y que supuso el que muchas empresas comenzaran a desarrollar servicios basados en Videotex. El número de usuarios se comenzó a multiplicar, llegando a tener más de 400.000 en nuestro país. Era un servicio muy básico, totalmente basado en texto y sin casi ningún gráfico, muy distinto de lo que se puede ver hoy.

Proyecto IRIS

Dentro del ámbito universitario, la Secretaría de Estado de Universidades e Investigación (SEUI), intentó unir en 1985 las distintas redes de los centros de cálculo de las universidades en una única red. Casi al mismo tiempo, la Fundación para el Desarrollo de la Función Social de las Comunicaciones, FUNDESCO, comunicó la necesidad de contar con un elemento integrador que permitiese a los investigadores españoles y extranjeros acceder a otras instituciones para compartir información. Ambas propuestas confluyeron dando lugar al Informe Técnico sobre el Proyecto IRIS (Interconexión de Recursos Informáticos). La primera necesidad que se planteó fue la de crear un sistema abierto, es decir, que permitiese la interconexión de distintas redes, aunque tuviesen tecnología diferente.

Sin embargo, no fue hasta 1987 cuando se dispuso de los medios económicos necesarios para llevar a cabo esta labor. El primer Plan Nacional de I+D fue el que destinó una partida específica a tal proyecto. En 1993, el Proyecto IRIS pasó de ser responsabilidad de FUNDESCO para serlo del Consejo Superior de Investigaciones Científicas (CSIC) y, en 1997, este organismo firmó un tratado con la Comisión Interministerial de Ciencia y Tecnología, CICYT, y con Telefónica de España, para potenciar la infraestructura de la red, creando 17 nodos de conexión que abarcaban todo el territorio español.

1.2.3. Algunas cifras

El crecimiento de Internet es evidente. Empresas dedicadas a estudiar el número de usuarios, ordenadores conectados, transacciones económicas en la Red, o cualquier otro elemento relacionado con Internet, no salen de su asombro, y las cifras de sus informes aumentan mes a mes. Según la Asociación de Usuarios de Internet (AUI), se calcula que para finales de 2002 ya habrá más de 8 millones y medio de usuarios de la Red en España y, las conexiones a Internet desde el hogar, ya suponen un total del 56,5 por ciento del total.

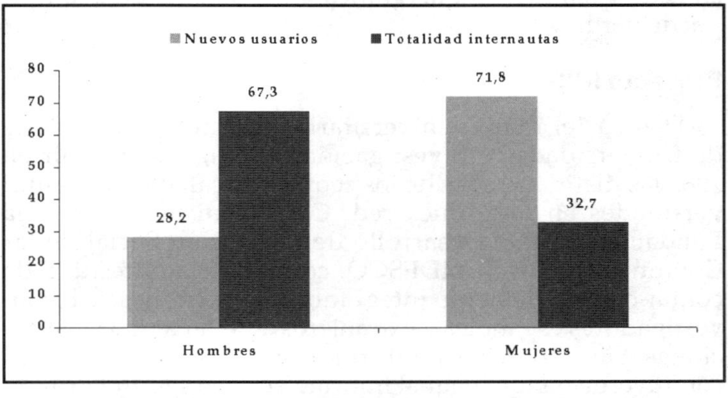

Figura 1.1. Nuevos Usuarios frente a la totalidad de internautas. Distribución por sexos a junio de 2002

Por otro lado, la empresa NetValue (www.netvalue.com) calcula que el número de internautas que surgen en España, lo hace a un ritmo de casi tres por minuto (datos válidos a junio de 2002), de los cuales el 70 por ciento son mujeres, lo que indica un gran cambio en la tendencia y que se acabe de una vez por todas con el mito de que Internet es usado única y exclusivamente por hombres (véase figura 1.1). Y para seguir ilustrando este crecimiento, nada mejor que unas cuantas cifras más relacionadas con el uso de Internet en España y en varios países europeos y de nuestro entorno:

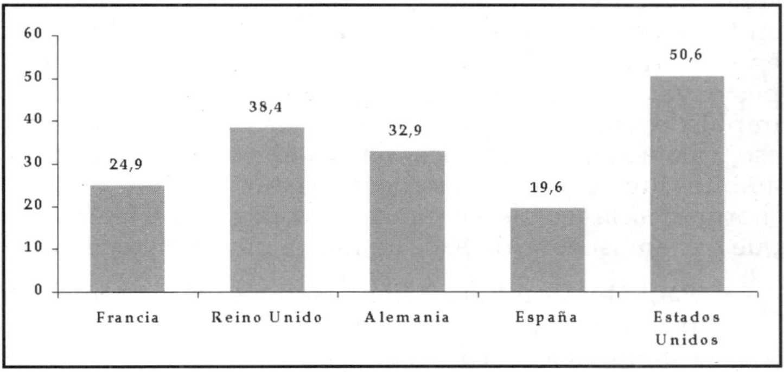

Figura 1.2. Número de hogares conectados y total de hogares en mayo de 2002

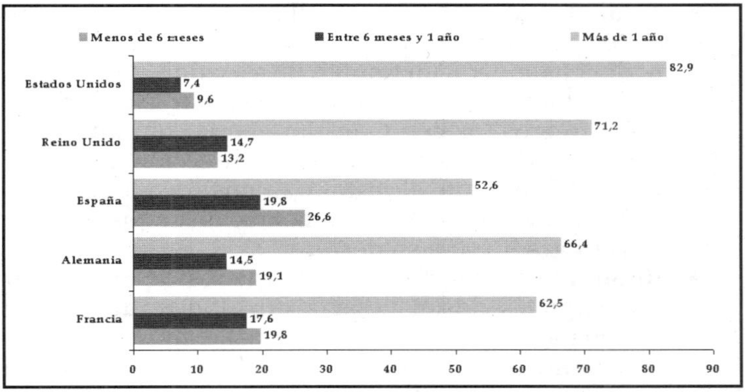

Figura 1.3. Tiempo que llevan conectados los hogares a Internet a fecha de mayo de 2002

Y, por último, los datos relativos al tiempo que llevan conectados a Internet los distintos hogares de Europa y Estados Unidos, lo que indica el grado de crecimiento que este sector está teniendo.

1.3. Terminología relacionada

Una vez que hemos "desentrañado" por encima los inicios de Internet, seguro que han aparecido términos que no son los habituales en una conversación de cafetería. Como en tantos otros temas, la cultura anglosajona (sobre todo en su vertiente americana) tiene mucho que decir al respecto, ya que se puede decir que han sido los inventores e impulsores de todo este entramado de comunicación. Por eso, palabras que hace pocos años podían estar relegadas a ámbitos muy específicos y concretos, hoy por hoy sí que es "normal" oírlas en casi cualquier sitio, desde la cafetería a la que hacíamos mención hace un rato, a un vagón de metro.

- **Paquete:** Como ya hemos dicho anteriormente, un paquete es cada uno de los trozos, en la tecnología de Conmutación de Paquetes, en los que se dividen los distintos datos. Son pequeños segmentos de información de entre 1 y 1.500 caracteres de longitud, y cuentan con la información suficiente para llegar a su destino sin depender de los otros paquetes que forman el mensaje original.
- **Nodo:** En general, se puede llamar Nodo a cada uno de los puntos conectados a una red, sea éste un ordenador cualquiera, un Router, un servidor... Este término también es utilizado para designar cada uno de los extremos (origen y destino) en la comunicación. Cada uno de ellos consta de una dirección única que le identifica frente al resto, y su misión es decidir en cada momento el mejor camino que un paquete puede llevar para llegar a su destino.
- **Router:** Son ordenadores encargados de encaminar los paquetes de un lugar a otro. Su traducción al castellano es "Enrutador", algo así como "el que decide la mejor ruta", pero habitualmente se utiliza el término inglés. El modo de conexión entre los Routers puede ser por medio de la línea telefónica, fibra óptica, microondas...

- **Ruta:** Es el camino que lleva cada uno de los paquetes desde su origen hasta su destino, y que varía dependiendo de los Routers que se encuentre en el viaje.
- **Servidor:** Son ordenadores conectados a la red, y que ofrecen algún tipo de servicio a los usuarios o "Clientes".
- **Cliente:** También llamado "Host", es cada uno de los ordenadores conectados a la red, y que se sirven de las funciones ofrecidas por los servidores. El conjunto de ordenador servidor y ordenador cliente es denominado "Sistema Cliente/Servidor" (o Host/Server).
- **Enlace:** Los enlaces o "Links" son conexiones físicas entre Routers. También adoptan este nombre cada uno de los elementos que conforman una página Web, y que permiten saltar de un lugar a otro para completar la información, o para consultar otros datos o páginas Web relacionadas de algún modo.
- **Ethernet:** Es un tipo particular de red de área local.
- **FTP:** Es el acrónimo de "File Transfer Protocol" o Protocolo de Transferencia de Archivos. Una aplicación cuya función es intercambiar o transferir archivos entre ordenadores.
- **Dirección IP:** Es una cadena numérica que identifica a cada ordenador en la red.

1.3.1. Protocolo TCP/IP

Un protocolo es un conjunto de reglas necesarias para que, como en cualquier otro ámbito, se puedan entender dos interlocutores, bien sean éstos dos personas o dos ordenadores. En las relaciones interpersonales, el protocolo está dictado por la sociedad a la que pertenecen ambos, a la cultura, las tradiciones o la educación recibida. En el caso de los ordenadores, este protocolo o conjunto de reglas está establecido por una serie de organismos cuya función es el "buen funcionamiento" de las redes. Pero, a diferencia de lo que ocurre entre personas, que son capaces de adaptarse a casi cualquier tipo de circunstancia que aparezca aunque sea la primera vez en la que se ven envueltos, las reglas para definir la buena comunicación entre ordenadores deben ser muy exhaustivas y recoger todas y cada una de las posibles cuestiones que puedan aparecer. Si alguna no está contemplada dentro del protocolo, el ordenador emisor o receptor no entenderá la información y no dará curso a las demandas exigidas.

Siguiendo con el ejemplo de las comunicaciones entre personas, quien habla suele ser el que primero comienza una conversación, o aquel que es considerado como figura de más importancia o moderador. Con las máquinas ocurre lo mismo. Estos protocolos ofrecen el papel de moderador a un ordenador concreto, que es el que se encarga de dar la "palabra" al resto (los llamados sistemas centralizados), o bien aquel que encuentra la vía de comunicación libre, es el que "habla" el primero (como en el caso de Ethernet).

Al principio de los tiempos (hablando de temas informáticos nos podemos dar esta licencia), cada uno de los fabricantes establecía sus propios modos de comunicación (sus protocolos), y casi siempre eran sólo válidos para los equipos de su misma marca, por lo que conectarse y conseguir una comunicación global como lo entendemos en la actualidad, era prácticamente imposible. Pero, según fue ampliándose el uso de la informática, es decir, cuando dejó de ser algo exclusivo de las agencias gubernamentales y de los departamentos científicos de las universidades, se comprobó que era necesario unificar el protocolo (normalizarlo), y de este modo permitir que distintos equipos, fuesen del fabricante que fuesen, pudieran tener una conexión fácil y rápida. Los protocolos habidos hasta la fecha han sido varios y diversos, y algunos de ellos siguen existiendo: CSMA/CD, X25, FR... Sin embargo, el que está teniendo más "éxito" y está siendo adoptado por toda la comunidad informática es el protocolo TCP/IP ("Transmission Control Protocol/Internet Protocol" o Protocolo de Control de Transmisión/Protocolo de Internet).

De este acrónimo, la parte fundamental para la comunicación en Internet es el protocolo IP. IP determina todos los procedimientos que deben seguir las distintas informaciones que se transmiten en la red, sin importar el tipo de red física en la que se hagan. Y como hay distintas necesidades, también hay distintos protocolos IP, ya que fija las normas para que cada paquete alcance el destino elegido, pero no cuándo, cuántos o en qué orden. Por ejemplo, en cuestiones como el correo electrónico, es necesario que los caracteres que se escriben en el origen, lleguen en el mismo orden al destino, o de lo contrario será totalmente imposible comprender el mensaje. Si hablamos del FTP, también es necesario que el fichero llegue a su destino sin ninguna pérdida de datos o el resultado obtenido será inútil. En estos dos casos, el protocolo necesario será el TCP, ya que permite un flujo de datos fiable, en el orden requerido y seguro, sin problemas de duplicidad.

Pero si lo importante en la transmisión es que lleguen mensajes de voz o de vídeo, es más importante la velocidad de transmisión que la garantía de que lleguen todos y cada uno de los datos emitidos (incluso en las conversaciones telefónicas normales se producen pequeños cortes, pérdidas de información por volumen, tono...). En este caso, (aunque no sea el tema que nos ocupa), el protocolo requerido será UDP ("User Datagram Protocol").

1.3.2. Direccionamiento de Internet

Para que los datos sepan en todo momento de dónde vienen, y a dónde van, es necesario darles una "dirección", un nombre único para que la información determine con exactitud su origen y destino y no se produzcan pérdidas por el camino.

En este apartado, le vamos a explicar las distintas direcciones habidas en Internet, sus diferencias y el modo de identificarlas.

Direcciones de correo electrónico

Una dirección de correo electrónico se compone de dos partes separadas por el carácter "arroba" @. Veamos un ejemplo con la dirección jmartinez@rebel.es. La parte de la izquierda es la denominada "Userid" o Identificador de Usuario. Simplemente, muestra el nombre o cómo se quiere identificar en la red esta persona en concreto; a la derecha de la arroba, está el dominio.

El dominio está separado por puntos. En nuestro caso es "rebel.es", pero puede haber más campos (llamados subdominios). La forma de leerlos es de derecha a izquierda, siendo el que está más a la derecha el de carácter más general, llamado TLD, "Top-Level Domain" o Dominio de Nivel Alto. Vayamos de nuevo a nuestro ejemplo: el último dominio es ".es", e indica que el ordenador pertenece a España. Siguiendo de derecha a izquierda, sólo hay un subdominio más, "rebel", que puede significar cualquier cosa, desde el nombre de una empresa, al de una institución o el propio "nombre" del ordenador conectado...

Otro ejemplo un poco más complicado (también con una dirección imaginaria), jmartinez@extrem.dfn.uam.es. En este caso tenemos que el usuario es el mismo. Pero, en la parte derecha nos encontramos con cuatro subdominios que nos proporcionan la siguiente información: está en España (".es"), pertenece a la Universidad Autónoma de Madrid (".uam"), al Departamento de Física Nuclear (".dfn") y a un ordenador concreto (".extrem").

Los dominios de Nivel Alto de Organización fueron creados antes de que Internet fuese usado en el ámbito internacional y creyendo que sólo se usarían en Estados Unidos. Más adelante se comprobó que esta organización no era suficiente y que se debían crear nuevos dominios para satisfacer todas las demandas, entre ellas la de identificar los ordenadores por su situación geográfica.

Direcciones IP

Aunque lo normal es ver cualquier tipo de dirección con un nombre de usuario y un dominio, realmente el ordenador no las "ve" así, sino como un conjunto de números divididos en grupos de cuatro. Son las direcciones IP. Es más, la dirección IP y el nombre de la página Web o del usuario del correo electrónico son completamente equivalentes, y la correspondencia entre una y otra, o dicho de otro modo, la traducción de un nombre a un conjunto de números y viceversa, la lleva a cabo el DNS ("Domain Name System" o Sistema de Nombre de Dominios), que es un servicio perteneciente al protocolo TCP/IP.

Cada uno de estos número o direcciones IP es único para cada ordenador. Son cuatro grupos de cifras con valores entre 0 y 255, separadas por puntos. Un ejemplo de dirección IP puede ser 221.0.56.231.

2

Acceso a Internet

2.1. Proveedores de acceso

Los proveedores de acceso a Internet o ISP (Internet Services Providers) son empresas dedicadas a facilitar el acceso a la red a particulares o empresas. Pero antes de nada, ¿cuál es el modo de acceder a Internet? Es probable que usted trabaje en una empresa desde la que pueda acceder a través de una LAN (Local Area Network), es decir, una red de área local. En este caso, su conexión será continua y estará siempre conectado. Pero también puede trabajar en un centro de investigación o universidad y también estará conectado todo el día. Por otro lado, existen lugares de ocio llamados "cibercafés" que le permiten, por poco dinero, realizar consultas, enviar correos electrónicos o, simplemente navegar. En cualquiera de los casos anteriores usted se podrá "despreocupar", pues cada uno de los encargados de sistemas será el encargado de suministrarle todo lo necesario para que su única acción sea conectar el ordenador y acceder a Internet.

Pero también es posible que usted quiera acceder desde su casa, con lo que las cosas se pueden "complicar" un poco. No se preocupe, no es tan difícil. Simplemente, será usted el que deba preparar el ordenador y configurarlo para que el acceso sea posible. En primer lugar, estos ISP le deberán suministrar, entre otros muchos datos, un número de acceso telefónico. Este número dependerá de los nodos con que dicha empresa cuente, pero debe tener en cuenta que cuanto más cerca de su casa tenga el nodo (el punto de conexión a la red central del ISP), más fácil y más barata será la conexión. Por ejemplo, si usted vive en Madrid pero el ISP sólo le puede conectar desde el nodo que tiene en su central, pongamos que en Huelva, las llamadas pueden ser consideradas interprovinciales, y por tanto, más caras. Infórmese de este aspecto antes de contratarla y elija siempre una empresa que le permita facturar las llamadas como interurbanas.

Otros datos que necesita para realizar la conexión son un nombre de usuario y una contraseña (el primero podrá ser elegido por usted, pero la contraseña es posible que se la adjudique la empresa, aunque en ocasiones también será elección suya). En otras ocasiones, el propio ISP entrega el software necesario para que la conexión sea casi automática y usted sólo tenga que seguir las instrucciones de un asistente. Como le decíamos antes, cada proveedor tiene su forma de trabajo, y será usted el que deba escoger entre los que más opciones le ofrezcan y mayores facilidades pongan en sus manos.

2.2. Tipos de acceso

2.2.1. Línea telefónica

Línea telefónica convencional

Es, probablemente, el modo más habitual para acceder a Internet por parte de los usuarios particulares. Como le comentábamos antes, necesitará un número de teléfono para conectar con el servicio, por lo que le recomendamos que, entre la oferta disponible (que cada día es mayor), elija aquella que suponga menos gasto. Habitualmente se facturará por tiempo de conexión, por lo que también es interesante que conozca las tarifas vigentes así como el horario en el que una conexión es más barata, habitualmente por las noches.

Para conectarse de este modo, usted necesitará, aparte de un ordenador (algo obvio), un módem (MOdulador-DEModulador), que es un aparato que le permite "traducir" los datos que crea el ordenador a lenguaje compatible con una línea telefónica y viceversa. Este tipo de aparatos pueden ser externos o internos, y su velocidad estará limitada a 56,6 kbps (kilobytes por segundo), pero tiene la gran ventaja de compartir la línea telefónica habitual y no necesitar otro tipo de acceso. (Véase figura 2.1.)

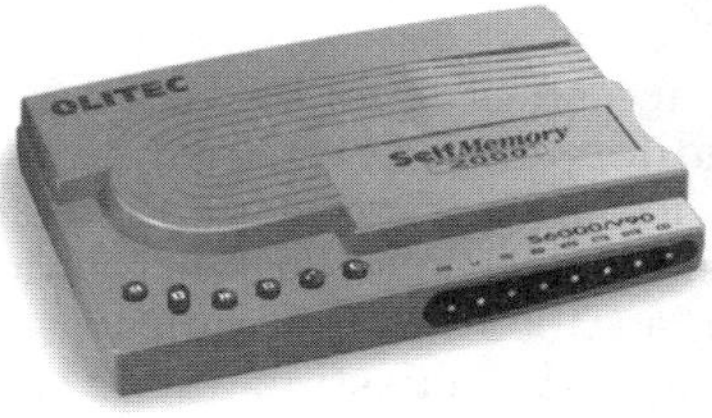

Figura 2.1.

RDSI

RDSI es el acrónimo de "Red Digital de Servicios Integrados", y su modo de funcionamiento es muy similar al explicado anteriormente, aunque tiene algunas diferencias. La primera tiene que ver con la velocidad de transmisión, que varía entre 64 kbps y 128 kbps, lo que la hace mucho más rápida que la línea telefónica convencional. Sin embargo, su coste sí es superior (no el de las llamadas, sino el de la instalación de este tipo de aparatos y líneas).

Figura 2.2.

También es importante que usted sepa que necesitará disponer o que le instalen una línea RDSI (una opción de la que no disponen siempre todos los ISP) y un adaptador (Véase figura 2.2). Aunque las ofertas que están surgiendo hacen que un acceso RDSI esté casi al alcance de cualquiera, consulte todas las empresas disponibles para comprobar los servicios añadidos que le ofrecen.

Teléfono móvil

El modo de acceso es igual al que podría hacer con un módem, con la diferencia que en lugar de usar su línea telefónica habitual, lo hará por medio de su teléfono móvil. Este teléfono debe ser GSM ("Global System for Movile Communication" o Sistema Global de Comunicación Móvil) y estar conectado al ordenador, cuestión que le supondrá un desembolso adicional, ya que, habitualmente, los ordenadores no disponen de una conexión directa con un teléfono móvil y, en ocasiones, el módem deberá ser específico y suministrado por la misma marca que la del teléfono.

Su gran ventaja es la movilidad total, ya que podrá estar conectado allí donde lleve su ordenador portátil y su teléfono, aunque las tarifas de telefonía para aparatos móviles son todavía muy superiores a las que ofrece la telefonía fija. Otra cuestión a tener en cuenta es la velocidad de transmisión, que es de 9.6000 bps, bastante limitada para determinados usos.

La llegada de la futura tecnología UMTS ("Universal Movile Telecomunications System" o Sistema Universal de Telecomunicaciones Móviles) permitirá la conexión a Internet mediante teléfono móvil a una velocidad de hasta 2 Mbps (Megabytes por segundo), pero su implantación es, hoy por hoy, aún muy lejana.

2.2.2. ADSL

ADSL significa "Asymmetric Digital Subscriber Line" o Bucle de Abonado Digital Asimétrico, una tecnologçia pensada para transmitir datos a alta velocidad, hasta a 8 Mbps (teóricamente) y utilizando el "bucle de abonado" de las líneas telefónicas, un cable de cobre que va desde la casa del usuario hasta la central telefónica, pero que no todas las compañías ofrecen. Su contratación incluye un pago fijo mensual que le permite disfrutar de conexión a Internet durante 24 horas los 7 días de la semana, pudiendo elegir, aparte, la velocidad de transmisión de los datos. A mayor velocidad, su proveedor le cobrará más. Su ventaja es la de utilizar la misma línea telefónica habitual, para poder recibir, además, las llamadas telefónicas, cuestión que no es posible con un módem. Para ello se utiliza un "splitter" o Flitro Separador. Por el contrario, implica la instalación adicional de un servicio ADSL, instalación que puede ser, en muchos casos, bastante cara.

Quizá sea la conexión más recomendable para aquellas personas que quieran estar conectadas continuamente (la llamada tarifa plana) y, además, tener un gran "ancho de banda" (la posibilidad de que circule mucha información a la vez por la red), como puede ser el uso para juegos en red, teletrabajo, etc.

Figura 2.3.

2.2.3. Cable módem

La conexión mediante cable se realiza gracias a un dispositivo (en realidad un módem) adaptado para utilizar las mismas redes que utiliza la televisión por cable. Con esta opción se puede llegar a tener una velocidad de conexión de hasta 40 Mbps (de nuevo, teóricas, ya que lo más usual es que esté limitada a 1 Mbps). Como ocurre con el ADSL, la recepción de los distintos canales de televisión que usan la misma vía, no se ve afectada.

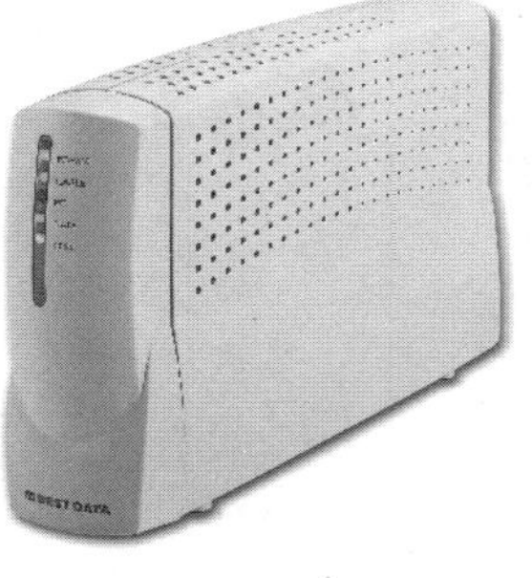

Figura 2.4.

2.2.4. Satélite

Pero, cuando todo falla y no hay disponibilidad de las distintas tecnologías anteriores, si necesita conectarse a Internet sólo le queda la opción del satélite. Lo único que necesita es una "vista despejada" hacia la ubicación del satélite en cuestión. La gran ventaja es la disponibilidad de velocidades de hasta 400 Kbps, pero necesitará una antena parabólica, un módem específico y software "a juego".

La conexión por satélite se realiza por medio de las empresas de TV que ofrecen este servicio, es decir, Canal Satélite Digital, de Canal+, y Vía Digital. Pero también hay empresas especializadas en este tipo de conexiones. Para conocer dichas empresas, basta con introducir en cualquier buscador la palabra "conexión por satélite" para obtener un listado de dichas empresas. Por el momento, el precio es bastante variable y depende del tipo de contrato a realizar y de la empresa en sí, pero para usuarios finales puede resultar un poco caro, y su uso está, por el momento, más indicado a empresas.

2.2.5. WAP

WAP (Wíreless Aplication Protocol o Protocolo de Aplicaciones Inalámbricas), es una tecnología desarrollada por los fabricantes de terminales de telefonía móvil. Aunque dicho protocolo es distinto al utilizado por Internet, permite que determinados teléfonos móviles, "beepers" (dispositivos buscapersonas), agendas personales tipo PDA (Personal Digital Assistants) o Palm, puedan acceder a información de un modo similar a como se haría desde un ordenador.

Figura 2.5.

El lenguaje utilizado para este tipo de información no es HTML, el típico de Internet, sino WML, un lenguaje nuevo creado para estos dispositivos, y que está creciendo día a día (no en vano, el número de usuarios con teléfono móvil aumenta cada vez más).

Estos servicios WAP son ofrecidos por los distintos operadores de telefonía móvil, pero no todos los teléfonos pueden acceder a él. Deben ser terminales WAP, aunque casi todos los fabricantes disponen de modelos para acceder a estos servicios.

2.3. Software necesario

Como en casi todo, para poder acceder a todos los servicios que Internet le puede ofrecer, necesita un software especial. Este tipo de software se divide, fundamentalmente, en dos tipos: software de acceso y software de navegación. El primero le permitirá, como su nombre indica, acceder a la información. Será el encargado de configurar los parámetros técnicos para que la conexión se haga efectiva. El segundo tipo de software, el de navegación, será la herramienta que pondrá en contacto dicha información con el usuario. Será la interfaz por la cual usted podrá navegar por Internet.

Tanto un tipo de software como otro suele ser gratuito y muy fácil de conseguir, y en ocasiones, dependerá más de sus gustos personales que de otra cuestión. Vamos a verlos con más detenimiento.

2.3.1. Software de acceso

Si su sistema operativo es Windows 95 o posterior (98, Me, 2000, XP, NT...), el software de acceso ya viene incluido, por lo que no tendrá que buscarlo. Hoy, poca gente utiliza ya Windows 3.1, por lo que no tiene sentido entrar más en este tema. El software necesario lo tiene en su ordenador, ya instalado o disponible con la copia de su CD de Windows.

2.3.2. Software de navegación

Es el software de navegación el que sí debe elegir. El principal software es el de navegación por Web, representado fundamentalmente por dos programas: Microsoft Internet

Explorer y Netscape Navigator. De acuerdo que hay más programas, pero en la actualidad, el 90 por ciento de los "navegantes" usan cualquiera de estos dos.

La ventaja de Explorer es que ya viene incluido en la versión de Windows que usted tenga instalada en su ordenador, así que tampoco tendrá que buscarlo. Si, por el contrario, es más "partidario" de Netscape, deberá buscar el navegador en la página Web de este fabricante, www.netscape.com, o localizar una copia en los CD que reparten las revistas de informática, donde es habitual que incluyan el programa. Tanto uno como otro son gratuitos, así que no tendrá que pagar por ellos.

También podrá encontrar copias de MS Internet Explorer en la página www.microsoft.com. De la misma empresa, tiene disponible otro navegador muy atractivo llamado MSN Explorer, también gratuito. Lo podrá encontrar en http://explorer.msn.com.

2.4. ¿Cuánto cuesta Internet?

Internet no cuesta nada. Dicho así, la frase puede llevar a engaño, pero es la verdad. A usted no le cobrarán nada por visitar cientos de páginas Web. Sin embargo, lo que sí cuesta dinero es la conexión a la red. Unas empresas le pueden cobrar por este servicio, mientras que otras se lo ofrecerán de modo gratuito. Pero no desconfíe: acceso gratuito no implica conexión gratuita. Estas empresas no le cobrarán por que use sus redes, pero sí deberá hacer otro tipo de pago.

En primer lugar, si usted se conecta con un módem, deberá pagar el tiempo de conexión como si fuese una llamada telefónica normal, siempre dependiendo del nodo al que se conecte, si éste está situado en su misma provincia o en otra, etc. En otras ocasiones, algunos proveedores de servicios le podrán cobrar por "movimiento de ficheros", una opción sobre todo basada en el uso del correo electrónico, descarga de ficheros Web o FTP. Tanto uno como otro tipo de tarifación, dependerá de la empresa ISP, de la tarifa telefónica que haya en ese momento o del tipo de contrato que usted tenga.

Otras opciones son las de estar conectado en la denominada "tarifa plana". En ese caso, usted podrá tener conexión las 24 horas del día sin miedo a la factura telefónica, pero deberá hacer un pago mensual a la empresa que le suministra el servicio, e incluso, dependiendo del tipo de tarifa contratada, un pago extra por tiempo conectado. Quizá sea esta una buena opción si necesita estar en Internet mucho tiempo. Compare precios (las ofertas se multiplican), haga números, y compruebe qué tipo de tarifa le viene más a cuenta.

Tampoco se despiste con los "aprovechados". Usted no necesita dar su número de tarjeta de crédito para ver ninguna página. En ocasiones, muchos contenidos están supeditados al pago de una cantidad (descarga de software, páginas pornográficas...), pero siempre deberán avisárselo con antelación. Si usted no está interesado en dichos contenidos, simplemente cambie de página. Y si algún tipo de aviso le señala la necesidad de reiniciar su conexión para ver alguna Web, desconfíe, y piense que en ocasiones lo que ocurre es que el programa "agresor" le desconecta de su ISP habitual para conectarle a un 906 o similar y que el gasto se dispare.

Como resumen, usted sólo debe pagar por lo que "compra" y por nada más.

3 Seguridad y ética en Internet

3.1. Introducción

Como en cualquier otro sitio donde se reúne mucha gente, es necesario plantear una serie de normas de forma que la comunicación sea posible, y en la medida de nuestras posibilidades, educada. A Internet acceden cada día millones de personas: americanas, españolas, rusas, filipinas, coreanas... Cada grupo con una cultura, lengua y educación diferentes. Aunque el idioma más utilizado para el contacto intercultural es el inglés, la verdadera comunicación se suele realizar con personas de nuestra misma lengua. El correo electrónico, los chat, ICQ y similares, están llenos de personas de todas las lenguas y razas, pero habitualmente usted se comunicará con españoles o hispanohablantes.

Al igual que comentábamos antes sobre los protocolos, esas normas genéricas que le permiten a los ordenadores "entenderse", también hay una serie de normas para que las personas se entiendan en un idioma común. En ocasiones, estas normas no están escritas en ningún sitio (ahora lo están aquí), pero cualquier usuario que se conecte habitualmente las conocerá y hará uso de ellas por el bien de la comunicación. En las siguientes páginas, intentaremos hacerle un resumen de dichas normas. Aunque están pensadas para ayudarle en la comunicación con gente de su idioma, casi seguro que un usuario extranjero las entenderá, por lo que casi nos atreveríamos a decir, con mucho respeto, que son normas "universales", y que le servirán allá donde vaya en su navegación.

3.2. Ética en Internet

¿Qué le podemos decir que usted no sepa? La educación abre puertas, y en Internet también ocurre. Y para "guiarle" por la educación en Internet... Antes de nada, por favor, no piense que le llamamos maleducado, ni mucho menos. Pero si usted no está habituado a navegar por Internet o a utilizar todos los medios que la Red le ofrece, esta serie de consejos le dirán cómo comportarse para que el resto de usuarios no le ignoren (que es, en ocasiones, el resultado de la falta de educación en Internet). El conjunto de normas "no establecidas ni escritas" se denomina "NETTIQUETE", algo así como la "etiqueta de la Red".

Para la navegación por la Web no le servirán de mucho, pero si se decide a entrar en un chat, IRC, ICQ o similares, sí. Las normas son muchas, y crecen día a día, pero en general tenga en cuenta lo siguiente:

- **Evite los enfrentamientos y los desafíos.** Como podrá comprobar, ocurre igual que en la vida real. Una de las ventajas del uso del ordenador es el anonimato total. El resto de los usuarios saben lo que usted quiera decirles, sea esto verdad o mentira. Por tanto, en ocasiones puede ser "atractivo" enfrentarse a alguien. Pero piense también que en Internet se encontrará gente de diferentes creencias u opiniones, y que una simple broma puede convertirse en un serio agravio para el resto de los interlocutores. Además, estos enfrentamientos no le conducirán a nada, por lo que trate de evitarlos antes de que el resto le evite a usted. No hay nada más triste que intentar charlar con alguien en un "chat" y que nadie conteste a sus preguntas.
- **No insulte.** Los insultos, a pesar de que usted podrá comprobar que son muy habituales en lugares como los canales IRC, sólo le desacreditan a usted. Procure evitar expresiones coloquiales, que si a bien seguro las entienden los habitantes de su ciudad, a lo mejor llevan a malos entendidos a otras personas de su mismo idioma, pero de distinto lugar geográfico.
- **Pida disculpas.** Si a pesar de lo anterior, usted ofende a alguien, una disculpa a tiempo conseguirá que no llegue a más.
- **No grite.** Escribir en mayúsculas equivale a gritar. Le entenderán igual si escribe en minúsculas, y usted se

ahorrará en pastillas para la faringitis (un chiste malo, perdone).

- **Si no tiene nada que decir, no diga nada.** Es lo que se denomina "hacer flood" (del término inglés inundación), y consiste en repetir una y otra vez lo mismo. Imagínese en una conversación en la que una de las personas estuviese diciendo todo el rato "Yo sé, yo sé, yo sé la manera. De dar, de dar, la lata a cualquiera...". Seguro que usted acabaría harto y se iría a otro sitio o intentaría que el "pesado de turno" lo hiciese.
- **No se salga del tema.** Muchos canales tienen un tema específico sobre el que se habla. Si no le gusta, váyase a otro, pero no cambie de tema o le ignorarán. De igual forma, si inicia una conversación esté atento a ella, o su interlocutor pensará que le ignora y hará lo propio con usted.
- **Buenos días**. Un saludo al entrar y una despedida al salir le aseguran que el resto de personas del lugar le harán más caso que si entra "avasallando".
- **Lea los mensajes anteriores**. Nadie está obligado a repetir toda la información a las personas que se incorporan a una charla. Leer los mensajes anteriores le introducirán en la conversación. Por el contrario, preguntar nada más llegar equivale a que le ignoren.
- **Sea breve**. Evite repeticiones, frases ambiguas, no dé rodeos y vaya al grano. No es agradable leer enormes textos cuando se podría haber dicho lo mismo en una frase. En Internet todo es rápido, y la comunicación también.
- **Y, sobre todo, actúe con cabeza**. Si no quiere, no tiene por qué seguir al pie de la letra todos los consejos anteriores. Seguro que usted mejor que nadie sabe lo que gusta o disgusta a la gente, así que no haga lo que no le gustaría que le hicieran, aunque le seguimos diciendo que unos pocos consejos nunca vienen mal.

3.2.1. Emoticones

El estudio de la comunicación no verbal es realmente antiguo, casi tanto como el hombre pero, ¿qué es la comunicación no verbal? Una definición podrá referirse a "acciones distintas del habla encaminadas a suministrar información". Por tanto, incluiría las expresiones faciales, los gestos de manos y brazos, las posturas, posiciones y los diversos movimientos del cuerpo o de las piernas y los pies. Pero, en definitiva, son una expresión física de procesos psíquicos subyacentes: las emociones.

Y una pregunta surge inmediatamente: ¿son universales los gestos? Son muchos y variados los aspectos posibles que, de los caracteres colectivos de una etnia o de una familia, se pueden llegar a atribuir erróneamente a un individuo. Sin embargo, los elementos móviles del rostro corresponden más a lo individual. Reflejan los matices de la vivencia personal en ese instante.

Una vez introducido en el tema de la comunicación no verbal, es importante definir los emoticones, los símbolos de cortesía más usados en las comunicaciones en Internet. Un emoticón es un conjunto de signos (normalmente signos de puntuación combinados) que ofrecen la simulación de la cara de nuestro interlocutor. De este modo, además de dejarle el mensaje escrito, estos símbolos le indicarán su estado de ánimo, si está bromeando, si no le ha hecho gracia su anterior comentario, etc. Para ver un emoticón, gire el símbolo utilizado 90 grados a la derecha, y aparecerá ante usted una "carita". (Veáse tabla 3.1.)

Tabla 3.1. Ejemplos de emoticones

:-)	Alegre
:- (	Triste, deprimido o decepcionado
:- I	Serio, indiferente
‘-)	Guiñar un ojo
;-)	Guiñar un ojo con complicidad / Ligón
:-P	Sacar la lengua
:-@	Gritar/Muy enfadado
:*)	Borracho / Payaso
>;->	Sonrisa malvada
:-#	Besado en la boca/Besar
R-)	Gafas rotas
(:-)	Calvo / Con casco de bicicleta
:-)))	Muy gordo / Gran sonrisa, Carcajada

:-{}	Con lápiz de labios
@:-)	Llevando un turbante
>:->	Mueca
$-)	Yuppie / Con una cantidad de dinero recién ganada
:,(	Llorando
:=)	Con 2 narices... / Orangután
8:]	Gorila
8-)	Con gafas
B:-)	Con gafas en la cabeza
:-y	Dicho con una sonrisa
:~-(	Llorando / Con una lágrima
:'-(	Llorando
:~(~~	Llorando
:-Q	Fumador
:-!	Fumador
%-\	Estar "colgado"
|-o	Aburrido
:-X	Un beso / Mis labios están sellados
(:-D	Bocazas / Con una gran boca
(:+)	Narizotas
:-{)	Con mostacho
:-*	Comiendo algo ácido / Sabor amargo / Beso
[:-)	Con un walkman / Oyendo música
:-)'	Tendente a bromear
=:-)	Punk
+-:-)	El Papa
O:-)	Un ángel
*<:-)>	Santa Claus
o-<:-{{{	Santa Claus

*<|:-)	Santa Claus / Un payaso
5:-)	Elvis Presley
:-%	Banquero
:-:	Sonrisa mutante
(-:|:-)	Siameses
:/7)	Cyrano de Bergerac
C):-O C):-O C):-O C):-O	Cuarteto Vocal
3:-o	Una vaca
:V	Pájaro carpintero
]:->	El Diablo
,-)	Guiño de un ojo
|-(	He perdido mis lentillas
#:-)	Pelo rizado / De peluquería
&:-)	Tupé / Flequillo
C=:-)	Cocinero
><:>==	Turco
@}->—	Una rosa
=|:-)=	Tío Sam
7:)	Ronald Reagan
+<:-|	Monja
:_)	Boxeador / Pelearse / Nariz en un lado de la cara
>>:-)	Diablo / Usuario horrible
{	Psicólogo
(:|	Cabeza-huevo
b:-)	Fan de béisbol / Con la gorra puesta
(-)	Necesitar un corte de pelo
;-(*)	Encontrarse enfermo

<table>
<tr><td>*****:-)</td><td>Marge Simpson</td></tr>
<tr><td>[:]</td><td>Un robot</td></tr>
<tr><td>:-[</td><td>Un vampiro / Conde Drácula / Sarcástico</td></tr>
<tr><td>:-F</td><td>Tener grandes problemas dentales</td></tr>
<tr><td>:-?</td><td>Fumar en pipa</td></tr>
<tr><td>8-#</td><td>Muerto / La muerte</td></tr>
<tr><td>>>:-<<</td><td>Loco</td></tr>
<tr><td>>>:-1</td><td>Klingon (de la Serie Star-Trek)</td></tr>
<tr><td>:——}</td><td>Mentiroso/Pinocho</td></tr>
<tr><td>!-(</td><td>Con un ojo negro (a la funerala)</td></tr>
<tr><td>)</td><td>El gato de Cheshire</td></tr>
<tr><td>*#*!^*&:-)</td><td>Esquizofrénico</td></tr>
<tr><td>:-'|</td><td>Estar constipado / Fiebre / Termómetro</td></tr>
<tr><td>:$)</td><td>Donald Trump</td></tr>
<tr><td>:-.)</td><td>Marilyn Monroe / Madonna</td></tr>
<tr><td>:-) 8</td><td>Dolly Parton</td></tr>
<tr><td>><*:oDX</td><td>Un payaso</td></tr>
<tr><td>C|:-=</td><td>Charlie Chaplin</td></tr>
<tr><td>: .)</td><td>Cindy Crawford</td></tr>
<tr><td>=)</td><td>Adolf Hitler</td></tr>
<tr><td>~:o</td><td>Un niño pequeño</td></tr>
<tr><td>===:-D</td><td>Don King</td></tr>
<tr><td>8(:-)</td><td>Mickey Mouse / Walt Disney</td></tr>
<tr><td>(|-| F</td><td>Robocop</td></tr>
<tr><td>3:*></td><td>Rudolph, el reno de Papá Noel</td></tr>
<tr><td>P-)</td><td>Pirata</td></tr>
<tr><td>#.-o</td><td>Bill Gates</td></tr>
<tr><td>(_8-(|)</td><td>Hommer Simpson</td></tr>
<tr><td>(:)-)</td><td>Hombre rana</td></tr>
<tr><td>:-)8</td><td>Bien vestido / Con pajarita</td></tr>
</table>

Las desventajas de las comunicaciones por ordenador (en general), es no poder tener la cercanía física de la persona con la que hablamos. Existen medios para intentar suplir o imitar esta lejanía (Webcam, videoconferencia...), pero en la actualidad no son excesivamente baratos, no están completamente resueltos (por la velocidad de transferencia de datos, los cortes en las líneas telefónicas y demás "lindezas") y son desconocidos para el gran público (como lo es, al menos hasta ahora, el tema de los ordenadores en general, por mucho que se hable de ellos). Por tanto, contar con estos símbolos, ayuda a comprender un poco más el estado de ánimo de esa persona (conocida o desconocida).

Otro problema surge cuando nos damos cuenta que el uso de Internet no es un estándar. En realidad, somos bastante novatos en este mundo. No conocemos todas las herramientas que tenemos a mano y, en caso afirmativo, no siempre estamos de acuerdo al 100 por 100 sobre su significado. Nadie dudará que el emoticón ":-)" indica alegría (haga la prueba que le comentábamos de girar el símbolo 90 grados a la derecha), pero, ¿qué significa o qué nos quieren decir con el emoticón "8-*"? Un pequeño listado de emoticones no viene mal para entendernos mejor.

Y los emoticones también pueden representar personajes conocidos, acciones diversas y un amplio abanico de posibilidades que sólo están limitadas por su imaginación.

Como en todo, el sistema no es perfecto. No podemos asegurar que lo que la otra persona nos comunica con un emoticón alegre, indique realmente que está alegre. Nos deberemos fiar de su palabra. De igual modo, cuando conversamos con alguien cara a cara, podemos intuir hasta cierto punto cómo se encuentra anímicamente, pero siempre nos pueden mentir las expresiones (y en este tema, creo que todos somos expertos). Rizando el rizo, en una conversación online (conectada, por ordenador), sólo si conoce físicamente (o por otros medios distintos a las conversaciones por ordenador) a su compañero de tertulia, podrá asegurar que realmente Paco es Paco (y no Paquita), que tiene 25 años (y no es un chaval de 12), o que es la rubia con ojos azules y de medidas escandalosas que dice ser (cuando realmente hablamos con un fontanero de 52 años sentado en su terraza de Aluche). Internet es el anonimato por excelencia. Lo que importa aquí es hacer que la conversación trascienda un poco más allá del simple mensaje escrito. Que las letras hablen por sí solas. Que sea capaz de llegar al nivel superior de entendimiento del que la escritura suele carecer.

Ejemplos de emoticones los hay a cientos, a miles, y cada uno de ustedes puede inventarse alguno. Le recomendamos tener el listado anterior a mano (no pretendemos, ni mucho menos, convertirnos en un "María Moliner" de la Red). Simplemente, le servirá como ayuda para entendernos todos un poco más y mejor.

Sobre este aspecto, podemos concluir que el uso de emoticones como descriptores del estado de ánimo es válido. Con reservas, pero válido, y le acercará y hará más "humana" a esa persona que tiene a muchos kilómetros de distancia. Además, la cortesía es algo fundamental en todos los ámbitos, y contando con desconocidos, mucho más. También podrá apelar a la simpatía, o a que simplemente le hace gracia usar uno de estos símbolos en un momento determinado, para enfatizar algo. En definitiva, comunicar su estado de ánimo. Quizá sea ésta la forma de caldear o de hacer más próximo un mundo basado en la máquina, en el metal, pero que está conducido por personas (al menos por ahora). Gente que siente y que tiene un buen o mal día como los tenemos todos.

Para finalizar le diremos que hay montones de estos símbolos. En cualquier buscador, si introduce la palabra "emoticón", o "smiley face" ("cara sonriente", su equivalente en inglés), podrá tener listados casi inagotables de estos simpáticos acompañantes del lenguaje.

3.3. Seguridad en Internet

3.3.1. Introducción

Al igual que ocurre con la ética, una gran reunión de gente implica problemas de seguridad. Por desgracia, Internet no es el paraíso que debería ser, y en su navegación diaria se puede encontrar con personajes curiosos, simpáticos, pero también peligrosos.

Como en todo, la mejor arma es la información: saber quiénes son, qué pueden hacer y cómo, le puede ayudar a evitar amenazas y más de un susto. La prudencia, aunque podamos pecar de "alarmistas", es una buena consejera cuando se navega por mares desconocidos. Y ya que no existe una policía (en el estricto sentido de la palabra), prevenir un ataque significa evitar un problema.

3.3.2. Definiciones y términos relacionados

Por su nombre los conocerá. Podemos decir que no están todos los que son, pero sí son todos los que están. Le presentamos un breve resumen de lo que puede encontrarse en Internet.

- **Virus:** es una secuencia de código máquina (el lenguaje más básico que el ordenador entiende) o de otro lenguaje de programación, que se copia en otro programa u ordenador cuando se activa. Si la aplicación infectada se ejecuta, este código entra en funcionamiento y afecta de algún modo al ordenador al que ha accedido. Casi siempre es el propio usuario el que, sin ser consciente, activa el virus llevando a cabo una acción corriente en su equipo.
- **Gusano:** se diferencia de un virus porque su forma de actuación consiste en crear copias de sí mismo e infectar con ellas a otros ordenadores, ya sea por medio de una red interna o de Internet. Básicamente, lo que hace es expandirse continuamente hasta colapsar la red u ocupar todo el sitio disponible en el disco duro, por lo que el colapso está asegurado, antes o después.
- **Conejo:** es una variación de los gusanos, y la finalidad para la que ha sido creado es copiarse en otro ordenador eliminando la copia anterior de sí mismo. Un conejo "salta" de un ordenador a otro (de ahí su nombre) sin causar daño alguno, pero colapsando la red al copar toda su capacidad de proceso.
- **Troyano o Caballo de Troya:** programa que se instala en un ordenador y que muchas veces ha sido incorporado dentro de otra aplicación aparentemente inofensiva. Este programa dañino, al activarse puede hacer vulnerable el sistema o abrir alguna "puerta trasera" que permita la entrada de intrusos. También puede albergar una "bomba lógica" (encontrará más información al respecto a lo largo del capítulo).
- **Bombas lógicas:** aunque no son en sí mismas virus (no intentan copiarse en otros ordenadores), es interesante reflejar las características de estas "amiguitas". Una bomba lógica no es un programa, sino un segmento de programa camuflado dentro de otra aplicación. Su objetivo es destruir todos los datos de un ordenador cuando se cumplen ciertas condiciones,

como pueden ser utilizar una combinación concreta de teclas, cumplirse determinada fecha o llevarse a cabo cualquier otra acción prevista por el programa. Mientras esto no ocurra, no se percatará de su presencia.

- **Hoaxes, hypes y jokes:** tampoco son virus, pero merece la pena saber algo más de ellos. Un "hoax"es un mensaje que advierte de la existencia de algún tipo de virus que, en realidad, no es real. Estos mensajes se envían por correo electrónico y se "aprovechan" de la buena voluntad y el desconocimiento de las personas que lo reciben. Buscan su difusión (que puede ser enorme), o que el propio usuario realice una acción en su ordenador pensando que está infectado (como puede ser borrar un archivo que el sistema sí utilice). Un "hype" es la exageración de las características de un virus para intentar provocar "histeria colectiva". Muchas veces, estos mensajes han sido difundidos por medios de comunicación no especializados, más dispuestos a conseguir una noticia "interesante" que a investigar bien primero e informar después. Por último, una "joke" (o broma) es un programa que simula ser un virus y presenta en la pantalla del ordenador algunos efectos destructivos que luego resultan no serlos. Son totalmente inofensivos, y su única función es la de gastar una broma. Eso sí, pueden llegar a asustar a más de un usuario inexperto hasta el punto de que éste cause algún daño en su ordenador para subsanar los falsos "desperfectos".
- **Antivirus:** programa cuya finalidad es luchar contra los virus. Su principal ventaja es la de instalarse en el ordenador y trabajar en "segundo plano", es decir, vigilar las posibles amenazas sin que el usuario se percate de su presencia.
- **Fichero de firmas:** son pequeños ficheros que se añaden al antivirus como actualizaciones y que incluyen información sobre los nuevos virus, su modo de comportarse, características, método de desinfección, etc. De este modo, el antivirus puede detectar las nuevas amenazas existentes.
- **Búsqueda heurística:** es un método de búsqueda de los antivirus que les permite detectarlos antes de conocer su existencia. El modo de trabajo es buscar "pistas", formas de trabajo comunes a los virus, secuencias

de comando "sospechosas". Su detección no es 100 por 100 infalible, pero sí permite "poner en aviso" al antivirus sobre un archivo que puede estar infectado y crear los medios suficientes para que, en caso de que la infección sea cierta, ésta no afecte al sistema.

- **Hacker:** quizás sean los personajes del "lado oscuro" más criticados, con más apariciones en la prensa cuando hay un "incidente" y, a la vez, los más desconocidos. Suelen ser personas con amplios conocimientos de informática, telecomunicaciones, etc.... Su objetivo principal es conocer los sistemas y la seguridad con la que se enfrentan para intentar controlarlo y dejar en evidencia los posibles fallos. Su tarjeta de visita es un "He estado aquí, y si yo puedo, muchos otros con peores intenciones pueden hacerlo", pero habitualmente son tachados como delincuentes peligrosos, aunque en muchas ocasiones acaban en las nóminas de las grandes multinacionales. Los que realmente son buenos, en el sentido de tener muchos conocimientos, casi nunca salen a la luz.
- **Cracker:** su fascinación es la de "romper" sistemas, sean estos ordenadores, servidores, programas informáticos o videojuegos. El problema con el que se enfrentan las empresas, es que esta "rotura" es publicada de inmediato. Bien por medio de "cracks", o pequeños programas cuya finalidad es saltarse las protecciones de, por ejemplo, los videojuegos, o bien desprotegiendo directamente el software y ofreciéndolo por la Red. Sus motivaciones no suelen ser económicas, pero hay de todo.
- **Bucanero:** es un cracker que busca enriquecerse y pone a la venta todo lo que consigue por sus medios o por medio de terceros.
- **Lamer:** es el grupo más numeroso, y son los aficionados a los hacker, los que quieren serlo pero no pueden por falta de conocimientos. Su gran peligro es que "prueban" todo lo habido y por haber que suene a hacker y, por lo tanto, en ocasiones hacen más daño del que quizá pretendan. En ocasiones, "alardean" de logros conseguidos (aunque no sean suyos), y son a los que suele detener la policía, ya que su falta de conocimientos los hacen muy vulnerables y dejan pistas.
- **Newbie o Wannabe:** es un novato, alguien que quiere aprender técnicas de "hackeo", pero que no se queda en el "lamer".

- **Phracker:** son aquellos con profundos conocimientos de telefonía, tanto terrestre como móvil. Su "afición" es la de intentar conseguir hacer llamadas sin coste.
- **Firewall:** utilidad o herramienta de software de seguridad cuya finalidad es evitar la penetración en un sistema, bien por personas no autorizadas, o por programas agresivos como virus o troyanos.
- **Warez:** cualquier programa o videojuego desprotegido que se ofrece en Internet. Pueden ser gratuitos o no, pero en todo caso, su coste es muy inferior al del mercado.
- **Spam:** es el envío masivo de correos electrónicos no deseados. En ocasiones, se realiza por empresas cuya finalidad es la de intentar vender o anunciar algo.
- **Mail-Bomber:** es, literalmente, "bombardear con correos electrónicos". Consiste en enviar cientos o miles de correos electrónicos a una dirección concreta con el fin de saturar el servidor e inutilizarlo. Sus efectos son devastadores.
- **LSSI:** son las iniciales de "Ley de Servicios de la Sociedad de Información" aunque, en realidad, su nombre completo es "Ley de Servicios de la Sociedad de Información y Comercio Electrónico". En la actualidad, esta ley se encuentra en fase de Anteproyecto (a fecha de febrero de 2002). A lo largo de su existencia, el anteproyecto de la LSSI ha experimentado diversas modificaciones, pero su versión más actual puede consultarse en la página Web del Ministerio, www.setsi.mcyt.es/novedad/consulta_anteproyecto.htm, desde la cual podrá descargarse dicho anteproyecto en formato Word o en PDF.

3.3.3. Virus

Introducción

Ya ha visto lo que se puede encontrar en Internet. Pues no, no se asuste, porque lo más normal es que la mayoría de los personajes o cuestiones que hemos mencionado anteriormente, no se las encuentre nunca en sus paseos por Internet. Sólo es interesante que los conozca, porque sí que es seguro que visitando unas u otras páginas, lea sobre el tema o aparezcan conceptos que es necesario que conozca para entender la información total. Pero un virus... eso es tema aparte.

El peligro que sí es real, más de lo que cualquier usuario querría, es el de los virus. Si usted tiene correo electrónico, casi seguro que antes o después se topará con uno.

Desarrollo de una infección

El modo de encontrarse con un virus es bastante simple, aunque hay varios modos. Veámoslos uno por uno y sus características.

Puede "contagiarse" al recibir un correo electrónico. Es el método más habitual y el que los creadores de estos bichos más explotan, sobre todo desde que este medio se ha convertido en el estándar de las comunicaciones. Este virus se lo pueden enviar directamente a su dirección, o podrá recibirlo por estar en una lista de contactos, que es lo más normal. Vamos a explicar esto un poco más en profundidad. Seguro que usted y su dirección están incluidos en las listas de contactos de sus amigos, familiares o gente relacionada con su trabajo o aficiones. Pues las últimas generaciones de virus, lo primero que hacen al contagiar un ordenador, es "reenviarse" a todas las direcciones que encuentran, por lo que la progresión llega a ser geométrica y el número de infectados enorme. No olvide que la principal característica de un virus es su "necesidad" de propagación. Además, aunque muchos de estos "animalitos" vienen incluidos en programas que usted deberá ejecutar para activarlos, tampoco será necesaria su intervención en muchas ocasiones. Muchos de los gestores de correo incluyen una opción que es la de "previsualización" del mensaje, una característica que le ahorra tiempo al no tener que abrir uno a uno los mensajes que reciba, sino que puede leerlos en una ventana aparte. El problema es que muchos virus están escritos de tal forma que se activan cuando la ventana previsualiza el mensaje, habitualmente en formato HTML o Java, así que no tendrá que ejecutar ningún programa porque su gestor lo hará por usted. La mejor prevención es, que si usted quiere seguir teniendo la opción antes comentada activa (no negaremos que es útil), cuando reciba un correo "extraño", de alguien que no conozca, o con un mensaje en el asunto que le puedan hacer sospechar, desactive la opción y luego pase a borrarlo. Aunque, por supuesto, la mejor prevención es tener su antivirus activo y actualizado.

Otro medio de contagiarse es descargar aplicaciones desde sitios Web que no sean de total confianza, y con total confianza queremos decir las páginas Web oficiales de los fabricantes o de empresas "serias". Las páginas personales, por muy entretenidas que puedan ser, son susceptibles de incluir un gusano, un troyano o cualquier otro "acompañante" en su descarga. Y de nuevo, el antivirus es su mejor aliado, pues puede controlar que las descargas sean limpias o anularlas si detecta algún problema.

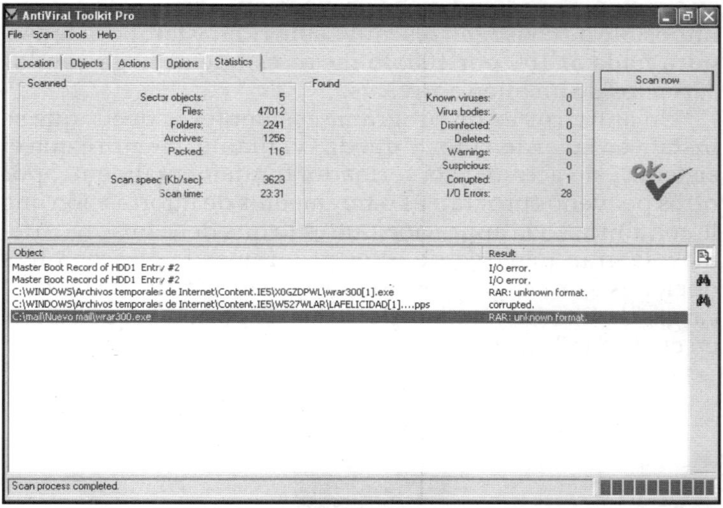

Figura 3.1.

El tercer modo de contagio es que le dejen a usted un disquete o un CD-ROM que ya esté contagiado. En el momento que usted ejecute la aplicación con el virus, éste se activará y, probablemente, busque su lista de contactos para reenviarse. Su antivirus, ángel de la guarda de un sistema, le avisará si la unidad de almacenamiento que inserte está limpia o no.

Por último, está el contagio por medio de carpetas compartidas. Los ordenadores en una red local, habitualmente, comparten una serie de carpetas en las que está la información importante que toda la red puede necesitar. Una carpeta compartida es un punto de entrada para un virus, y no es necesario que se lo envíen. Cualquier persona de la red que se contagie podrá infectarle por esa carpeta.

Combate y antivirus

Pero no todo está perdido. Al igual que un virus puede ser un enemigo temible, usted también cuenta con armas para combatirlo. De nuevo, y es un consejo repetitivo pero muy eficaz, la mejor defensa con la que cuenta es la prevención. Si no abre ningún archivo enviado por correo electrónico, no navega ni descarga nada por Internet, no acepta ningún CD-ROM ni disquete y, además, se desconecta de la red, casi podemos asegurarle que nunca tendrá un virus en su sistema. Pero como dicha prevención, además de ser casi imposible de conseguir, es muy "aburrida" y tampoco le asegura nada al 100 por 100, lo mejor es que se haga con los servicios de un buen antivirus.

Un antivirus es un programa residente, es decir, que se instala en su ordenador y queda "vigilante" siempre que el sistema esté activo. Está formado, fundamentalmente, por otros pequeños programas o fragmentos de información que le comunican a la aplicación qué es lo que debe buscar. Además, la gran mayoría de estos programas le ofrecen otras opciones como vigilancia del correo electrónico, de las descargas de Internet, escaneado de los dispositivos que inserte en el ordenador, etc.

Figura 3.2.

Antivirus hay muchos y cada uno de ellos tiene sus seguidores y detractores, pero le aconsejamos que elija siempre uno que, no sólo "tenga buena pinta", sino que incluya las opciones que pueda necesitar en el presente y en el futuro. También es muy importante el servicio técnico, que le ayudará en caso de producirse alguna infección. La mejor ayuda sobre estos programas la encontrará en las distintas revistas especializadas en informática, ya que realizan comparativas cada poco tiempo sobre estos programas, y le indicarán las mejoras, puntos fuertes o carencias de cada uno de ellos. Y permítanos que le aconsejemos uno. Porque es totalmente español, tiene un servicio técnico que funciona las 24 horas del día y es de los pocos que actualiza los ficheros de firmas diariamente (en ocasiones, más de una vez al día): Panda Antivirus Titanium. Está especialmente diseñado para usuario final (es decir, no para empresas), y destaca por su facilidad de uso, por su alto nivel de detección de virus, y porque lo instala y se olvida de él. El programa buscará cuándo está usted conectado a Internet para aprovechar dicha conexión y descargar los ficheros de firmas.

3.4. Contenidos violentos, sexo...

A costa de parecer muy alarmistas o negativos, no sólo tiene usted el "peligro" de los virus. Internet está abierto para todos, y esto es para bien y para mal. Durante la navegación se podrá encontrar páginas con contenidos muy variados: sobre horticultura, deporte, gastronomía o cine. Pero también podrá encontrar páginas e imágenes violentas y, sobre todo, pornográficas. Usted es lo suficientemente maduro para distinguir o para elegir qué contenidos quiere ver y cuáles no, pero un niño pequeño no tiene por qué tener esa capacidad. Para educar a sus hijos de un determinado modo sea precavido con estos contenidos.

Muchas veces, no dependerá de usted que se abra o no una determinada página, pues muchas Web abren los denominados "pop-ups", que son otras ventanas o avisos, casi siempre publicitarios, y sobre todo, pornográficos. Para evitarlo, puede habilitar en Microsoft Internet Explorer el llamado "Asesor de Contenidos", que es un pequeño programa incluido en el navegador desde el que elige los contenidos que serán o no permitidos. Tal Asesor está dentro de las propiedades de Internet, y en él puede definir los contenidos de sexo, violencia, lenguaje o desnudez que quiere o no que aparezcan en su navegación diaria o en la de sus hijos. De igual forma, podrá incluir páginas específicas que no se pueden visitar, incluir contraseñas personales para habilitar o deshabilitar esta configuración de seguridad, o incluso obtener asesoramiento de empresas dedicadas a "calificar" determinadas Web en función de sus contenidos.

Así que, tranquilo, pues puede controlar en todo momento lo que quiere que su navegador muestre.

Figura 3.3.

3.5. Consejos para el usuario

Aparte de todo lo que le hemos ido contando en este capítulo, vamos a terminar dándole una serie de consejos para su seguridad. Estos consejos no nos los hemos "inventado", sino que están elaborados por una de las empresas de seguridad y antivirus más importantes de nuestro país, Panda Software y, poco a poco, del extranjero. Panda Software le recomienda, sobre todo en el tema de los virus que:

- **Utilice un buen antivirus y actualícelo frecuentemente.** La mejor manera de estar protegido contra los virus es instalar un buen antivirus en su ordenador. Un antivirus es un programa informático específicamente diseñado para detectar y eliminar virus. Porque los conoce, sabe cómo actúan y también sabe cómo eliminarlos. Sin embargo, cada día aparecen más de 20 nuevos virus que los antivirus no son capaces de reconocer. Para la detección y eliminación de estos virus es necesario actualizar frecuentemente el antivirus. Por lo tanto, la efectividad de un programa antivirus reside, en gran medida, en su capacidad de actualización, preferentemente diaria.
- **Compruebe que su antivirus incluye soporte técnico, resolución urgente de nuevos virus y servicios de alerta.** Si bien un antivirus perfectamente actualizado

es la mejor arma para luchar contra los virus, es aconsejable contar con servicios adicionales. El servicio de soporte técnico, bien a través de correo electrónico o por teléfono, es de gran ayuda ante cualquier problema o duda que pueda surgir relacionado con virus o con el funcionamiento del antivirus. En el supuesto de verse afectado por algún virus de reciente creación, se debe contar con un servicio de resolución urgente de nuevos virus capaz de eliminarlos en el menor tiempo posible. Otro servicio fundamental son las alertas sobre nuevos virus peligrosos, por ejemplo, a través de listas de correo.

- **Asegúrese que su antivirus esté siempre activo.** Un antivirus está activo cuando dispone de una protección permanente capaz de vigilar constantemente todas las operaciones realizadas en el ordenador. Existen dos maneras para comprobar que esta protección permanente está activa; a través de un icono fijo en la barra de tareas, junto a la información horaria, o en la propia configuración del programa antivirus. Estar protegido contra los virus requiere una protección permanente, tanto de archivos como de correo electrónico.
- **Verifique, antes de abrirlo, cada nuevo mensaje de correo electrónico recibido.** El correo electrónico es el medio de transmisión preferido por los virus, por lo que hay que tener especial cuidado en su utilización. Cualquier correo recibido puede contener virus aunque no le acompañe el símbolo de datos adjuntos (el habitual "clip"). Además, no es necesario ejecutar el archivo adjunto de un mensaje de correo para ser infectado; en algunos sistemas basta únicamente con abrir el mensaje, o visualizarlo mediante la "vista previa". Para prevenir esto, lo mejor es verificar los mensajes inesperados o que provengan de una fuente poco habitual. Un indicativo de posible virus es la existencia en el asunto del mensaje de palabras en un idioma diferente al utilizado normalmente por el remitente.
- **Evita la descarga de programas de lugares no seguros en Internet.** Muchas páginas de Internet permiten la descarga de programas y archivos a los ordenadores de los internautas. Cabe la posibilidad de que estos archivos estén infectados con virus. Como no existen indicadores claros que garanticen su fiabili-

dad, debemos evitar la descarga de programas desde sitios Web que no nos ofrezcan garantías. Por lo general, son sitios seguros aquellos que muestran una información clara acerca de su actividad y los productos o servicios que ofrecen; también los avalados por organizaciones tales como editoriales, organismos oficiales, etc.

- **Rechace archivos que no haya solicitado cuando esté en chats o grupos de noticias.** Gracias a Internet es posible intercambiar información y conversar en tiempo real sobre temas muy diversos mediante los grupos de noticias y los chats, respectivamente. Los grupos de noticias o "news", como no son listas de correo y usan su propio sistema de transmisión por Internet (NNTP), también necesitan de una protección eficaz y constante. Ambos sistemas, además de permitir la comunicación con otras personas, también facilitan la transferencia de archivos. Aquí es donde hay que tener especial cuidado y aceptar sólo lo que llegue de un remitente conocido y de confianza.
- **Analice siempre con un buen antivirus los disquetes que vaya a usar en su ordenador.** Además de Internet, otra de las vías de infección de virus más frecuente son los disquetes. Es una buena norma analizar, mediante un buen antivirus, todos aquellos disquetes que entren y salgan de su ordenador. Al utilizar sus disquetes en otros ordenadores es aconsejable protegerlos contra escritura, bajando la pestaña de la parte inferior derecha del disquete, en su parte trasera.
- **Realice periódicamente copias de seguridad.** Una muy buena forma de minimizar el impacto de un virus, tanto a nivel corporativo como particular, es restaurar las copias de seguridad de su información. Realizar copias periódicas y frecuentes de su información más importante es una magnífica política de seguridad. De esta manera, una pérdida de datos, causada por ejemplo por un virus, puede ser superada mediante la restauración de la última copia.
- **Utilice siempre software legal.** A la hora de instalar nuevos programas en el ordenador, el riesgo de infección es menor si se trata de software legal. Sin embargo, si el software le ha llegado en un CD "pirata", o se trata de software legal manipulado posteriormente para "saltarse" la protección de los propios fabrican-

tes, nadie le puede asegurar que esté libre de virus. Además, si se trata de software antivirus, su legalidad le permite disfrutar de todos los servicios adicionales que garantizan su eficacia y seguridad.

- **Exija a los fabricantes de software, proveedores de acceso a Internet y editores de publicaciones, que se impliquen en la lucha contra los virus.** En la lucha contra los virus se precisa la participación de todos los agentes implicados en el sector informático: empresas, usuarios finales, compañías antivirus, medios de comunicación, etc. Como Internet es el medio más utilizado por los virus para su propagación, la colaboración de los proveedores de acceso a Internet es muy importante. Asimismo, es aconsejable que los fabricantes de software y las publicaciones que ofrecen CD-ROM adopten medidas para no difundir virus.

4

Navegación e información en Internet

4.1. Introducción

Una vez que ya conoce por encima lo que es Internet, vamos a dar un paso más allá y entrar de lleno en la navegación. Tanto ésta como la búsqueda de información en la Red serán las acciones que más utilizará. Y aunque pueda parecer lo contrario, no es difícil encontrar lo que quiere siempre que busque donde debe y tenga a mano las herramientas necesarias para realizar esta función. A pesar de que algún término lo hayamos definido ya en capítulos anteriores, no viene mal incluirlos de nuevo aquí para que no tenga que referirse a páginas anteriores y lo tenga a mano.

4.2. Definiciones y términos relacionados

Como en tantos otros temas que estamos tratando a lo largo del libro, la navegación en general tiene también sus propios términos. Muchos de ellos los conocerá, pues seguro que los utiliza muy a menudo. Pero hay otros que no son tan habituales y que, sin embargo, es importante que conozca y utilice.

- **WWW**: es el acrónimo de la World Wide Web, y que se suele traducir como "telaraña mundial". Hace referencia a la lista de servicios más utilizada en Interne y cuya gran característica es la posibilidad de presentar la información en formato multimedia.
- **Multimedia:** como su nombre indica, es el uso de diferentes "medios" para mostrar una idea. Entre éstos se encuentran el texto, sonidos, música, imágenes, animaciones, vídeo, etc.

- **Browser:** es otra forma de llamar a un navegador. En realidad, es su término en inglés.
- **Frame:** son las distintas partes que forman una página Web y que permiten que el documento contenga zonas o partes independientes. Literalmente, su traducción es la de "marco".
- **Hipertexto:** enlaces entre distintas partes de un documento o página Web por medio de palabras. Habitualmente, estas palabras vienen subrayadas y en otro color para hacerle notar al usuario que haciendo clic sobre ella puede acceder a otra sección relacionada con ésta.
- **Hipermedia:** es lo mismo que un hipertexto, pero utilizando una imagen, un gráfico o un vídeo para señalar la posibilidad de acceder a otra zona del documento.
- **Caché:** almacén temporal de información cuya finalidad es permitir que la página se cargue más rápidamente en caso de que, más adelante, se quiera volver a ver.
- **Favoritos:** conjunto de direcciones Web que, por una razón u otra, usted considera importantes y las guarda en una carpeta especial para tal efecto, y así poder visitarlas en otras ocasiones.
- **JavaScripts:** son pequeños programas incluidos en algunas páginas Web cuya finalidad es darle más vistosidad al aspecto general. Sin embargo, su gran peligro es que "obligan" al navegador a realizar algunas acciones no deseables en materia de seguridad. Además, pueden incluir códigos maliciosos o virus.
- **Cookies:** literalmente son "galletitas", pequeños archivos que algunas páginas Web incluyen en su navegador con el propósito de conocer sus gustos (por el tipo de páginas visitadas), el tiempo que pasa en esa página, con qué navegador lo hace... Casi siempre, les sirve a los distintos propietarios de las Web para realizar bases de datos estadísticas. Algunas páginas le obligan a recibirlas y, en caso contrario, no podrá verlas.

4.3. Instalación del navegador

El proceso de instalación, al igual que casi cualquier programa actual, es bastante sencillo. En muchos de los casos sólo hay que dar al botón **Siguiente** de los cuadros de diálogo que van apareciendo.

En la figura 4.1 tenemos el contrato de licencia del programa. En el cuadro de texto de múltiples líneas viene el contenido de éste. Una vez estemos de acuerdo, activaremos el botón de opción **Acepto el Contrato** y hacemos clic en el botón **Siguiente**.

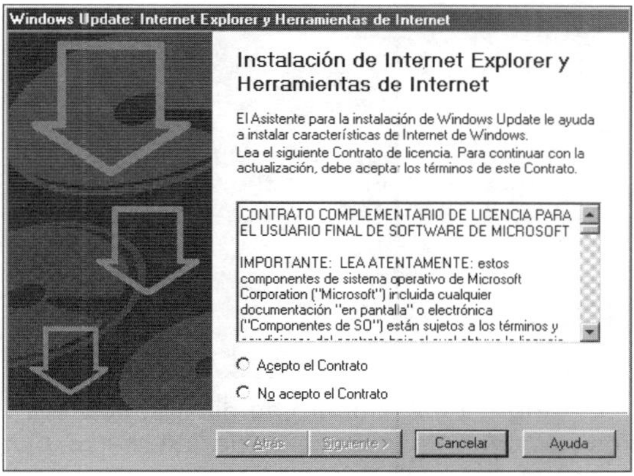

Figura 4.1. Cuadro de diálogo con el contrato de licencia del programa

> ***Nota:*** *Junto con el programa Internet Explorer 6 se instala, entre otros más, el programa de gestión de correo electrónico Outlook Express 6, como parte del lote. A menos que ya tengamos un programa de correo electrónico y no queramos cambiarlo por éste, la mejor opción será la instalación personalizada, para no incluir a Outlook Express 6.*

Tenemos a elegir dos opciones más en la siguiente pantalla, como se aprecia en la figura 4.2. Para la mayoría de las personas, con la primera opción, la instalación típica, tenemos más que suficiente para aprovechar las posibilidades de *Internet*. Si deseamos la instalación mínima y añadir más componentes del programa, a nuestro gusto, la opción a activar sería la segunda.

Una vez finalizadas las preguntas, nos encontraremos en plena fase de instalación. Para ello, el asistente de instalación conectará con un servidor de *Microsoft* para bajarse los archivos necesarios y así tendremos la ultimísima versión. El progreso de descarga, indicándonos cuánto falta para acabar, lo tenemos visible en la figura 4.3.

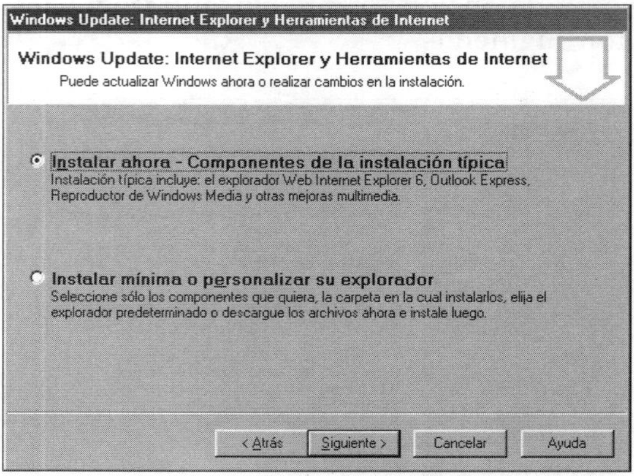

Figura 4.2. Cuadro de diálogo con las dos opciones de instalación de Internet Explorer 6

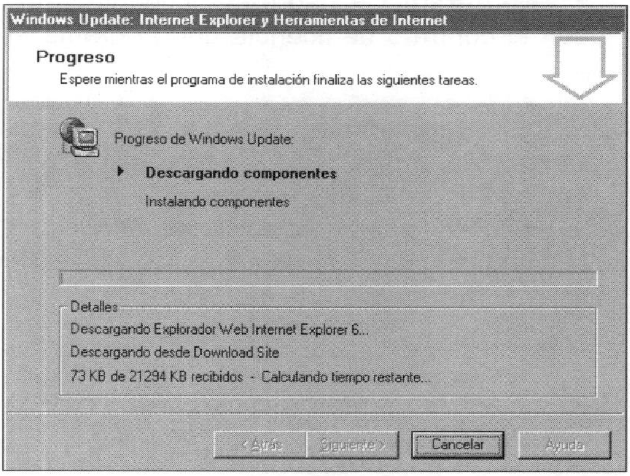

Figura 4.3. Cuadro de diálogo informativo sobre el progreso de la descarga de los archivos necesarios para la instalación

Al acabar, *Windows* nos pedirá que reiniciemos el equipo, para realizar algunas actualizaciones del propio sistema operativo y registrar el programa. En el reinicio, veremos como algún cuadro de diálogo nos advertirá que se está actualizando el sistema.

Nota: Al instalar Internet Explorer 6, también vienen unas mejoras del sistema operativo Windows. Si tenemos alguna versión algo antigua de Windows, como la 95 o las primeras del 98, veremos unas nuevas funciones en el Escritorio y en el Menú de Inicio, por ejemplo.

4.3.1. Recuperar instalación incompleta

Puede darse el caso de estar bajándonos del servidor de *Microsoft* la información para la instalación y se nos corte por cualquier motivo. Antes de tirarnos de los pelos o hacerle algo al ordenador de lo que luego nos arrepintamos, es preferible volver a empezar la ejecución del proceso de instalación. El programa se dará cuenta que ya tenemos parte de la instalación descargada y bastará con decirle que continúe por el mismo punto en el que lo dejó.

4.4. Navegación

Para quien no haya navegado nunca por *Internet*, la experiencia le será parecida a hojear un enorme libro, cuya lectura no es secuencial, página a página, sino que se puede enlazar con cualquier parte de él directamente. Las páginas de este libro pueden ser desde simple texto sin forma, a texto con formato y estilos, mezclados con imágenes, animaciones, formularios para introducir datos y hasta pequeños programas que interactúan con el usuario, como los juegos Web.

El término de navegación surgió de la idea de que *Internet* es un mar de información inmenso, y para moverse por él hay que navegar sin intentar perder el rumbo, cosa que al principio es bastante común.

El navegador *Internet Explorer 6* se compone básicamente de una ventana como la de la figura 4.4, que normalmente tiene su menú de opciones, sus barras de herramientas, su área de visualización de las páginas Web y su barra de estado. De estos componentes del programa iremos hablando a lo largo de este capítulo. Existen dos maneras distintas de acceder a una página Web:

- Escribiendo la dirección de la página, bien con su DNS o nombre de dominio, como por ejemplo http://www.anayamultimedia.com, bien por su número IP, como http://213.9.178.79. Este nombre se escribe en la barra de direcciones (figura 4.5).

- Mediante los hipervínculos que se encuentran en una página Web, ya que éstos tienen las direcciones URL almacenadas y no tendremos la necesidad de escribirlas.

Figura 4.4. Ventana principal del navegador

Figura 4.5. Barra de direcciones

4.4.1. Hipervínculos

La manera de avanzar por la gran información que nos ofrece *Internet* es a través de las direcciones de las páginas que se almacenan en los hipervínculos.

La representación física de un hipervínculo puede ser cualquier cosa que aparezca en un documento Web: texto, una imagen, una animación, un botón, un elemento de una lista, etc. Una forma de reconocerlos es cuando acercamos el ratón a uno de ellos y el puntero se convierte de una flecha (![]) a una mano blanca con su dedo extendido (![]).

Nota: No todos los elementos que realizan la función de hipervínculo hacen que el puntero del ratón cambie de forma. Un ejemplo serían los elementos de un formulario, como los botones y listas. Además, dependiendo de la configuración personal del usuario para Windows, los punteros del ratón no tienen por qué corresponder con una flecha o con una mano blanca.

Debido a que en una página pueden haber multitud de estos hipervínculos, la navegación nunca es lineal, hacia delante o hacia atrás, sino que se ramifica siguiendo muy diversos caminos.

Una manera de adivinar a qué sitio Web vamos a ir al hacer clic sobre un hipervínculo, al situarnos encima de él, la barra de estado de la ventana, en la parte inferior, nos muestra la URL a la que apunta. Así sabremos si el destino es en el propio servidor si en DNS es el mismo o es otro distinto.

Nota: Algunas páginas evitan que aparezca texto en al barra de estado o ponen el que ellos quieren, y no la URL que almacena el hipervínculo.

4.4.2. Parón y cuenta nueva

Es posible, y por desgracia en algunos días de colapso, que la página Web que queremos visualizar lo haga de forma lenta, incluso que no quiera mostrar más contenido. Puede darse el caso que dicho contenido sea de mucho tamaño, por estar basado en imágenes grandes, animaciones de calidad y contenido multimedia en general. También puede ocurrir que el servidor de esas páginas esté colapsado de visitas o tenga problemas en sus procesos, o que nuestro ISP (Proveedor de Internet) esté también colapsado. Sea el motivo que sea, si queremos detener la descarga de la página Web o de la imagen que estemos viendo, debemos hacer clic en el botón de **Detener** (![]), en la barra de herramientas. Esta acción no se puede continuar, por lo que si queremos que vuelva a descargarse la página Web que queríamos ver, debemos hacer una de estas dos cosas:

- Hacer clic en el botón de **Actualizar** ( ), en la barra de herramientas. Lo que haremos con esto es pedirle al servidor de la página que nos la vuelva a traer.
- Hacer clic con el ratón en la barra de direcciones y pulsar la tecla de **Intro** o el botón **Ir** de su derecha. Esta opción es más rápida que la anterior, pero no aseguramos que el contenido que se quedó a medio descargar (por ejemplo, una imagen partida) lo haga la siguiente vez por completo. El "truco" utilizado por *Internet Explorer* es la utilización de una *memoria caché*.

> **Nota:** *De la memoria caché hablaremos un poco más adelante.*

4.4.3. Vuelta a casa

La Red es tan extensa que no estaría de más tener una referencia por la que empezar a navegar. Al abrir el navegador, es posible hacer que aparezca la página que deseemos, con la que nos sintamos identificados. Esta página no tiene porqué ser de nuestro proveedor de *Internet* o de *Microsoft*.

Esta página inicial se identifica con la palabra *home*, que en inglés significa "casa", "comienzo", "origen". Y éste es su doble significado. Si según estamos navegamos deseamos volver a nuestra página principal, hacemos clic en el botón de **Inicio**, con un icono en forma de casa ( ), situado en la barra de herramientas.

> **Nota:** *Al situarnos al principio con el botón de* ***Inicio****, no se vuelve hacia atrás en el histórico secuencial de navegación, si no que la página queda registrada en el mismo, como si escribiésemos la dirección de la página principal directamente en la barra de direcciones. Si lo que queremos es ir a la primera página desde que abrimos el navegador (que no tiene porqué ser la página principal), iremos al último elemento de la lista desplegable del botón* ***Atrás****, en la barra de herramientas.*

Para configurar le dirección de la página Web que queremos que nos aparezca al abrir el navegador, seguimos estos pasos:

1. Seleccionamos Opciones de Internet..., del menú Herramientas.

> ***Nota:** Otra forma más directa de acceder a las opciones de Internet Explorer, entre ellas la página de inicio, es haciendo clic con el botón derecho en el icono Internet Explorer del Escritorio de Windows, y elegir la opción Opciones de Internet del menú contextual que aparece.*

2. En la ficha **General**, en el área Página de Inicio (figura 4.6), tenemos cuatro opciones:
   - Podemos escribir en el cuadro de texto Dirección la URL de la página que deseemos.
   - Si estamos previamente en una página y queremos que sea la de inicio, hacemos clic en el botón **Usar actual**.

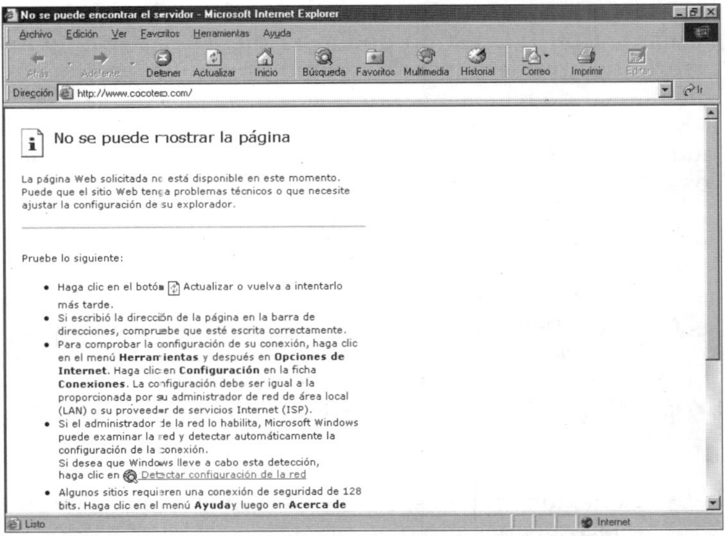

Figura 4.6. Área Página de Inicio de la configuración de IE6

   - Si lo que queremos es que aparezca la página de inicio que vino por primera vez al instalar el navegador, el botón a activar será **Predeterminada**. Por defecto suele ser una página de *Microsoft*, como su portal MSN.

- Si al ejecutar el programa no queremos que aparezca ninguna página, se haría clic en el botón **Usar página en blanco**. Útil si queremos ahorrar tiempo cuando navegamos, sin tener que hacer clic al botón de **Detener**, en la barra de herramientas.

> **Nota:** *Por desgracia, algunas páginas, mediante un código especial en su interior, modifican la configuración de la página principal del navegador, con el único fin de autopromocionarse, pues al abrir el navegador la siguiente vez, nos encontraremos de nuevo con su sitio Web. Esta técnica, aparte de ser poco ética, roza la ilegalidad (de momento).*

4.4.4. ¡Ops! Un error...

La informática y los errores siempre han ido cogidos de la mano. Con *Internet* no podía ser menos. Aparte de los errores que pudiese tener el propio programa, en la navegación nos podemos encontrar con mensajes de varios tipos. El más habitual es el de la figura 4.7, que nos indica que no conecta con el servidor que escribimos, por los que los motivos pueden ser:

- No tenemos conexión a *Internet*. Se puede haber "caído" la conexión.

> **Nota:** *El término "caerse" en* Internet *es cuando nos desconectamos accidentalmente de un servidor, el del proveedor de* Internet, *lo que provocaría una desconexión, o cualquier otro servidor mientras estamos conectados, lo que provocaría una cancelación del servicio que estemos usando.*

- Conexión tenemos, pero el servidor al que conectamos está apagado o no presta el servicio pedido.
- La dirección está mal escrita, y no existe ningún servidor al que apunte.
- El servidor existe, está encendido y ofrece el servicio, pero por una saturación en sus líneas de entrada

y salida de datos, supera el tiempo máximo de respuesta (*timeout*) para ofrecer la página.

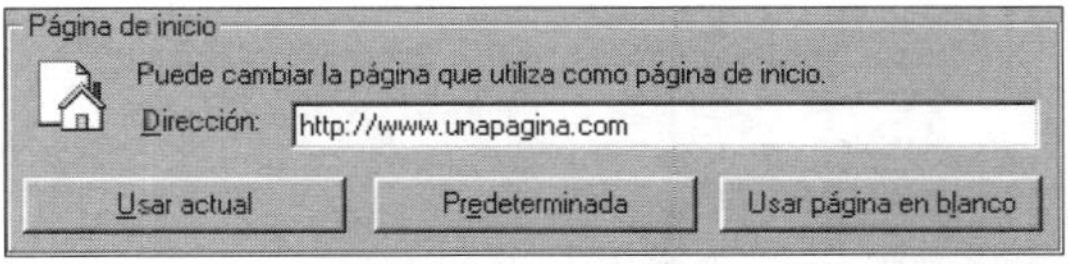

Figura 4.7. Página de error por falta de conexión

Aparte de este error de conexión, es posible que nos de algún error más, del tipo:

- Prohibido (*Forbidden*): no tenemos permiso para ver la página.
- Página no encontrada (*Page not found*): el servidor no reconoce la página Web que le estamos pidiendo. Debemos verificar si el texto de la dirección URL está escrito correctamente.

Otro tipo de problemas que nos podemos encontrar al navegar son los errores internos del programa, llamados comúnmente con al anglicismo *bugs*. Si Internet Explorer 6 detecta alguna anomalía interna en la ejecución del programa, hará aparecer el cuadro de diálogo de la figura 4.8, informándonos que ha detectado un problema y que el programa se cerrará.

En el diálogo podemos elegir entre las siguientes acciones:

- Si queremos que al cerrarse el programa, *Windows* arranque otro *Internet Explorer 6* por nosotros. Para esta acción, debemos activar la casilla de verificación Reiniciar Microsoft Internet Explorer.
- Si somos expertos en la programación informática, podemos ver el informe de errores con hacer clic en el hipervínculo haga clic aquí. Si, además, deseamos depurar el error, deberemos tener una aplicación de depuración de errores de código, como *Microsoft Visual Estudio*, y hacer clic en el botón **Depurar**.
- Elegir entre enviar el informe de errores por *Internet* al servicio técnico de *Microsoft*, o no enviarlo. Dependerá si hacemos clic en el botón **Enviar informe de errores** o en el botón **No enviar**, respectivamente.

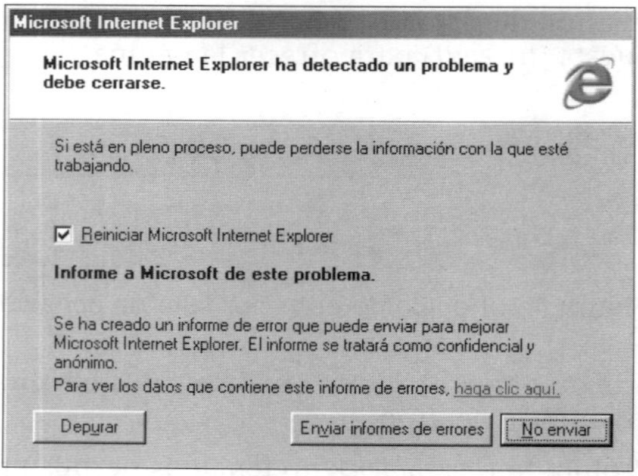

Figura 4.8. Cuadro de diálogo generado por un error interno de Internet Explorer 6

4.4.5. Navegar en varias ventanas

Cuando ya se tiene una cierta experiencia navegando, nos damos cuenta de que se nos hace muy pesado el acceso a las páginas, sobre todo si tenemos una conexión lenta. Para aprovechar al máximo la conexión, lo ideal es navegar con varias ventanas al mismo tiempo. Si una de las páginas va algo más lenta, en otra ventana podemos seguir con otro sitio Web, y al rato, comprobar si se descargó del todo la primera.

> ***Nota:*** *El que aparezcan nuevas ventanas no significa que haya varias copias del programa en la memoria de* Windows. *Esto se conseguiría abriendo varios navegadores con el icono de acceso directo de* Internet, *y consumiendo una cantidad de memoria innecesaria, por lo que no se recomienda. Con la acción de abrir nuevas ventanas, el programa que controla el acceso a* Internet *es el mismo, pero tiene diferentes vistas para los documentos que obtiene, que controla por separado. Sólo gasta memoria al contenido de cada ventana, no el proceso del programa al completo.*

Para abrir otra ventana del navegador, accedemos al menú Archivo, y en su submenú Nuevo elegimos la opción Ventana (o pulsamos la combinación de teclas **Control-U**). En esta ventana tenemos una copia de la original, con el mismo contenido, tamaño y aspecto, pero en la que podemos trabajar de forma independiente, visitando otras páginas o creando nuevas copias de éstas.

Debemos controlar que la cantidad de ventanas abiertas no sea excesiva, bien porque la velocidad de carga de la página Web de cada una sea muy baja, bien porque tengamos poca memoria y el ordenador se "ahogue" y se retarde cualquier otro proceso.

Disponemos de otra forma de navegar por varias ventanas. Digamos que estamos en un sitio Web y que contiene hipervínculos de algunas páginas que creemos que son de nuestro interés, pero sin variar el contenido de la página principal. Para ello sólo tenemos que situarnos encima de un hipervínculo, hacer clic con el botón derecho y seleccionar la opción Abrir vínculo en una ventana nueva. Al hacer esto, se abre una nueva ventana, pero no con el mismo contenido, sino con la página Web del hipervínculo.

> **Nota:** *No siempre es posible hacer esto, pues algunos hipervínculos tienen un código interno que abre de forma automática otra ventana. Si lo hacemos de forma manual, es posible que en la nueva ventana no aparezca nada o un mensaje de error. Bastaría con quitarla.*

> **Nota:** *Si tenemos la ventana del navegador ocupando toda la pantalla (maximizada), al abrir la nueva ventana tapará a la anterior, y parece que desaparece. Tendremos que ir a la barra de tareas y localizar la ventana original para poder abrirla.*

Esta técnica de navegación, algo más avanzada, es ideal cuando estamos utilizando algún tipo de buscador, pues cada uno de los resultados que nos ofrece es un hipervínculo a las páginas buscadas. Así podemos probar si éstas son las que queríamos ver sin tener que perder la información del buscador, y, de paso, navegamos más rápido al aprovechar al máximo nuestra conexión.

> **Nota:** *Una manera mucho más directa de hacer que el hipervínculo aparezca en una nueva ventana es pulsando*

*la tecla **Mayus.**, y sin soltarla, hacer clic con el ratón sobre él.*

4.5. Históricos

Los históricos son memorias de los sitios Web que se han ido visitando. Esta funcionalidad nos permite recordar y volver a visitar aquellos sitios que no pudimos guardar, o que el propio programa nos indique si ya hemos pasado anteriormente por alguna página Web, y así no repetir accesos innecesarios.

Internet Explorer dispone de tres históricos que memorizan direcciones de páginas visitadas:

4.5.1. Histórico de navegación lineal: Atrás y Adelante

Es el más sencillo y básico de los tres. Con él es posible acceder a páginas que hemos visitado anteriormente, desde la última vez que abrimos la ventana del navegador. Esto significa que la vida de este histórico durará mientras exista la ventana actual en la que estemos navegando.

Figura 4.9. Menú y Barra de herramientas, con todas sus barras por defecto

Para ir hacia atrás en la navegación, a la página anterior que hemos visitado, pulsaremos el botón **Atrás** () de la barra de herramientas (figura 4.9). Así, varias veces, se consigue el sentido contrario de navegación. Para ver todas las páginas anteriores y así poder acceder a una de ellas directamente, haremos clic en el menú desplegable del botón, en su parte derecha. Este pequeño botón anexo aparece pulsado en la figura 4.10.

Estas opciones se aplican también a las direcciones que tengamos por delante de la misma manera, pero con el botón **Adelante** () de la barra de herramientas.

Nota: Con **Control-flecha izda.** y **Control-flecha dcha.** vamos hacia atrás y hacia delante respectivamente. Haciendo clic con el botón derecho en el fondo de una página Web (sin imágenes ni ningún otro elemento) tenemos también las dos opciones de Atrás y Adelante.

Nota: Para ir hacia delante necesitamos anteriormente haber ido hacia atrás en el histórico. Así como para ir hacia atrás necesitamos haber navegado por al menos dos sitios Web con la misma ventana.

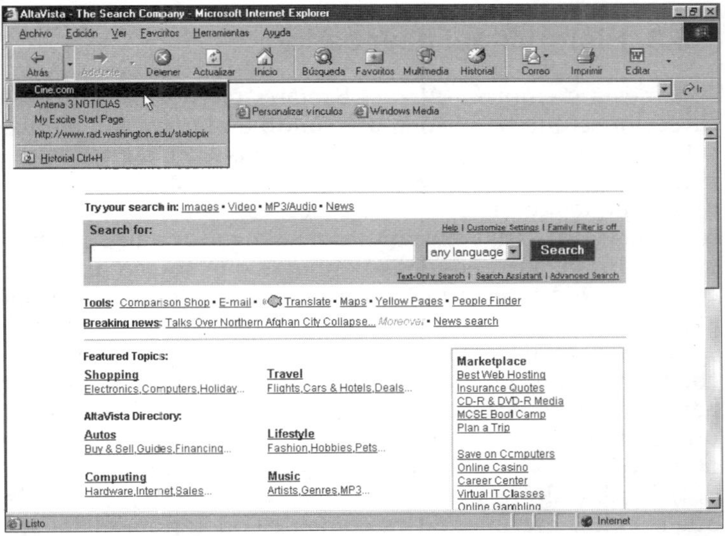

Figura 4.10. Lista desplegable del botón Atrás

4.5.2. Histórico de la barra de direcciones

Cuando escribimos una dirección en la barra de direcciones del navegador, se almacenará en una lista junto con las anteriormente escritas. Así, si queremos volver a una página que hemos escrito anteriormente en esta barra, sólo tendremos que desplegar la lista, con el botón que hay a su derecha, y hacer clic en la dirección. Esta lista está ordenada cronológicamente, desde la URL escrita más recientemente hasta la más antigua.

> *Nota: Hay que tener en cuenta que las direcciones sólo se almacenan aquí si escribimos la dirección y pulsamos la tecla de* **Intro** *o el botón* **Ir** *(→) de su derecha. Y no sólo eso, si no que, además, la página Web correspondiente a esa dirección escrita tiene que existir y haber podido ver algo de ella, aunque sea únicamente el título.*

> *Nota: Las direcciones escritas mediante el menú* Archivo *y la opción* Abrir *(o Control-A) no se almacenan en este histórico.*

4.5.3. Historial del navegador

En esta memoria, *Internet Explorer* memoriza todas las direcciones que han ido apareciendo en la pantalla en los últimos días. O lo que es lo mismo, las URL de todas las páginas Web visitadas. Según vamos navegando y haciendo clic en los diferentes hipervínculos, se van registrando todas las URL de las ventanas del navegador que podemos ver, incluidas las pequeñas ventanas que suelen aparecer con publicidad de forma automática cuando entramos en algún sitio Web.

Una de los usos de este histórico de los que se aprovecha el programa es a la hora de escribir una dirección en la barra de direcciones. De esta manera, al empezar a escribir una URL, si el texto escrito corresponde con el principio de otra u otras URL que están almacenadas, se abre una lista desplegable de forma automática (figura 4.11), por si lo que estamos escribiendo ya coincide con alguna visita anterior a alguna Web. Si es así, basta con hacer clic en una de las opciones que nos ofrece o movernos hacia abajo con la tecla del cursor de dirección hacia abajo y pulsando **Intro**. Si no queremos elegir las opciones que nos ofrece, acabaremos de escribir nuestra dirección, y quedará almacenada en el historial y en el propio que posee la barra de direcciones, comentado antes.

Otro de los usos es indicarle al usuario qué páginas ya se han visitado anteriormente, por si no queremos volver a la misma dirección. La forma de avisarnos es coloreando de una manera diferente los hipervínculos de texto y los de imágenes que tengan un borde. El color de los hipervínculos que distingue una dirección ya visitada de una nueva se puede configurar en las opciones de *Internet Explorer*, de las que hablaremos al final de este capítulo. Aunque lo más normal es que cada página Web tenga su propio estilo definido de hipervínculos, como su color, si está subrayado o no, etc. De esta manera, es posible que no se distinga si los hipervínculos de algunas páginas ya se han visitado.

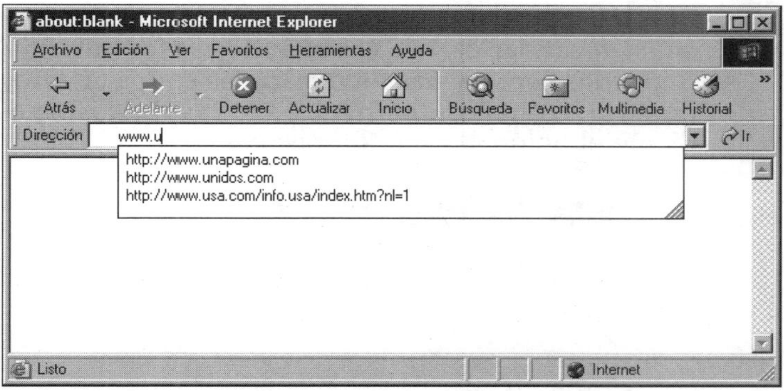

Figura 4.11. Lista desplegable con las direcciones

> ***Nota:*** *Aún así, es posible decirle al navegador, en la configuración del programa, que ignore los colores de los hipervínculos y de la página en general y fuerce a usar unos establecidos por el usuario.*

Autocompletar

La acción de que el programa busque las direcciones según las vamos escribiendo se llama *autocompletar*. También se puede utilizar para los cuadros de texto de los formularios de las páginas Web. Según escribimos en un cuadro de texto en el que anteriormente hayamos escrito algo, aparecerá una lista autodesplegable, con el contenido de las últimas introducciones. Autocompletar también se utiliza para memorizar contraseñas, pues también son cuadros de texto, con la diferencia de que los caracteres que aparecen dentro de ellos son los asteriscos (*). Esta opción es algo arriesgada si no queremos que nadie maneje nuestro ordenador y entre a los sitios en los que estamos registrados, sin pedirle la contraseña.

Para configurar la opción de *autocompletar*, iremos a Herramientas>Opciones de Internet>Contenido>Autocompletar, con lo que nos aparecerá el cuadro de diálogo de la figura 4.12. En él, podemos:

- Activar o desactivar las casillas de verificación para usar *autocompletar* en los diferentes sitios comentados.
- Borrar los contenidos almacenados por *autocompletar* en los formularios, con el botón **Borrar formularios**.
- Borrar las contraseñas memorizadas en los cuadros de texto de tipo contraseña (con loa asteriscos), mediante el botón **Borrar contraseñas**.

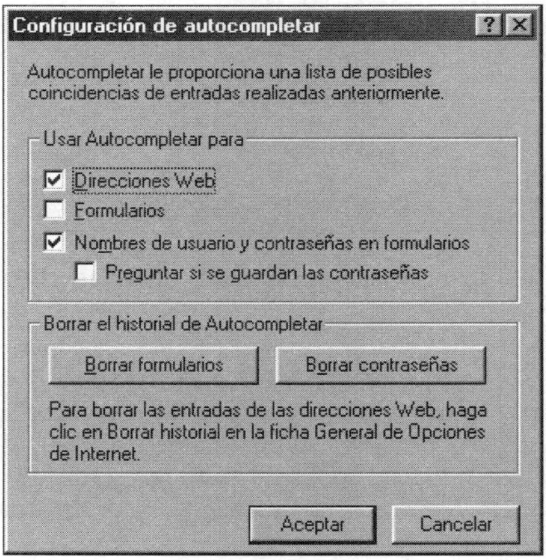

Figura 4.12. Cuadro de diálogo Autocompletar

Manejar el historial

Las direcciones guardadas en el historial de *Internet Explorer* se pueden gestionar como si fuesen los hipervínculos normales de una página Web, con la diferencia de que aquellos se pueden eliminar. Para poder ver estas direcciones, tenemos que abrir el panel lateral del historial, haciendo clic en el botón **Historial** de la barra de herramientas o pulsando **Control-H**. Aparecerá entonces algo parecido a la figura 4.13.

Primeramente veremos una serie de iconos, con forma de calendario, indicando el día de hoy y los días y las semanas anteriores. Ésta es una primera agrupación de los hipervínculos almacenados. Haciendo clic en uno de esos grupos, veremos una lista de DNS (nombres de dominio) ordenados alfabéticamente. Estos corresponden a los dominios de las Web visitadas. Si queremos ver exactamente las páginas Web correspondientes a cada dominio, basta con hacer clic en uno de los DNS. No aparecerán las direcciones, sino los títulos de las páginas de esas direcciones.

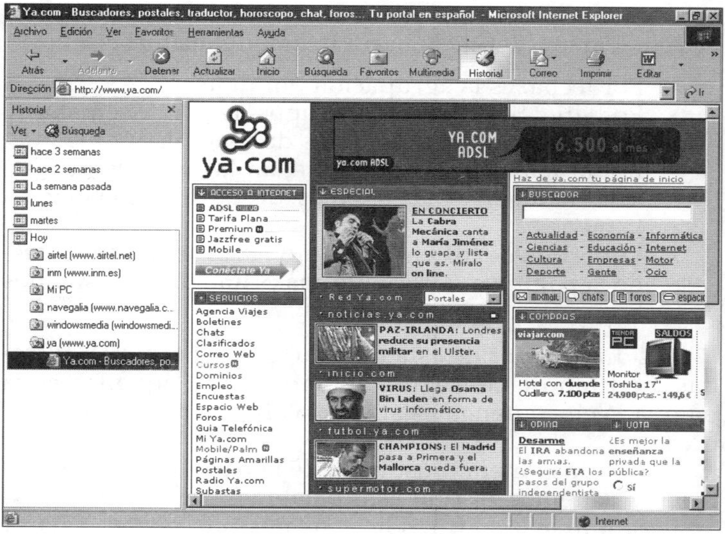

Figura 4.13. Ventana con la barra lateral del Historial a la izquierda

Ya podemos realizar acciones a cada URL almacenada:

- Haciendo clic accedemos a la página correspondiente.
- Haciendo clic con el botón derecho aparece un menú contextual con las siguientes opciones:
  - Abrir: el contenido de la página aparece en la ventana del navegador, a la derecha.
  - Abrir en ventana nueva: el contenido aparece en otra ventana del navegador.
  - Agregar a favoritos: la dirección y el título se almacenan en la carpeta Favoritos.
  - Copiar: se guarda en el portapapeles de *Windows* la URL almacenada del hipervínculo. En cualquier

otra aplicación de este sistema operativo que soporte la acción de Pegar, se podrá volcar esta dirección donde "peguemos".

- Eliminar: se borra de la lista el hipervínculo.
- Propiedades: muestra información sobre la URL del hipervínculo, la fecha de la última visita y las visitas contabilidazas.

La lista del historial puede modificarse para que se agrupen de otra manera sus elementos. Tenemos cuatro opciones en el menú Ver de la barra lateral del historial:

- Por fecha: es la agrupación por defecto.
- Por sitio: Se ignoran los grupos de días y semanas y aparecen todos los nombres de dominio juntos.
- Por el más visitado: se ordenan las direcciones (no los dominios) de las páginas, desde la más visitada a la menos.
- Por orden de los visitados hoy: la ordenación es desde la página más reciente a la primera que visitamos hoy.

Las direcciones de esta lista pueden ser también filtradas. Se trata de conseguir que aparezcan aquellas cuya página Web contenga es su título alguna palabra o palabras.

Pulsando el menú Búsqueda de la barra lateral del historial y podemos escribir esas palabras.

Para quitar la barra, sólo tenemos que volver a hacer clic en el botón **Historial** de la barra de herramientas, o hacer clic en el botón de **cerrar** (×) (como el de cerrar ventana).

Configurarlo

Para configurar el historial de *Internet Explorer 6*, debemos seleccionar Herramientas>Opciones de Internet... En el área **Historial** (figura 4.14) tenemos la posibilidad de configurar:

- El límite de días para guardar las direcciones del historial. Las que superen los días indicados almacenadas en el historial caducan y se eliminan automáticamente.
- La posibilidad de vaciar la lista de hipervínculos almacenados en el historial, haciendo clic en el botón **Borrar Historial**.

Figura 4.14. Área Historial de la ficha General en la configuración de IE6

4.6. Manejar imágenes

Esta versión del programa presenta algunas novedades asociadas al de las imágenes que aparecen en nuestra ventana. Para empezar, *Internet Explorer 6* nos facilita el visionado de las imágenes que, por su tamaño, no caben completamente en la ventana del navegador. Si le es posible, el programa reducirá la imagen hasta que sea completamente visible. Al acercar el puntero del ratón encima de la imagen, aparecerá un botón como el de la figura 4.15. Pulsándolo devolveremos la imagen a su tamaño original, que rebosará los límites de la ventana. Es posible invertir el proceso sobreponiendo el puntero del ratón de nuevo y pulsando al botón que aparece (figura 4.16) para reducir la imagen hasta poder verla por completo.

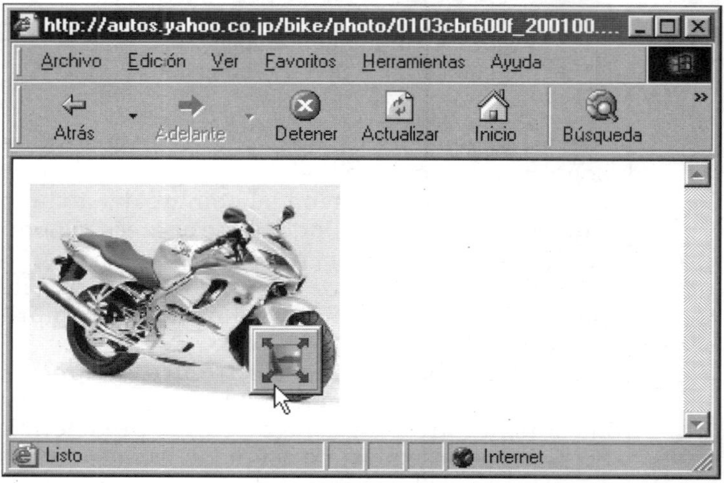

Figura 4.15. Imagen reducida con el botón de ampliación

Se han facilitado las acciones más comunes de control de las imágenes, como son el guardado en soporte físico, la impresión y el envío por correo electrónico. Para ello, se han añadido una barra de botones emergentes que aparecen, una vez descargada la imagen por completo, al mover el puntero del ratón por encima de ésta. Se sitúan en la esquina superior izquierda y son cuatro, como se ve en la fotografía de la figura 4.17.

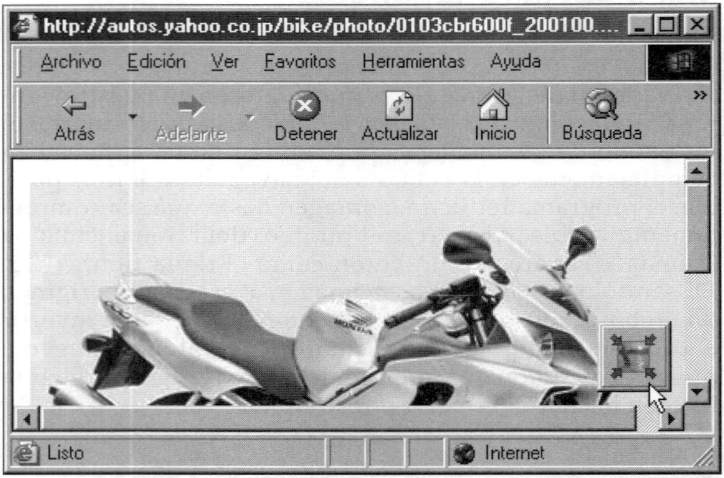

Figura 4.16. Imagen ampliada al original con el botón de reducción

- **Guardar imagen como...**: nos aparece un cuadro de diálogo en la que podemos elegir el lugar dónde queremos almacenar la imagen y el nombre del archivo que queremos para ella. Por defecto aparece el nombre asignado por la propia página.
- **Imprimir imagen**: aparece el cuadro de diálogo de impresión estándar de Windows para poder imprimir sólo la imagen.
- **Enviar imagen por correo electrónico**: aparecerá una ventana de redacción de un nuevo correo electrónico de nuestro programa de correo predeterminado. Si no tuviésemos uno asignado, Windows nos preguntará por la localización de uno disponible que tengamos almacenado.

- **Ir a Mis imágenes**: Es una carpeta que se encuentra normalmente en el sistema de archivos de *Windows*, llamada Mis imágenes. Es un buen sitio para almacenar temporalmente las imágenes que vamos guardando y más tarde organizarlas en otras carpetas.

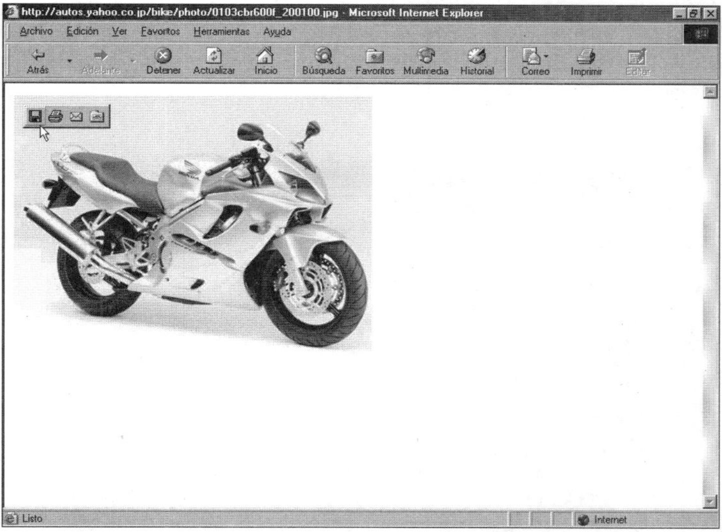

Figura 4.17. Fotografía con los controles de imagen

Estas opciones, junto con otras, se encuentran disponibles haciendo clic con el botón derecho del ratón encima de la imagen, dentro del menú contextual que aparece.

Aparte de las comentadas tenemos:

- Mostrar imagen: si la imagen no se ha podido descargar del todo, siempre podemos pedirle al servidor de la página que lo intente de nuevo.
- Establecer como fondo: como opción más clásica tenemos la de hacer que la imagen se convierta en el fondo del escritorio de *Windows*.
- Establecer como elemento del escritorio: ejecuta el *Active Desktop* (Escritorio Activo), una opción de *Windows* para hacer que el fondo del escritorio se convierta en el navegador de *Internet*.

4.7. Guardar y guardar

4.7.1. La página

Si queremos obtener una copia en nuestro disco duro de la página Web que estamos viendo en la ventana, no tenemos más que ir al menú Archivo y elegir la opción Guardar como... En el cuadro de diálogo que aparece (figura 4.18), tenemos las opciones para indicar en qué carpeta del sistema de archivos de *Windows* queremos guardar la página.

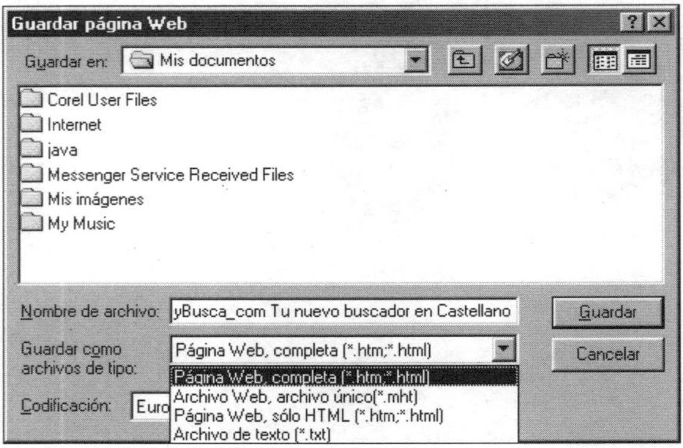

Figura 4.18. Cuadro de diálogo Guardar página Web

Por defecto, el nombre del archivo es el título de la página, pero se puede editar. Pero nos fijaremos con más detalle en los diferentes formatos para guardar la página Web, en el cuadro de lista desplegable Guardar como archivos de tipo:

- Página Web completa: guarda el archivo principal de la página Web (.html) en la carpeta indicada, y todos sus elementos, como las imágenes, en una subcarpeta de ésta, con el mismo nombre del archivo html.
- Archivo Web, archivo único: Este nuevo formato de *Internet Explorer 6* integra en un mismo archivo el contenido html y sus elementos, sin crear ninguna subcarpeta. La extensión del formato es .mht.

- Página Web, sólo HTML: sólo guarda el archivo "esqueleto" de la página (html), sin las imágenes, ni estilos ni ningún otro elemento.
- Archivo de texto: Guardará en un archivo de texto el código html del documento.

> ***Truco:*** *No hace falta guardar el código html si sólo queremos verlo. Se puede hojear en Ver>Código fuente, o haciendo clic con el botón derecho en un hueco del fondo de la página y eligiendo la opción Ver código fuente.*

4.7.2. Los elementos de la página

Hemos comentado que las páginas Web están compuestas de multitud de elementos. Hemos dedicado una sección exclusivamente a las imágenes, pues tienen algunas funciones especiales.

Para guardar cualquier otro componente de la página deberemos seguir estos pasos:

1. Localizamos el hipervínculo cuyo destino es el tipo de archivo que queremos descargar, como por ejemplo, un video.

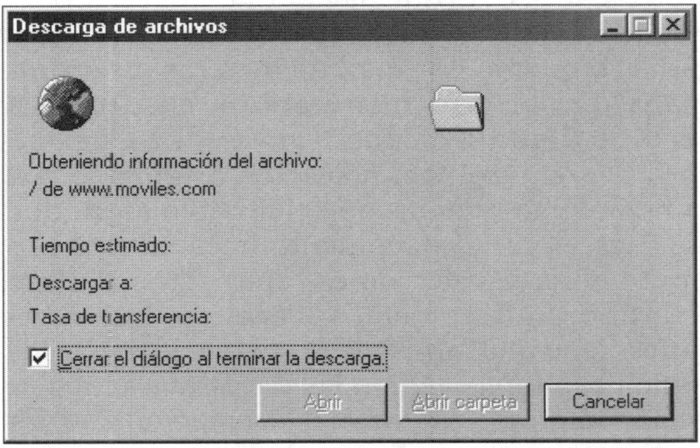

Figura 4.19. Cuadro de diálogo Descarga de archivos

2. Hacemos clic con el botón derecho y en el menú contextual, seleccionamos la opción Guardar destino como..., que nos abrirá un cuadro de diálogo de la

figura 4.19, que nos informa que está intentando conectar con el servidor a ver si nos puede ofrecer ese archivo. Si así es, aparecerá el cuadro de diálogo típico de *Windows* para decirle dónde vamos a almacenar el archivo y con qué nombre, como si guardásemos una imagen.

4.7.3. Tipos de archivos

En un sistema operativo como *Windows*, los tipos de archivos se diferencian de dos maneras:

- La extensión del archivo: lo normal es que sean tres caracteres que están al final del nombre del archivo, después de un punto. Aunque realmente pueden ser de menos e incluso de más caracteres, como .ra, .html, o .jpeg.
- El icono del archivo: un pequeño gráfico que acompaña a cada uno, y que esta asociado a una extensión o a un programa registrado por *Windows*. Si tenemos, por ejemplo, un archivo con la extensión .doc y tiene el icono del programa *Word* ( ),para redactar documentos, al abrir el archivo, será Word quien habrá el documento, dentro de él. A esta relación se le llama *Asociación*.

Puede darse el caso que hagamos clic a un hipervínculo y éste direccione a un archivo desconocido por el navegador, o que no es capaz de mostrar directamente en la ventana. En tal caso, aparecerá un cuadro de diálogo como el de la figura 4.20, donde nos pide a elegir si queremos abrir el archivo en su ubicación original, o guardarlo directamente. Imaginemos que el archivo es un documento .doc. Para el ver el documento hace falta el programa *Word*, pues el navegador no es capaz de visualizar por sí solo este tipo de documentos. Para eso, internamente el navegador tiene una tabla con las extensiones de los archivos (como hace *Windows* con las *asociaciones*) que es capaz de asociar con otros programas y consigo mismo. Es lo que para los profesionales se llaman los tipos MIME.

Advertencia: *En el diálogo* ***Advertencia sobre la apertura de datos adjuntos*** *de la figura 4.20 anterior, existe una casilla de verificación con el texto* ***Preguntar siem-***

pre antes de abrir este tipo de archivos. Si le quitamos la selección, la siguiente vez que se haga clic en un hipervínculo con el mismo tipo de archivos (misma extensión), el archivo se abrirá directamente, sin que aparezca el diálogo.

***Truco:** Si deseamos conocer las extensiones más famosas que se suelen ver por el mundo de* Internet, *en el capítulo 10 sobre la transferencia de archivos tenemos una tabla con un grupito de ellas.*

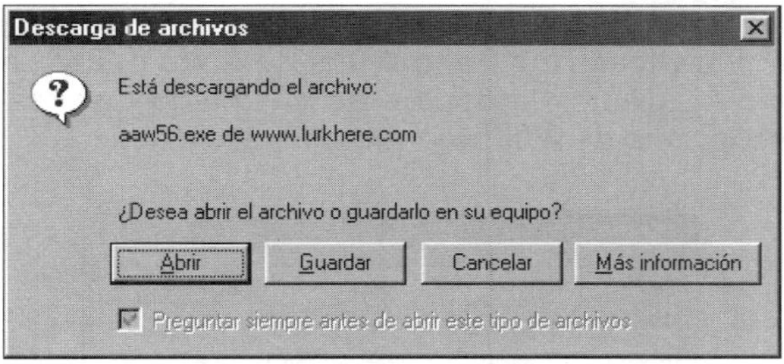

Figura 4.20. Confirmación para descargar el archivo o abrirlo directamente

4.7.4. Virus y demás trucos

Hay que prestar un cuidado especial a la hora de guardarnos archivos y luego ejecutarlos, pues podrían tener virus informáticos. Son especialmente susceptibles de tenerlos los ejecutables, cuya extensión de archivo acaba en **.exe** o **.com** (por ejemplo *pelicula.exe*).

Algunos son programas que pueden controlar nuestro programa de conexión telefónica a *Internet* (dialer). Es la forma de financiación de algunas páginas Web de temática erótica o pornográfica, cuyas ganancias por publicidad no son suficientes. Esta técnica, poco ética si no se avisa al usuario del sistema de cobro, asusta menos que el introducir los dígitos de una tarjeta de crédito. La manera de funcionar consiste en que desconectan el ordenador de nuestro proveedor de *Internet* y llaman a otro mediante un número 906, cuya tarifa es mucho más elevada y sin tarifa plana.

Como prevención, lo mejor es que no lleguemos ni a descargarnos ningún archivo que nos parezca ligeramente sospechoso, para así no poder ejecutarlo accidentalmente.

4.8. Buscar y rebuscar

4.8.1. Palabras en la página

Es común que si estamos buscando por *la Red* documentación de cualquier tipo, algunas páginas estén plagadas de texto y sean de un tamaño considerable. También es fácil perderse si tenemos algún tipo de listado en alguna página. Para localizar fragmentos de texto dentro del documento, usaremos la opción de búsqueda que casi cualquier programa de *Windows* que trate texto tiene.

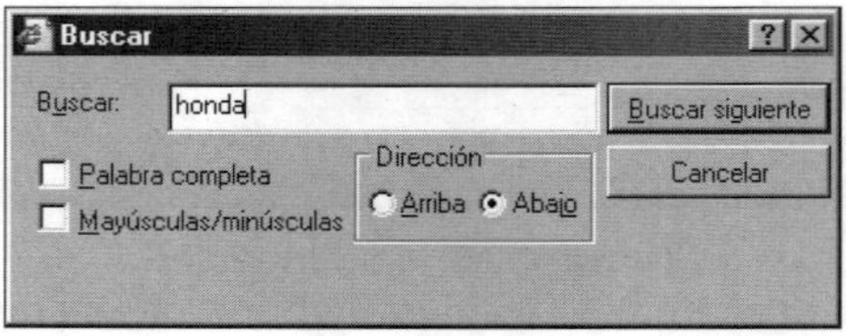

Figura 4.21. Cuadro de diálogo de búsqueda en la página

Para conseguir que aparezca el cuadro de diálogo de búsqueda (figura 4.21), seleccionamos Edición>Buscar en la página... o la combinación **Control-F**, donde podemos:

- Elegir las letras que queremos que aparezcan, en el cuadro de texto. Si buscamos "cine", aparecerán palabras que contengan estas 4 letras, como "alucine", "cinemateca", etc.
- Indicar que lo que se escribió es una palabra completa, que no forma parte de alguna. Si elegimos "cine" sólo buscará ésta palabra en el documento.
- Si tiene que hacer caso de las letras en mayúscula o en minúscula, activaremos la casilla Mayúsculas/ minúsculas, y si no, la desactivamos, como viene por defecto.
- El sentido en el que queremos que busca, a partir de donde esté el cursor dentro del documento, hacia la parte superior o la inferior del documento.

> ***Nota:*** *Aunque el cursor dentro de la página no se ve, lo podemos establecer haciendo clic en la parte del documento donde queremos que empiece a buscar.*

4.8.2. Buscar en Internet

En la barra de herramientas del navegador, tenemos el botón **Búsqueda**, mediante el cual, aparece un panel lateral a la izquierda (figura 4.22, al estilo de los *favoritos* o el *historial*.

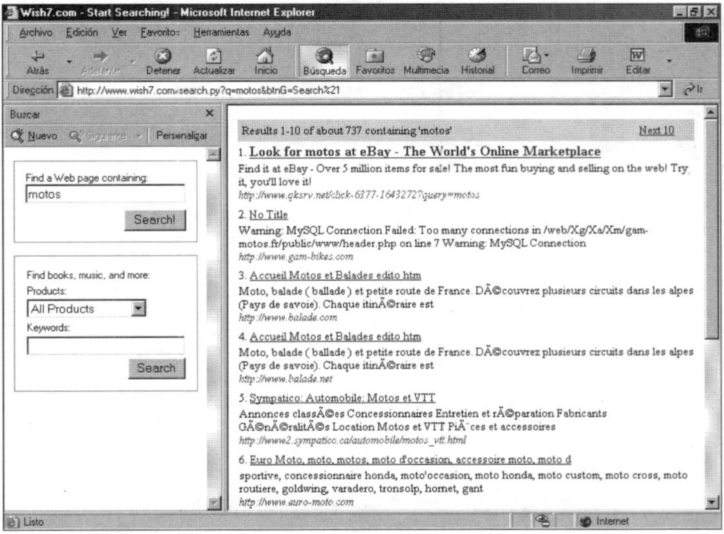

Figura 4.22. Panel de búsqueda en *Internet*

El contenido de este panel es un pequeño formulario, con dos áreas:

- El superior, con un cuadro de texto sirve para realizar las típicas búsquedas por Internet, escribiendo las palabras que queremos que contengan las páginas buscadas, como "Tienda campaña" (se evita el uso de palabras comunes). Si hacemos clic en el botón **Search!** en la ventana del navegador tendremos los resultados, como vemos en la anterior figura 4.22

- En la inferior, tenemos búsquedas comerciales, sobre productos que se venden por la red. En el cuadro de lista desplegable, elegimos el tipo de producto, y en el cuadro de texto Keywords (palabras clave), escribimos la descripción de éste. Un ejemplo de resultado de este tipo lo tenemos en la figura 4.23.

Figura 4.23. Resultados con el panel de búsqueda

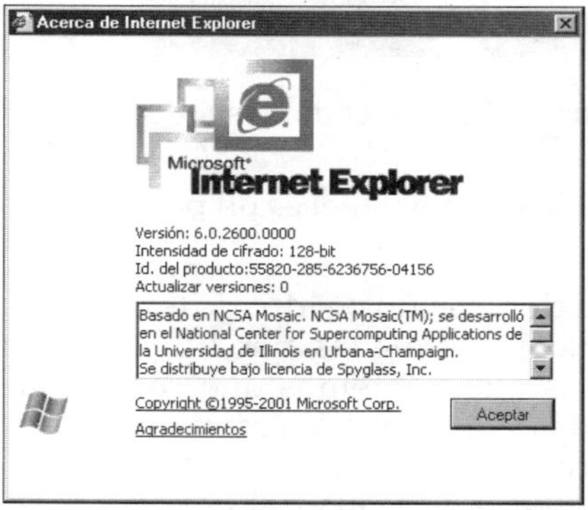

Figura 4.24. Cuadro de diálogo Acerca de Internet Explorer

Nota: Por desgracia, este formulario está en inglés, en la versión 6.0.2600.0000 de Internet Explorer*: Para ver esta versión, seleccionamos Ayuda>Acerca de Internet Explorer, y aparecerá el cuadro de diálogo de la figura 4.24. La búsqueda también la realiza en buscadores en inglés, luego los resultados pueden aparecer en varios idiomas.*

4.9. Vínculos relacionados

Es posible que deseemos averiguar más páginas con el mismo tipo de información que la que estamos viendo, porque vemos que no tenía ese dato en particular que buscábamos, o se nos ha quedado corta.

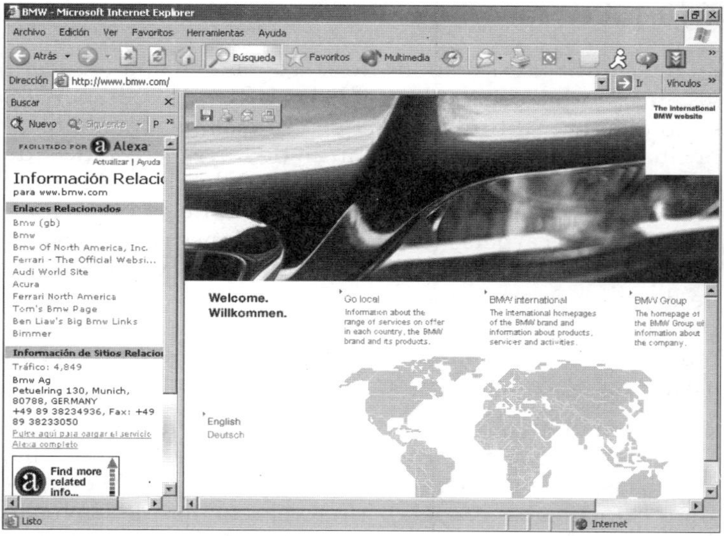

Figura 4.25. Búsqueda automática de vínculos relacionados con la página actual

Internet Explorer 6 nos da la posibilidad de buscar de forma automática otras direcciones con temas relacionados con la página actual. Esta información aparecerá en la barra de búsqueda, si seleccionamos la opción Mostrar vínculos relacionados del menú Herramientas. El programa nos mostrará los resultados por medio de una pequeña página Web, con los hipervínculos encontrados. Sólo nos queda hacer clic sobre ellos para probar otras alternativas al sitio Web que estemos viendo. Un ejemplo lo podemos observar en la figura 4.25.

4.10. Direcciones favoritas

Como ya hemos comentado en el primer capítulo, los nombres de dominio DNS hacen que acordarse de la dirección de un sitio Web sea más sencilla que memorizar los cuatro números que forman el IP. Aún así, sería de mucha ayuda una agenda donde se guardasen aquellas direcciones que tenemos intención de visitar en otro momento.

4.10.1. Los favoritos

Internet Explorer dispone de esta agenda llamada *Favoritos*. En ella almacenamos no sólo las URL de los sitios Web, si no también su título, para que sea más fácilmente reconocible. Los favoritos se organizan de forma jerárquica (de árbol) en carpetas, como el sistema de archivos de *Windows*. Existe una carpeta principal (la raíz) dónde se pueden almacenar más carpetas (ramas) y direcciones (hojas). Siempre se recomienda que, cuando es significativo el número de direcciones almacenadas en los *Favoritos*, se creen grupos y subgrupos que se asocian a las carpetas. Así localizaremos más rápidamente aquella página que queremos volver a explorar. Para acceder a un favorito almacenado:

- Con el menú favoritos, accedemos al favorito elegido, o si es una carpeta, nos situamos encima de ella, hasta que se abra un submenú y elijamos ahí el favorito (u otra carpeta). Una vez encima del favorito elegido sólo nos queda hacer clic sobre él. La ventana desde la que abrimos el menú favoritos visualizará la página de la dirección almacenada en el favorito. En la figura 4.26 vemos cómo se realiza este acceso.
- Con la barra lateral de favoritos (figura 4.27), si es una carpeta, debemos hacer clic sobre ella, para abrir sus elementos internos, que pueden ser favoritos y más carpetas. Una vez hemos elegido el favorito que queríamos, hacemos clic sobre él, para que a la dere-

cha, en la ventana aparezca la página asociada al hipervínculo del favorito.

Figura 4.26. Acceso a un favorito con el menú Favoritos

Figura 4.27. Barra lateral Favoritos

Organización

Hay dos maneras de almacenar y gestionar los favoritos:

- Mediante el menú Favoritos o la barra lateral Favoritos: Las dos se manejan de igual manera y tienen casi el mismo aspecto. Para que aparezca la barra Favoritos, debemos pulsar el botón **Favoritos** de la Barra de herramientas.

  Las acciones a realizar son:

  - Agregar un favorito: seleccione el menú Favoritos y elija la opción Agregar a Favoritos..., o en el menú Agregar... de la barra Favoritos, donde aparecerá el cuadro de diálogo de la figura 4.28. En éste nos pide introducir el nombre descriptivo del favorito. Aparece por defecto el nombre de la página, aunque se puede modificar o borrar a nuestro gusto. Si queremos almacenarlo en una carpeta, tanto si existe como si queremos crear una nueva, haremos clic en el botón **Crear en**, con lo que el cuadro de diálogo crecerá como el de la figura 4.29. En él se puede elegir una carpeta de las que ya hay para almacenar el favorito, o crear una nueva en el botón **Nueva carpeta**.

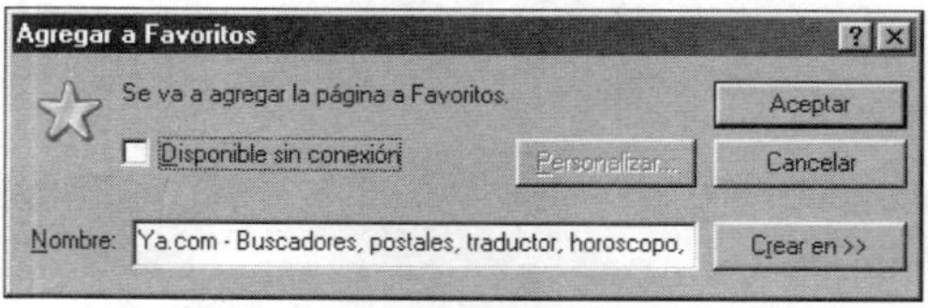

Figura 4.28. Cuadro de diálogo Agregar Favoritos

- Eliminar un favorito: hacemos clic con el botón derecho elegimos la opción Eliminar, o bien pulsamos la tecla **Supr**.

> ***Advertencia:*** *Esta acción es recuperable, ya que el favorito, al ser realmente un archivo de acceso directo, se almacena en la Papelera de Reciclaje de nuestra unidad de disco. Pero para recuperar el favorito hay que mover ese archivo de nuevo a la localización del disco dónde estaba, mediante el Explorador de Mi PC de Windows.*

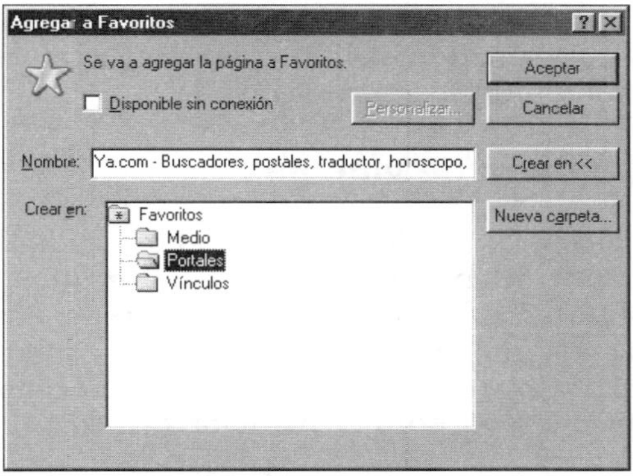

Figura 4.29. Cuadro de diálogo
Agregar Favoritos con las opciones de carpetas

- Cambiar el nombre: Podemos modificar en cualquier momento el nombre descriptivo de este marcador. Para conseguirlo, haciendo clic con el botón derecho elegimos la opción Cambiar nombre. Si queremos además que todos los favoritos de una carpeta queden ordenados por nombre, con el mismo menú contextual elegimos la opción Ordenar por Nombre.

> ***Truco:*** *Como en cualquier selección de texto de los programas de Windows, si se escribe directamente sobre un texto seleccionado, desaparece el anterior texto. Si sólo queremos modificar una parte, haremos clic en esa parte o nos moveremos con las teclas de dirección.*

- Con el cuadro de diálogo Organizar Favoritos (figura 4.30): Conseguiremos verlo seleccionando la opción Organizar Favoritos... del menú Favoritos.
    - **Crear carpeta:** aparece una nueva carpeta en el interior de la que tuviésemos seleccionada, con el nombre *Nueva Carpeta* seleccionado. Sólo tenemos que escribir el nuevo nombre y pulsar la tecla **Intro**
    - **Cambiar nombre:** se selecciona el nombre del favorito o carpeta para poder modificarlo.
    - **Mover a carpeta...:** aparece otro cuadro de diálogo para poder elegir el destino del elemento seleccionado. El original desaparece.

- **Eliminar:** se borra de la lista la carpeta o favorito seleccionado. Si eliminamos una carpeta, todo su contenido se borrará con ella.

4.10.2. La barra de vínculos

Entre las barras que hay debajo del menú de la ventana del navegador, se encuentra la llamada Vínculos, donde se pueden almacenar de una forma muy rápida, aquellas direcciones a las que queremos acceder directamente. Ideal para aquellas direcciones que usamos con frecuencia y que no queremos buscar por la lista de favoritos.

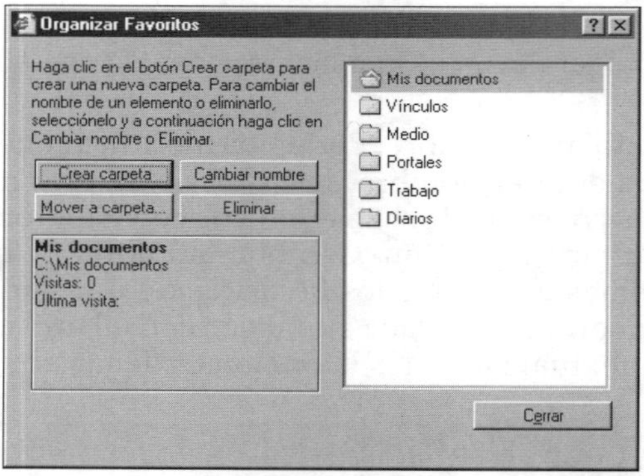

Figura 4.30. Cuadro de diálogo Organizar Favoritos

Si no se ve, para que aparezca hay que activar la opción Ver>Barra de herramientas>Vínculos. En la anterior figura 4.9 se ve junto con las demás barras.

> ***Truco:*** *La barra de vínculos es realmente una carpeta de la agenda de favoritos. Su contenido se puede ver y modificar también como si fueran los hipervínculos de otro favorito más.*

Entonces podemos hacer:

- Añadir un vínculo: arrastrando el pequeño icono a la izquierda de "http:// " en la dirección de la página y soltándolo dentro de la barra. El nombre del vínculo es el título de la página.

- Ir a la dirección del vínculo: haciendo clic en el botón generado para él, en el propio nombre.
- Eliminar un vínculo: haciendo clic con el botón derecho y eligiendo la opción Eliminar.
- Cambiar en nombre del vínculo: haciendo clic con el botón derecho y seleccionando Cambiar nombre.

4.11. Barra multimedia

Una novedad de la versión 6 del programa es la barra multimedia que incorpora, al estilo de las barras laterales del historial y de los favoritos. Para que aparezca, debemos hacer clic en el botón **Multimedia** de la barra de herramientas, el cuál vemos pulsado, junto con la barra, en la figura 4.31.

Figura 4.31. Panel lateral Multimedia

La barra multimedia es un reproductor multimedia incorporado en el propio navegador. Con él es posible visualizar vídeos, escuchar música, oír la radio y reproducir casi cualquier tipo de archivo multimedia. Según vamos navegando, si *Internet Explorer 6* detecta que un hipervínculo al que hacemos clic enlaza con un archivo multimedia, nos preguntará si queremos reproducirlo en la barra multimedia.

Con esta utilidad, el navegador cada vez más se hace más versátil, al no tener necesidad de utilizar casi ningún otro programa para poder explorar por *Internet* cualquier tipo de información.

Al hacer clic en el botón, y como hemos visto en la figura 4.31 anterior, la ventana del navegador descarga una página del portal de *Microsoft MSN*, llamada *WindowsMedia.com*, con el dominio http://windowsmedia.com. Por ella se puede navegar para ver y escuchar lo último en música, vídeo y radio por *Internet*.

Nota: *La radio por Internet será un tema que trataremos en el capítulo de Contenidos en la Web, en el apartado de Entretenimiento.*

4.12. Imprimir

Para pasar el documento Web que tenemos en pantalla a papel, tenemos que abrir el cuadro de diálogo de impresión (figura 4.32), lo que se consigue con:

- Ir al menú Archivo y eligiendo la opción Imprimir.
- La combinación de teclas **Control-P**.

Advertencia: *Si hacemos clic en el botón imprimir (**) de la barra de herramientas no aparece el cuadro de diálogo de impresión. El documento pasará a papel con las opciones por defecto de impresión o con las últimas indicadas en una anterior impresión del mismo Internet Explorer abierto.*

En el cuadro de diálogo Imprimir tenemos estas opciones:

- Elección de la impresora, en la lista desplegable Nombre, accediendo en su botón **Propiedades** a la configuración de impresión específica de la impresora (depende del modelo y del fabricante).
- Imprimir intervalos de impresión, si queremos imprimir todas las páginas que ocupe en papel el docu-

mento Web, el rango de páginas indicado o la selección marcada dentro de la página.

- La cantidad de copias que queremos imprimir, así como si las queremos intercalar, es decir, todas las primeras páginas juntas, todas las segundas juntas, etc.

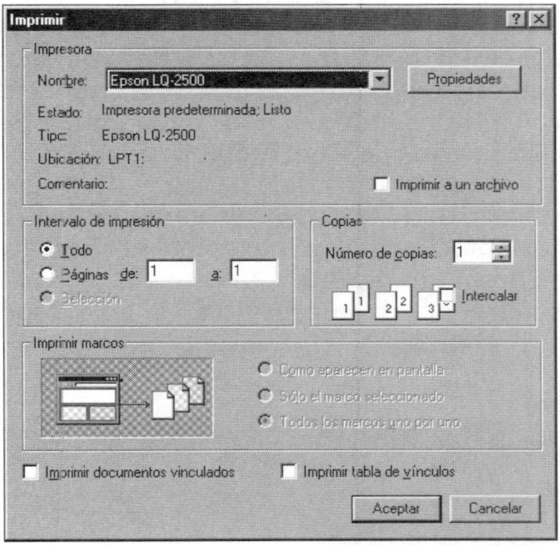

Figura 4.32. Cuadro de diálogo Imprimir

- Si nuestra página tiene marcos, se pueden elegir tres formas para imprimirlos:
  - Tal y como aparecen en la ventana de la página Web, como si no hubiesen marcos.
  - El marco que está seleccionado. Para seleccionar un marco, basta con hacer clic en alguna parte del área que define ese marco, como el fondo de éste, por ejemplo.
  - Todos los marcos, cada uno en una página diferente en papel.
- La posibilidad de imprimir también todos las páginas Web cuyos hipervínculos tengamos en el documento que estemos tratando. Para ello hay que activar la casilla de verificación Imprimir documentos vinculados.
- Obtener por papel una lista con todos los hipervínculos que tiene almacenado nuestro documento en su interior, activando la casilla Imprimir tabla de vínculos.

Para configurar elementos de impresión aparte del propio documento Web, tenemos que seleccionar Archivo> Configurar página..., dónde aparecerá el cuadro de diálogo de la figura 4.33. Tenemos para configurar:

- El tamaño y fuente de alimentación del papel.
- El encabezado y el pié de página de las hojas impresas, donde suele aparecer el número de página actual, el total de páginas, le URL de la página, etc. Para conseguirlo, hay una serie de caracteres especiales, cuyo significado lo tenemos en la ayuda del programa, haciendo clic en el botón ayuda (?) en la esquina superior derecha del cuadro, y después hacer clic en el cuadro de texto Encabezado o Pie de página.
- La orientación del papel, bien vertical (normal) u horizontal (apaisada).
- Los márgenes de impresión en la hoja, especificados en milímetros.

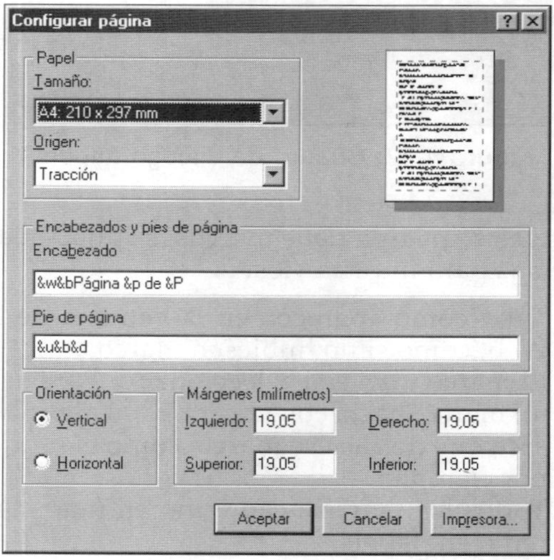

Figura 4.33. Cuadro de diálogo Configurar página

4.12.1. ¿Cómo se verá?

Antes de imprimir, si queremos ver cómo quedará en papel la página Web visitada, tenemos que abrir el cuadro de diálogo Vista preliminar, en Archivo>Vista preliminar... (figura 4.34). Aquí vemos la apariencia que tendrá en las hojas de papel.

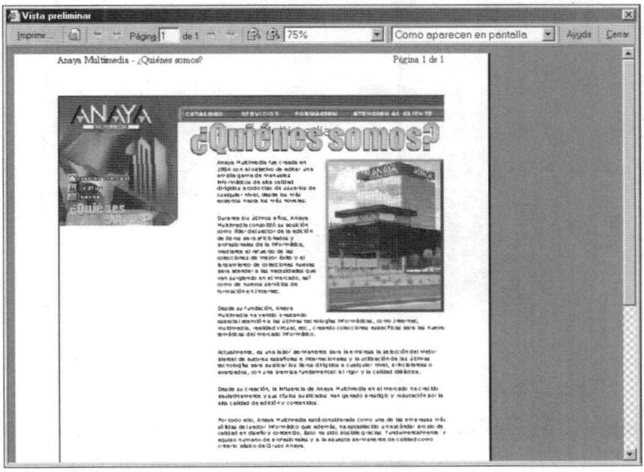

Figura 4.34. Ventana con la Vista preliminar

> ***Advertencia:*** *Como se puede ver en la vista preliminar, los colores y gráficos de fondo se eliminan del trabajo de impresión, pues si así fuese, no se podrían leer muy bien algunos documentos impresos.*

4.13. Conectar al inicio

Si disponemos de una conexión telefónica para conectarnos a *Internet* y nos parece algo pesado tener que buscar el icono de acceso directo del programa de marcado telefónico, podemos decirle a *Internet Explorer 6* que llame por nosotros.

Para ello, abriremos la configuración del navegador en Herramientas>Opciones de Internet. Iremos a la ficha **Conexiones** (figura 4.35) donde aparecerá una lista con los programas de conexión telefónica y configuraciones de acceso a *Internet* por red local privada que tengamos instalado en nuestro *Windows*.

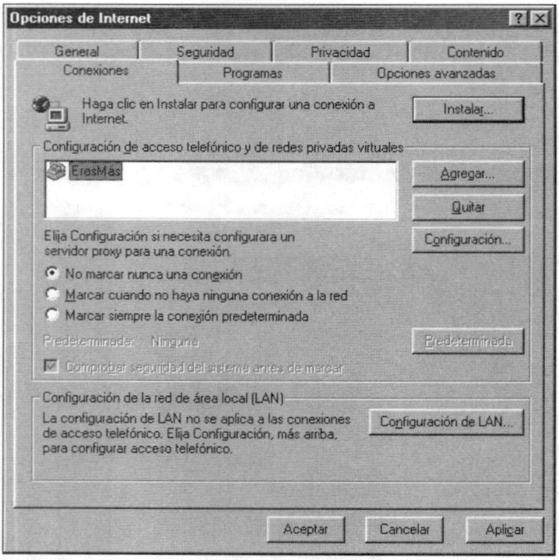

Figura 4.35. Ficha Conexiones en la configuración de IE6

Para gestionar las conexiones se puede:

- Crear una nueva conexión telefónica, usando el programa de *Windows Acceso Telefónico a Redes*.
- Quitar de la lista una de las conexiones establecidas.
- Configurar la conexión seleccionada.

Para indicarle si queremos que conecte de forma automática tenemos tres opciones:

- No marcar nunca una conexión: no intentará llamar por teléfono para conectarnos cuando abramos el navegador.
- Marcar cuando no haya ninguna conexión a la red: si no estamos conectados previamente, tanto a *Internet* como a la red local de una oficina, *Internet Explorer* llamará.
- Marcar siempre la conexión predeterminada: siempre intentará llamar por teléfono para conectarnos a *Internet*, cuando abramos el navegador. Si no hay una conexión predeterminada, la seleccionamos de la lista y hacemos clic en el botón **Predeterminada**.

La Configuración de la red de área local (LAN) es tema del técnico administrador de la red local que tengamos en nuestra oficina o lugar de trabajo. En este apartado se indica qué ordenador es el que conecta a *Internet* a todos los de dentro de una red privada.

4.14. Todo se memoriza

4.14.1. La *caché*

Navegar por *La red*, hasta hace bien poco, no era una experiencia agradable cuando a la infraestructura le daba por fallar y las comunicaciones eran más bien lentas, desesperando hasta el más pacífico. Una forma de ahorrar conexiones a *Internet* mientras navegamos es almacenar todos los archivos que forman el contenido de las páginas que vamos visitando (normalmente en una carpeta dedicada a ello en nuestro disco duro), como las imágenes, los documentos html, código interno (*JavaScript*), etc. Así, la próxima vez que queramos acceder a las páginas ya visitadas, el navegador detectará que tiene sus elementos guardados en nuestro ordenador y los leerá de él en lugar de pedírselos al servidor, en *Internet*.

Esto acelera considerablemente los accesos a las páginas, pero tiene un "pero": adivinar cuándo el contenido de la página del servidor es más reciente que el almacenado por el navegador en nuestro disco duro. Para indicarle a *Internet Explorer* cuándo tiene que hacer esta comprobación iremos a la configuración, en Herramientas>Opciones de Internet...>General>Archivos temporales de Internet> Configuración. En el cuadro de diálogo que aparece (figura 4.36), tenemos las siguientes opciones:

- La frecuencia con que se comprueba si las páginas guardadas tienen una nueva versión, que pueden ser:
  - Cada vez que se visita la página: siempre se comprueban las nuevas versiones de las páginas. Es la opción más lenta, pues aunque no haga falta actualizar las versiones almacenadas, se tarda tiempo en la comprobación.
  - Cada vez que se inicia Internet Explorer: era la opción típica de los navegadores más antiguos. Consiste en verificar las nuevas versiones solamente al ejecutar el navegador, aunque visitemos la página varias veces con el mismo.

- Automáticamente: esta opción más moderna hace que se encargue el navegador de detectar si hace falta revisar las nuevas versiones o no. Es la opción por defecto y la más recomendada.
- Nunca: una vez visitada la página Web por primera vez, el contenido de esta no cambiará, aunque exista una versión nueva en su servidor de Internet. Es la opción más rápida, pero la menos fiable, pues no sabemos si la información que vemos es la más reciente.
- El tamaño máximo de la carpeta que hace de *memoria caché*. Muy conveniente afinar este parámetro si tenemos problemas de espacio en nuestro disco duro.
- Ver y elegir otra carpeta para guardar los elementos de las páginas "cacheadas", haciendo clic en el botón **Mover carpeta...** y eligiendo carpeta de los sistemas de ficheros.
- Ver la lista de elementos guardados, tanto los archivos de estos, como y elementos especiales para el navegador (objetos). Estas listas aparecen al hacer clic en los botones **Ver archivos...** y **Ver objetos...**

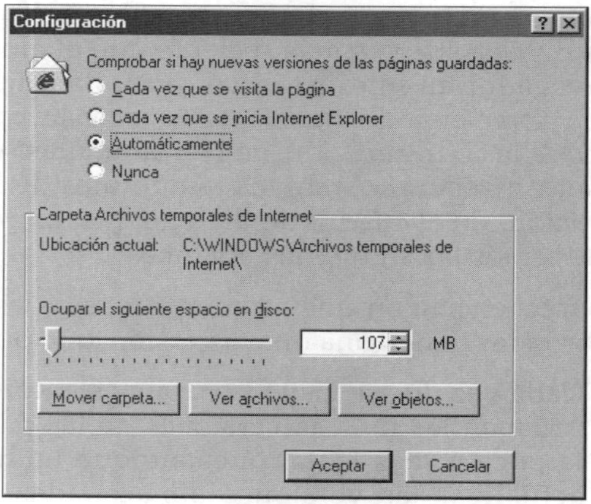

Figura 4.36. Configuración de los archivos temporales (caché) de IE6

Para eliminar todos los archivos que se han ido memorizando y dejar espacio libre en nuestro disco duro, en Herramientas>Opciones de Internet...>General>Archivos temporales de Internet hacemos clic en el botón **Eliminar Archivos**.

> ***Advertencia:*** *Si hace bastantes días que navegamos con frecuencia y no hemos borrado los archivos de la* caché *(archivos temporales), es posible que nuestro ordenador se quede temporalmente bloqueado, intentando borrar toda la información que tiene almacenada, que puede ser mucha. Mientras esto pasa no podremos seguir navegando con la misma ventana y con otras puede ser bastante complicado por la lentitud.*

> ***Nota:*** *La técnica de la caché no es nueva, ni específica de los navegadores. En casi cualquier dispositivo o programa que quiera evitar lecturas de información repetida, para acelerar sus procesos, dispondrá de una* memoria caché, *bien física (un* chip *de memoria), bien lógica (archivos en un sistema de almacenamiento). Los procesadores actuales, por ejemplo, disponen de varias* memorias caché *para acelerar la ejecución de los procesos repetitivos.*

Trabajar sin conexión

Una ventaja de navegar con la *memoria caché* es la posibilidad de hacerlo sin la necesidad de estar conectado a *Internet*. La razón es muy sencilla, pues ya hemos descargado algunas páginas y no queremos gastar conexión mientras las leemos, lo podemos hacer con la información guardada en nuestro disco duro, en la *caché*.

Para indicar que queremos navegar sin conexión, sólo con los elementos de la *caché*, seleccionamos Trabajar sin conexión del menú Archivo. A partir de entonces estamos en el modo "sin conexión", por lo que sólo podremos acceder a aquellas direcciones cuyas páginas se hayan visitado anteriormente. Si situamos el puntero de ratón encima de una dirección no almacenada anteriormente, el icono en forma de mano tendrá un pequeño icono más, con el símbolo de prohibido (), diciéndonos que por ese hipervínculo no se puede navegar a menos que estemos en modo "conectado" de nuevo. Si queremos estar con conexión:

- Haremos clic en un hipervínculo con el símbolo de prohibido y un cuadro de diálogo (figura 4.37) nos avisará que la página Web que deseamos ver no está disponible y nos permitirá elegir entre conectar de nuevo y ver la página, o seguir desconectado y no mostrarla.

- También se puede volver a seleccionar la opción Trabajar sin conexión... del menú Archivo para volver a conectar de nuevo.

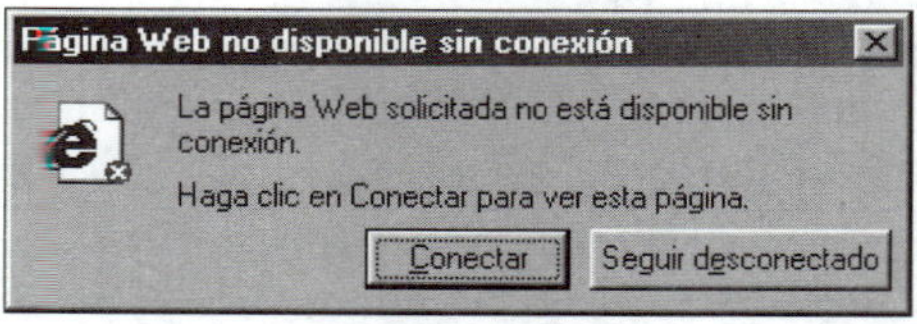

Figura 4.37. Aviso por no poder acceder a la dirección del hipervínculo sin conexión

4.14.2. Galletitas

Se trata de la traducción del simpático nombre que le han puesto a ciertos archivos, llamados *cookies*. Forma de galleta no tienen, sino información importante para los servidores de *Internet*. Estos archivos viajan junto con los documentos html cuando solicitamos ver una página Web. Su contenido lo rellenan estos servidores, con información temporal para que la navegación entre diferentes páginas consecutivas guarden valores comunes. Para entenderlo, imaginemos que nos piden introducir nuestro nombre en una página. Una *cookie* podría servir para almacenar el nombre y que en las siguientes páginas lo viéramos escrito en el interior de éstas, para identificarnos. Esta es la forma más común de guardar información entre diferentes páginas Web dentro de una misma ventana de navegación, lo que tiene el nombre de *sesión*.

Las *cookies* tienen su tiempo de vida, lo que hace durar a la *sesión*. Esto es, si no se actualizan en un determinado plazo de tiempo (navegando, por ejemplo) se borran de nuestro disco duro. Esto puede pasar si estamos visitando un sitio Web, nos vamos a tomar un café, y al volver, no nos deja seguir hacia delante, por haber expirado la *sesión*. También las hay permanentes, que nunca expiran. Se utilizan por si nos registramos en un sitio Web, con un nombre y una contraseña, y las siguientes veces que accedamos al sitio no tenga que volver a pedírnoslo, pues lo tiene memorizado en la *cookie*.

> ***Advertencia:*** *La sesión (y sus cookies), si no es permanente, también expira al abrir otro Internet Explorer 6, no otra ventana del mismo navegador.*

> ***Nota:*** *El término en inglés para este tiempo de vida es timeout.*

Algunas de estas galletitas pueden almacenar información no deseada, que otros pueden ver (son archivos de texto normales), como contraseñas almacenadas, números de tarjetas, etc. Por ello, *Internet Explorer 6* vela por la seguridad del usuario y tiene un estricto control sobre las *cookies*.

Para acceder a su configuración, vamos a Herramientas>Opciones de Internet...>General>Archivos temporales de Internet, y podemos:

- Eliminarlas: en la ficha **General**, en la sección Archivos temporales de Internet, hacemos clic en **Eliminar cookies...**, tras lo cual, nos pide confirmación.
- Filtrarlas: elegir qué tipo de *cookies* se van a aceptar y con qué criterio. Accedemos a la ficha **Privacidad**, en el apartado Configuración, tenemos 6 niveles de privacidad para el contenido de las *cookies*, desde la opción más baja Aceptar todas las cookies, hasta la más alta Bloquear todas las cookies, pasando por niveles intermedios. La opción por defecto es Media, y es más que suficiente para la gran mayoría de usuarios, ya que retocar esta configuración es para internautas avanzados. En la sección Sitios Web, se puede crear una lista con aquellos sitios en *Internet* cuyas *cookies* no queremos recibir.

4.15. Niveles de seguridad

La seguridad en *Internet* siempre es un tema complicado, pues en informática se ha inventado casi todo (o se inventará). Y siempre estamos expuestos a una intrusión en nuestro ordenador de alguien exterior. *Internet Explorer 6* trata con sumo cuidado este tema, permitiéndonos configurar y parametrizar multitud de opciones, para que mientras estemos navegando, nuestra información no sea visible, ni ningún virus o programa maligno entre en nuestro equipo. Por motivos de la complejidad del tema, no se tratará en este manual como configurar los niveles de seguridad. Para gestionar la seguridad del navegador, seleccionaremos Herramientas>Opciones de Internet..., y haremos clic en la ficha **Seguridad** (figura 4.38).

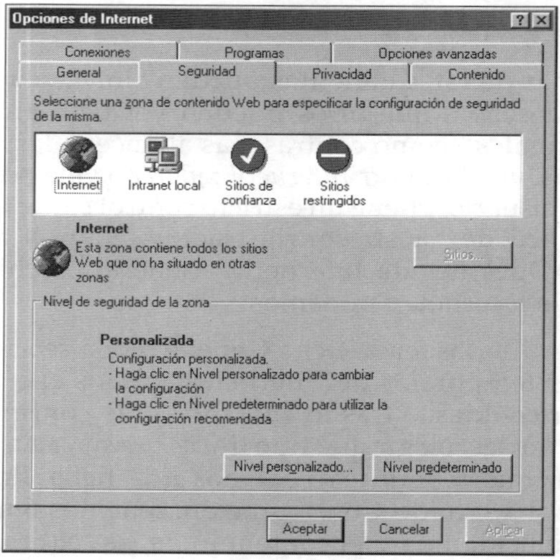

Figura 4.38. Ficha Seguridad de la configuración de IE6

4.15.1. ¿Dónde están los niños?

La seguridad en la navegación también abarca el tema de la prohibición de los accesos a sitios no adecuados para los menores. En Internet Explorer 6 se pueden indicar qué páginas Web se pueden o no ver, de qué tipo de contenido, y crear un *Supervisor* que tendría una contraseña para modificar todas las prohibiciones de acceso.

Todas estas opciones, y muchas más, las tenemos en Herramientas>Opciones de Internet..., en la ficha **Contenido** (figura 4.39). Dentro del apartado Asesor de contenido, haremos clic en el botón **Habilitar...** o en el de **Configuración,** si ya estaba previamente habilitado. El cuadro de diálogo que aparece en la figura 4.40 tiene multitud de opciones de configuración para el control paterno sobre los contenidos que no deben ver sus hijos.

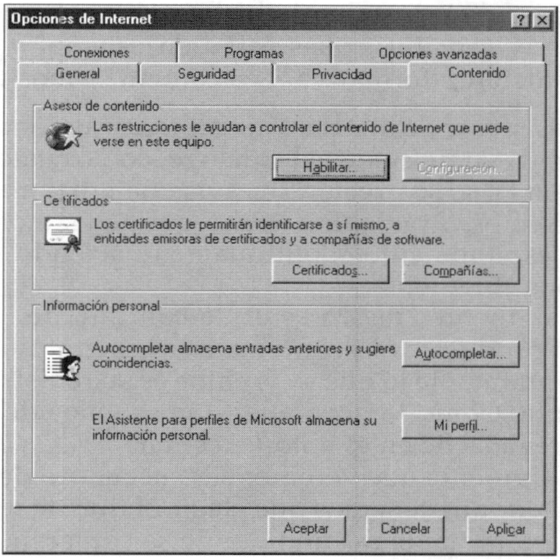

Figura 4.39. Ficha Contenido de la configuración de IE6

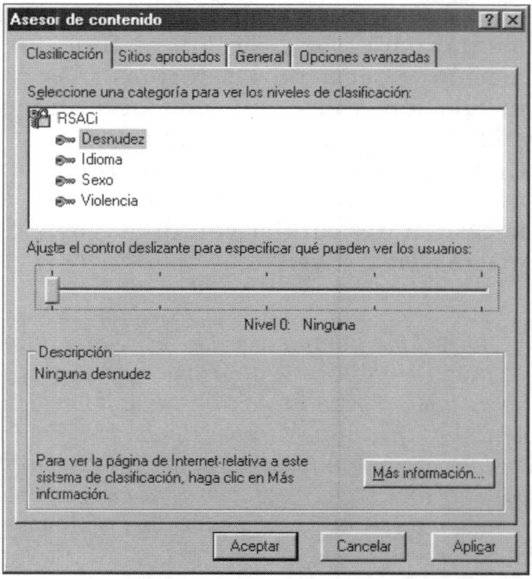

Figura 4.40. Asesor de contenido para el control paterno del acceso a Internet

4.16. Instalación de Netscape 6

Los pasos de la instalación de la *suite Netscape 6 Versión 6.2* son muy sencillos, pues están en español y cumplen bien su función informativa. Los comentaremos un poco:

1. El asistente de instalación empieza dándonos la bienvenida en un cuadro de diálogo, como cualquier programa que se precie. Nos avisa de igual manera que cerremos otras aplicaciones que tengamos abiertas en ese momento. Continuamos haciendo clic en el botón **Siguiente**.
2. El siguiente cuadro es el de contrato de la licencia del producto. El programa en sí es gratuito. Fundamentalmente lo que se prohíbe es su redistribución y venta. Como lo normal es que estemos de acuerdo, haremos clic en el botón **Aceptar**.
3. Lo siguiente que veremos será el cuadro de la figura 4.41, donde tenemos que elegir el tipo de instalación y la carpeta de destino donde se copiarán los archivos finales del programa. Las opciones son:

   - Recomendada: será la que elijamos nosotros y la gran mayoría de usuarios. Tiene todo lo fundamental para que el programa funcione a la perfección y sería de las formas más rápidas de instalación, pues para ella necesitamos extraer archivos del servidor de *Netscape*.
   - Completa: sólo para aquellos profesionales que necesiten el navegador en múltiples idiomas y necesiten desarrollar con el lenguaje de programación *Java*.

> ***Nota:*** *El programa completo está hecho con uno de los más recientes lenguajes de programación que han surgido, como es Java. Y esto no es una casualidad. El motivo fundamental es que Sun Microsystems, la actual propietaria de Netscape, es la fundadora de este lenguaje. Otro motivo es más bien práctico; los programas codificados en Java se pueden ejecutar en casi cualquier sistema operativo conocido, como los famosos MacOs, o Linux, sin que varíe su apariencia o manejo... todo un logro para los tiempos que corren.*

- Personalizada: donde se pueden elegir qué elementos se quieren o no instalar. Sólo apta para usuarios que sepan de navegadores.
- Directorio de destino: en el botón **Examinar** podemos elegir otra carpeta para alojar los ficheros del programa ya instalado. La opción por defecto es válida para casi cualquier usuario.

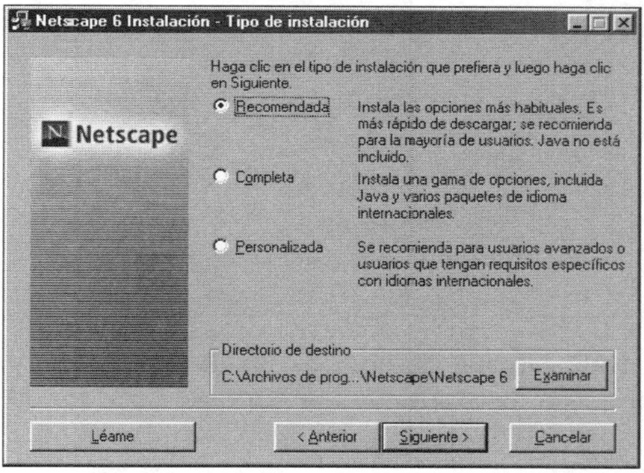

Figura 4.41. Cuadro de diálogo del asistente de instalación de Netscape 6, con las opciones y carpeta de destino del proceso

4. Una vez avanzado con el botón **Siguiente**, nos encontraremos con un cuadro de diálogo que nos permite elegir iniciar la suite *Netscape 6* con la herramienta *Quick Launch*. Este servicio mejora el inicio de cualquiera de los programas de *Netscape 6*, incluido *Navigator*, al conservar parte del programa en la memoria. Si nuestro equipo está falto de memoria, mejor no activar esta opción. Si tenemos un equipo potente y con mucha memoria, notaremos una mejoría. En este ejemplo, nosotros dejaremos desactivada la casilla de verificación y avanzaremos haciendo clic sobre el botón **Siguiente**.
5. La siguiente imagen que nos encontraremos será la que aparece en la figura 4.42. Podemos activar la casilla de verificación Guardar archivos de instalación localmente para que los ficheros que va a descargar del servidor de *Nestscape* se guarden en la carpeta de destino indicada más abajo. Esta opción es recomendable si deseamos instalar de nuevo el

programa en otro equipo y que, además, no necesite de una conexión a *Internet*. Nosotros, por si acaso, la activaremos y haremos clic en el botón **Siguiente**.

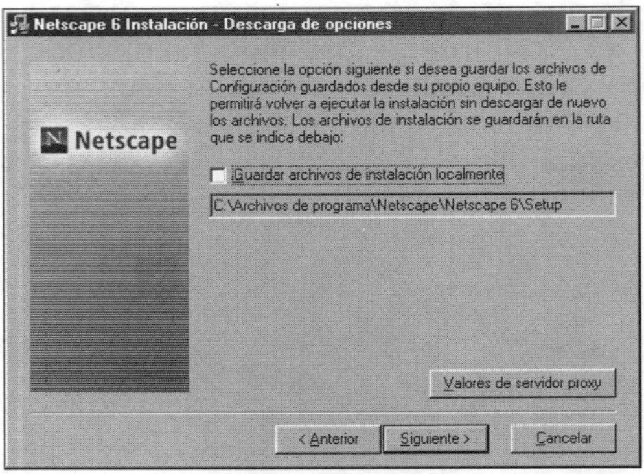

Figura 4.42. Opción de guardar localmente los archivos de instalación que el asistente descargará del servidor de *Netscape*

*Nota: El botón **Valores del servidor proxy** es un tema que debe configurar el administrador de red local de la oficina en la que trabajemos. No hacen falta tocar estos valores si no tenemos una conexión a Internet por medio de una red local y un servidor proxy.*

6. Ya acabamos, pues el siguiente cuadro de diálogo es un resumen de los componentes que hemos elegido instalar en el paso 3. Acabaremos haciendo clic en el botón **Instalar**.

Mucho nos tememos que hemos dicho demasiado pronto que ya hemos acabado, y más con una conexión lenta a *Internet*. Es ahora cuando toca la fase de descarga de archivos de instalación desde el servidor de *Netscape*. Es una forma eficaz de conseguir siempre la última revisión del programa. Para informarnos del progreso, una barra de estado en el cuadro de diálogo de la figura 4.43 nos dirá cuánto falta para acabar la descarga y empezar la verdadera instalación del programa. Si nos fijamos bien en ella, tenemos dos botones a la izquierda: **Poner en pausa** y **Reanudar**. Si necesitamos desconectarnos de *Internet* por cualquier motivo, haremos clic en el primero. Para continuar una pausa o algo mucho más común, como una desconexión de *Internet* o una saturación del servidor de *Netscape*, haremos clic en el segundo.

Figura 4.43. Progreso de la descarga de archivos de instalación

4.17. Ventana principal

Si todo ha salido bien, ya podemos iniciar el programa. Para ello la instalación nos ha puesto un icono de acceso directo al programa, con el nombre Nestcape 6.2, y otro idéntico en el interior de un grupo de programas en el menú de inicio, exactamente, en Menú de inicio>Programas>Netscape 6.2>Netscape 6.2.

Lo que deberíamos ver, si estamos conectados previamente a *Internet*, es la ventana de la figura 4.44. Reconozcamos todas sus partes (se arriba a abajo y de izquierda a derecha):

- Barra de menús: es la barra superior y en ella tenemos los menús con todas las opciones del programa.
- Barra de navegación: en ella se puede escribir la dirección de la página Web que queremos visitar y también navegar por las últimas páginas visitadas, mediante sus botones.
- Barra personal: es la barra de acceso rápido a direcciones de páginas Web que solemos visitar con mucha frecuencia. El contenido de esta barra es modificable.
- Mi Barra lateral: esta barra contiene un conjunto de pestañas que se pueden abrir con información de todo

tipo. De hecho, se pueden importar más barras de la página Web de *Netscape* con funciones tan interesantes como calendarios, juegos, agendas, etc.

- Ventana de contenido: como en cualquier navegador de *Internet*, donde se visualiza el contenido de las páginas Web.
- Barra de componentes: en la parte inferior izquierda, contiene un grupito de pequeños iconos de acceso directo para acceder a las diferentes aplicaciones internas de la suite Netscape 6, como son *Navigator*, *Mail*, *Instant Messenger*, *Composer* y el *Libro de direcciones*.
- Barra de estado: a la derecha de la barra de tareas tenemos la típica barra de estado de casi cualquier programa *Windows*. En ella podemos ver el estado de la navegación, si continúa descargándose la página, si ya lo hizo por completo, etc.

Truco: *Si queremos hacer desaparecer la barra de menús, la barra de navegación o la barra personal, debemos hacer clic sobre la marca de la izquierda de cada una, con un triángulo apuntando hacia arriba. La barra se esconderá temporalmente. Para volverla a ver, haremos clic de nuevo en la marca.*

4.18. Naveguemos grumete

Navegar consiste básicamente en visitar páginas Web de todas las partes del mundo. Al empezar, lo normal es que sepamos la dirección URL de alguna, por haberla visto en la televisión, en periódicos, etc., del estilo www.terra.es. Esta dirección se puede escribir en dos sitios distintos:

- En la barra de navegación, en el cuadro de texto central (figura 4.45). En la misma figura podemos ver las últimas direcciones escritas en esta barra, desplegando la lista con el botón de su derecha.
- En el menú Archivo, seleccionando la opción Abrir ubicación Web, nos aparecerá el cuadro de diálogo de la figura 4.46, donde podemos elegir:
    - Escribir la dirección o desplegar la lista con su botón de la derecha, para ver las últimas escritas (como en la barra de navegación).

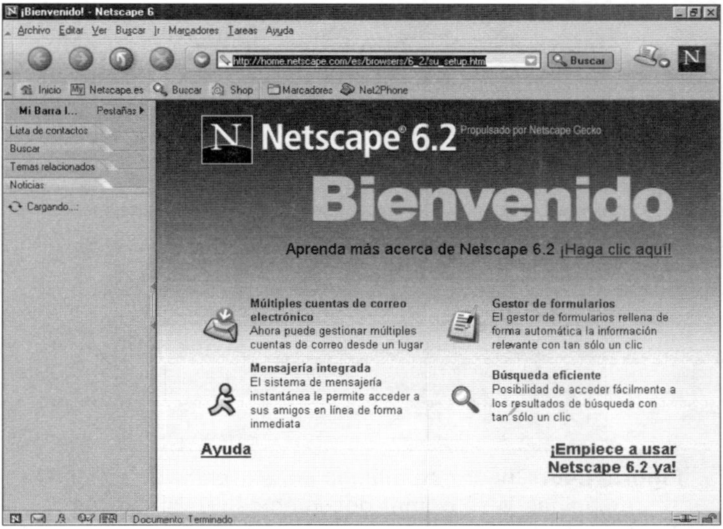

Figura 4.44. Ventana principal de *Netscape 6.2*

Figura 4.45. Cuadro de texto de la barra de navegación para escribir direcciones de *Internet*

> ***Advertencia:*** *La dirección de la página escrita se memorizará en la barra de navegación incluso aunque no exista la página o no se empiece a descargar (basta con que aparezca el título de la página en la barra de títulos de la ventana para saber si ha empezado).*

- Hacer clic en el botón **Elegir archivo...** con lo que se abrirá el cuadro de diálogo del sistema de archivos de *Windows* y así elegir un documento HTML guardado localmente para poder visualizarlo.
- Desplegar la lista Abrir en, donde podemos elegir entre abrir el contenido de la página Web escrita en

la ventana actual del navegador, en otra ventana nueva o en el subprograma de *Netscape 6* llamado *Composer*, para el retoque y creación de páginas Web.

> ***Nota:*** *El cuadro de texto de la barra de navegación y el del cuadro de diálogo Abrir ubicación Web son el mismo y contienen las mismas direcciones escritas.*

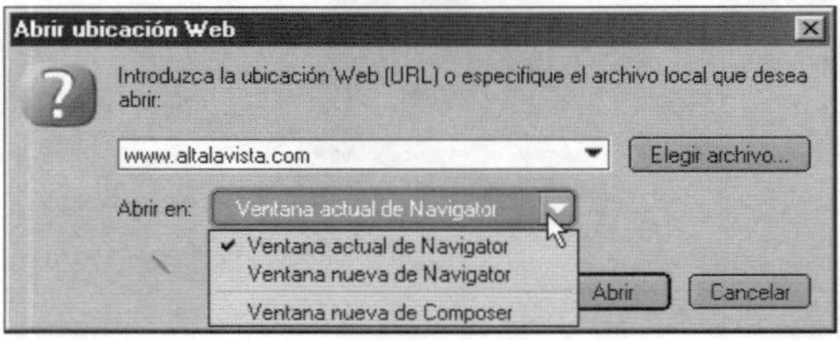

Figura 4.46. Cuadro de diálogo para escribir direcciones de páginas Web o abrir documentos HTML locales

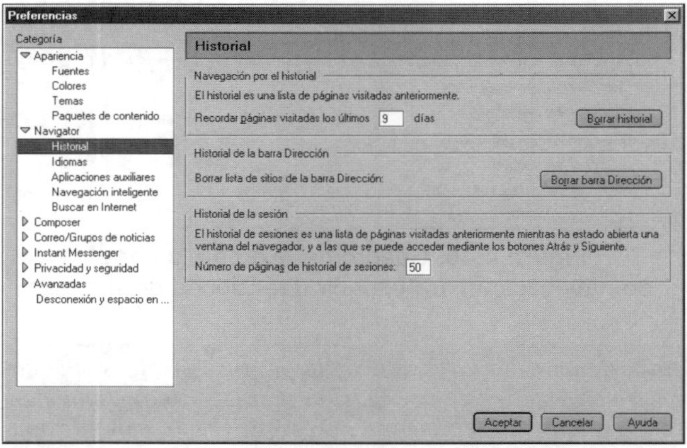

Figura 4.47. Configuración de los historiales de Navigator, entre ellos el de la barra Dirección

Si vemos que la barra de direcciones se llena de éstas y queremos borrarlas, debemos seguir estos pasos:

1. Hacemos clic en el menú Editar y seleccionamos la opción Preferencias para ir a la ventana de configuración del programa.

2. Abrimos la rama de la categoría Navigator (si no está abierta ya), haciendo clic en el triángulo de su izquierda. Con esto aparecerán todas las ramas de esta categoría.
3. Hacemos clic sobre la opción Historial, con lo que veremos la información de la figura 4.47.
4. Para finalizar, basta hacer clic sobre el botón **Borrar barra Dirección** del área Historial de la barra Dirección.

4.18.1. Hipermegasupervínculos

La auténtica navegación se realiza haciendo clic sobre los hipervínculos de las páginas Web. Lo de "hiper" quizás le viene por el alcance que puede llegar a tener: cualquier parte del mundo.

Un hipervínculo es cualquier elemento de una página Web donde al pasar el puntero del ratón por encima, la flecha típica de *Windows* pasa a ser una mano con un dedo extendido (). Entre estos elementos se incluyen normalmente texto (a menudo subrayado), imágenes, partes de imágenes (mapas), animaciones, etc.

Existen otros elementos que no son hipervínculos pero que también provocan que el contenido de la ventana del navegador cambie a otra página. Hablamos de los elementos de formularios, como botones, listas, casillas de verificación, etc.

En ellos no aparece el cursor del ratón en forma de mano, pero casi seguro que en algunos, sobre todo los botones y listas desplegables, se esconde la dirección de una página Web.

Para acceder a la página donde enlaza el hipervínculo, basta con que hagamos un simple clic con el botón izquierdo del ratón, no con un doble clic, que es como solemos abrir las carpetas en el sistema operativo *Windows*.

Los hipervínculos tienen un trato especial en el navegador, pues normalmente (depende de la página) cambian de color al haber visitado anteriormente la página a la que apunta su dirección almacenada. Esto es una forma de evitar "naufragar" por la gran red que es *Internet* y la *Web* en particular, pues a veces es normal repetir la visita a un sitio. El navegador nos ayuda con esta utilidad, al memorizar las direcciones de los sitios Web visitados en lo que llama Historial.

> ***Advertencia:*** *El cambio de color de un hipervínculo no es para siempre, pues las direcciones de las páginas visitadas caducan. El tiempo de caducidad es configurable. Además, las páginas pueden tener estilos de color y letra para los hipervínculos, pudiendo anular la propiedad de cambio de color del navegador.*

4.18.2. Hacia atrás y hacia adelante

La navegación que tengamos en la ventana actual es lineal, es decir, se sigue un camino único cada vez. Con esta propiedad, la barra de navegación permite ir en los dos sentidos de ese camino, tanto hacia las páginas visitadas anteriormente (atrás), como las de delante (si hemos ido hacia atrás). Para ir en estos dos sentidos de la navegación tenemos los botones **Volver una página atrás** () e **Ir una página adelante** ().

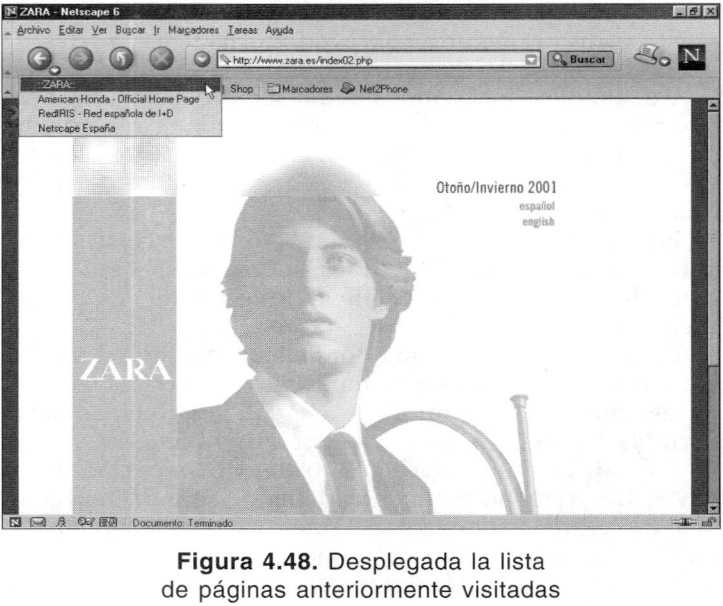

Figura 4.48. Desplegada la lista de páginas anteriormente visitadas

Si no queremos retroceder página a página y deseamos dar un salto a una página anterior directamente, el botón **Volver una página atrás** tendrá ahora un mini-botón en una esquina () para desplegar un menú con la lista de títulos de las páginas anteriormente visitadas, sólo en la ventana actual. La figura 4.48 tiene desplegada esta lista. Lo dicho para las páginas anteriores se aplica para las siguientes, en caso de que hayamos retrocedido previamente unas cuantas páginas. El botón donde aparecería la lista sería **Ir una página adelante** ().

Nota: *Es lógico adivinar que si no visitamos al menos una página, no se activará el botón para volver hacia atrás. Lo mismo pasaría al revés, si no visitamos una página anterior a la actual, no se activará el botón para avanzar a la página de adelante.*

4.18.3. Esto no se ve bien

Nada es perfecto, e *Internet* y las telecomunicaciones no son menos. Por eso es posible que la página Web que nos estemos descargando se quede en el intento, y que no la muestre por completo. Para este problema, lo mejor es seguir estos pasos:

1. Hacer clic sobre el botón **Parar de cargar esta página** () si todavía estaba descargándose de *Internet*.
2. Hacer clic sobre el botón **Volver a cargar página actual** () para pedirle de nuevo al servidor Web que descargue la página completamente. De esta forma nos aseguramos que la información viene de nuevas, como si no se hubiera interrumpido.

Truco: *Se sabe que todavía se está descargando la página porque el icono de Netscape () se pone a brillar en una pequeña animación.*

4.18.4. Ventanas y más ventanas

La navegación se hace algo lenta y monótona cuando lo hacemos con una sola ventana. Cuando ya tenemos algo de experiencia como internautas, se hace necesario la navegación en paralelo con varias ventanas del navegador. Aparte se aprovecha el tiempo, pues mientras se descarga una página, podemos ir viendo otra. También se aprovecha mejor nuestra conexión a *Internet*, pues la información de las diferentes páginas se envía a la vez, hasta el punto de llegar el límite de la velocidad de conexión (sobre todo de módem) y no sólo depender de la velocidad de los servidores de *Internet*.

Para abrir en cualquier momento una nueva ventana del navegador:

- En el menú Archivo seleccionamos la opción Nueva ventana de navigator o el submenú Nuevo y la opción Ventana Navigator.
- La combinación de teclas **Control-N**.
- Volver a abrir el navegador con los iconos de acceso directo que tenemos en el Escritorio y en el Menú de Inicio de *Windows*.

La dirección a la que irá la nueva ventana de Navigator será a la de la página de inicio.

Si lo que queremos es conservar el contenido de una página Web y abrir la página a la que apunta un hipervínculo en una ventana nueva, tendremos que hacer clic con el botón derecho del ratón y del menú contextual, elegir la opción Abrir en ventana nueva.

Advertencia: *Si tenemos el navegador con la ventana maximizada (ocupando todo el Escritorio) y abrimos uno nuevo, parecerá que estamos en la misma (aunque casi seguro que con otra dirección). Deberemos ir a la barra de tareas de* Windows *para poder acceder a las diferentes ventanas.*

Nota: *A diferencia de su gran competidor* Internet Explorer 6, *no pueden haber dos programas de navegación diferentes en la memoria del ordenador. Al intentar volver abrir un segundo navegador, el programa controlador principal lo detecta, y sólo añade una nueva vista más de* Navigator, *en otra ventana. En realidad todas las ventanas pertenecen al mismo programa principal en la memoria.*

Esta propiedad se demuestra a la hora de cerrar las ventanas de Navigator. *Si queremos cerrar una de ellas, lo hacemos como en cualquier ventana de* Windows, *con el icono de cerrar ventana (**) o* ***Alt-F4****, o en particular, el menú* Archivo *con la opción* Cerrar. *Si queremos quitar de la memoria el programa principal, y con ello todas sus* *vistas, la opción a elegir, del menú* Archivo *de cualquiera de ellas, es* Salir.

4.18.5. Página de inicio

Al iniciar una nueva ventana de *Navigator* nos encontramos con el contenido de una página Web. Ésta es considerada la página de inicio del programa. Nada más instalarse, se asigna a la página de inicio la dirección del portal de *Netscape* en español.

Para modificar esta dirección, seguiremos estos pasos:

1. Deberemos acceder a la configuración del programa, en el menú Editar y la opción Preferencias.
2. Dentro del cuadro de diálogo que aparecerá (figura 4.49), en el árbol de categorías de la izquierda está seleccionada por defecto la rama Navigator. Si por algún casual no lo estuviese, sólo tenemos que hacer un simple clic en ella.
3. En el área Iniciar Navigator con tenemos tres opciones de contenido al iniciar una ventana:
   - Una página en blanco, con lo que ni se usaría la conexión de *Internet*.
   - La página inicial, configurable en el área inferior.
   - La última página visitada, para que continuemos por donde dejamos la última visita.
4. El área Página inicial tiene sentido si elegimos la opción con el mismo nombre del área anterior. En ella podemos:
   - Escribir la dirección de la página con la que queremos iniciar el programa, si la sabemos.
   - Si no la sabemos, lo mejor es navegar hasta llegar a ella y, empezando de nuevo desde el primer paso, hacer clic en el botón **Utilizar página actual**.
   - Si la página de inicio es un documento HTML guardado en nuestro disco duro, haremos clic en el botón **Elegir archivo...** y lo elegiremos del sistema de archivos de *Windows*.

Si en cualquier momento, mientras navegamos, deseamos volver de nuevo a la página de inicio, en la barra Personal tenemos el hipervínculo Inicio.

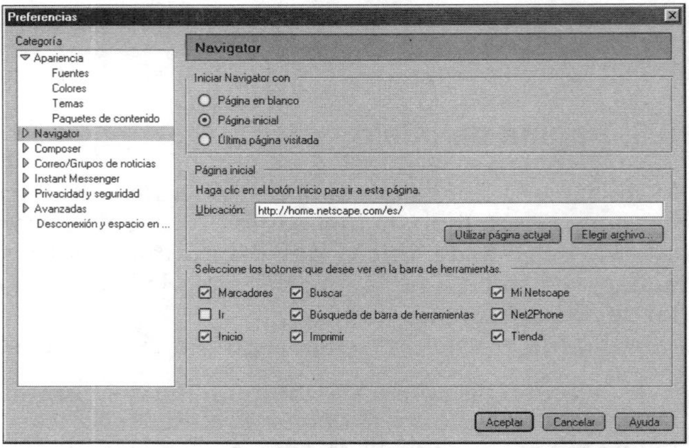

Figura 4.49. Configuración de *Netscape 6*, en el apartado *Navigator*, para cambiar la página de inicio

4.19. Memorizar las direcciones: los marcadores

Al igual que usamos unos marcadores en los libros para recordar en qué página del mismo nos hemos quedado, los marcadores de Navigator permitirán almacenar y luego recordar aquellas direcciones de las páginas que deseemos ver, y así no tener que memorizarlas para escribirlas de nuevo.

4.19.1. Navegando por los marcadores

Al instalar el programa, *Navigator* trae consigo una buena lista de direcciones almacenadas en los marcadores, y bien organizadas en carpetas. Para empezar viendo cómo es el acceso a uno de estos marcadores, podemos ir a algunas de estas direcciones. Vemos las formas de conseguirlo:

- En la barra de menús, hacemos clic en el menú Marcadores en particular. En las opciones, vemos algunas acciones a realizar, pero también carpetas () y marcadores (). Si el marcador no está en ninguna carpeta, sólo debemos hacer clic sobre él. Si está en el interior de una, acercaremos el puntero del ratón encima y un submenú se desplegará de forma automática, con los marcadores y más carpetas (si las tuviese). Si está a su vez dentro de otra carpeta repetiremos la misma acción y cuando encontremos el nombre del marcador buscado, sólo tenemos que hacer clic sobre él. La ventana se cargará con la página Web a la que apuntaba ese marcador. En la figura 4.50 tenemos un acceso a un marcador.

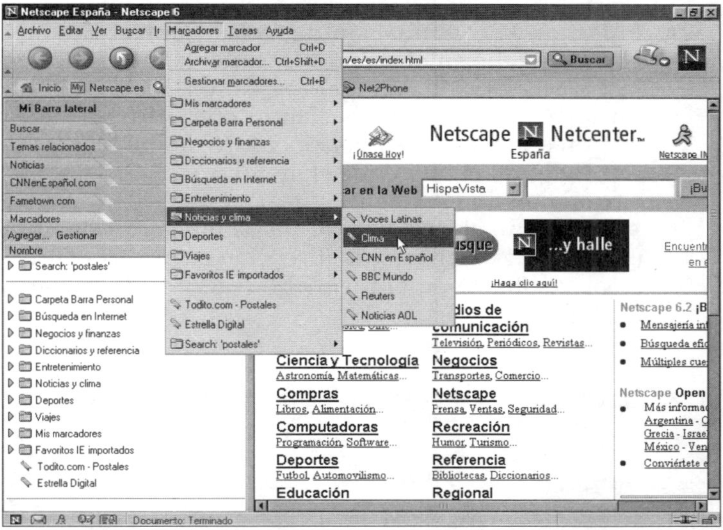

Figura 4.50. Accediendo a un marcador en el menú Marcadores

- En la barra Personal tenemos el mismo menú que en la barra de menús. Lo comentado antes sirve para explicar el funcionamiento de éste, pues son el mismo realmente. La diferencia más importante es que este menú soporta la técnica de arrastrar y soltar, para mover y organizar los marcadores y carpetas.
- Si tenemos activada Mi Barra lateral, una pestaña está dedicada a manejar los marcadores. Para acceder a uno basta con hacer un clic sobre él. Si está dentro de una carpeta, tendremos que hacer un doble clic sobre ella o hacer un simple clic en el triángulo de su izquierda. Esto provoca que se despliegue su contenido, que como siempre, pueden ser marcadores o más

carpetas. Al encontrar el marcador buscado, haremos un clic sobre él. En la figura 4.51 tenemos el acceso a otro marcador usando Mi Barra lateral.

4.19.2. Añadir nuevo marcador

Para añadir inmediatamente la dirección de la página Web que estamos viendo a la lista de marcadores, podemos conseguirlo de estas maneras:

- Pulsando la combinación de teclas **Control-D**.
- Haciendo clic en el menú Marcadores y después en la primera opción Agregar marcador.
- En la barra personal, haciendo clic sobre la única opción que no es un hipervínculo, el menú Marcadores. De igual manera que el menú principal, se selecciona la opción Agregar marcador.
- Arrastrando el icono en forma de marcador de libro () de la izquierda de la dirección en la barra Dirección, y soltarlo en el menú Marcadores de la barra Personal.

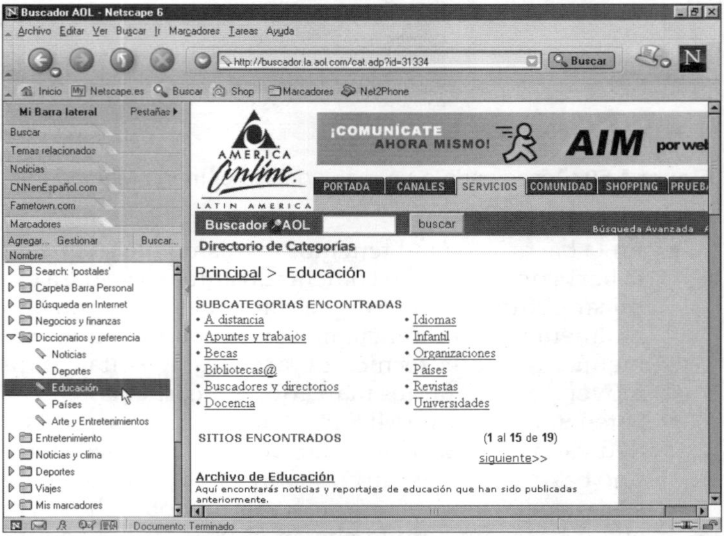

Figura 4.51. Accediendo a un marcador mediante Mi Barra lateral

De esta forma almacenamos el marcador sin elegir ninguna carpeta, de forma inmediata, aunque más tarde es posible moverlo hacia una.

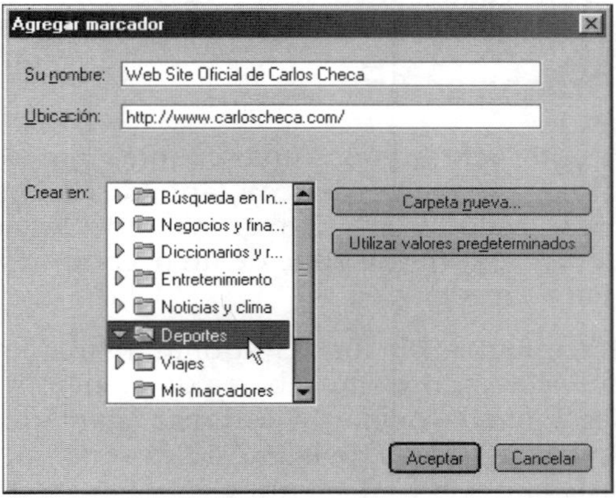

Figura 4.52. Cuadro de diálogo Agregar marcador

Para elegir una carpeta en el momento de marcar una página, tenemos estas opciones:

- En el menú Marcadores de la barra de menús, elegimos la opción Archivar marcador..., donde aparecerá el cuadro de diálogo de la figura 4.52. Entre sus opciones tenemos:
  - Para elegir una carpeta de destino, en la lista de carpetas Crear en debemos seleccionar la que contenga en marcador que vamos a agregar. Si tenemos que abrir carpetas, ya sabemos que es con un doble clic sobre ellas o haciendo un simple clic en el triángulo de su izquierda.
  - Si la carpeta no existe, podemos crear una en la raíz de los marcadores, haciendo clic en el botón **Carpeta nueva**, donde nos pedirán el nombre de ésta. Aparecerá en la parte inferior de la lista.
  - Una vez seleccionada la carpeta de destino del marcador, haremos clic en el botón **Aceptar**.
- Arrastrando el icono de marcador ( ) a la izquierda de la dirección de la página y soltarlo en el interior de una carpeta del menú Marcadores de la barra Per-

sonal, o en el interior de la pestaña Marcadores de Mi Barra lateral.

- Haciendo clic en el menú Agregar... de la pestaña Marcadores de Mi Barra lateral, donde tendremos de nuevo el cuadro de diálogo Agregar marcador.

4.19.3. Organización

Una vez que acumulamos unas cuantas marcas de páginas, se empieza uno a perder con tanta dirección junta. Es hora de crear, renombrar y mover marcadores y carpetas.

Para ello, *Navigator* dispone de un organizador de marcadores. Para acceder a él:

- Seleccionar la opción Gestionar marcadores... del menú Marcadores de la barra de menús.
- Seleccionar la opción Gestionar marcadores... del menú Marcadores de la barra Personal.
- Hacer clic sobre el menú Gestionar en la pestaña Marcadores de Mi Barra personal.
- Pulsar la combinación de teclas **Control-B**.

Con cualquiera de estos accesos tendremos la ventana de la figura 4.53.

Las acciones más importantes de organización son:

- Crear una nueva carpeta: seleccionando primero en el interior de cuál queremos crear la nueva, seleccionaremos Archivo>Carpeta Nueva(F) o haremos clic sobre el botón **Carpeta nueva** de la barra de tareas, debajo de la de menús. Después escribiremos su nombre identificativo. También es muy fácil haciendo clic con el botón derecho sobre donde queremos crearla y elegir del menú contextual la opción Carpeta nueva..., escribiendo después su nombre.
- Mover un marcador o carpeta: lo normal en estos casos es arrastrar el elemento a mover y soltarlo en el destino que queramos. Otra manera es hacer clic con el botón derecho sobre el elemento a mover y elegir la opción Archivar marcador..., con lo que aparecerá un cuadro de diálogo para elegir la carpeta donde queremos moverlo. La barra de tareas en la parte superior de la ventana también ofrece el botón **Archivar Marcadores...** para el mismo fin.

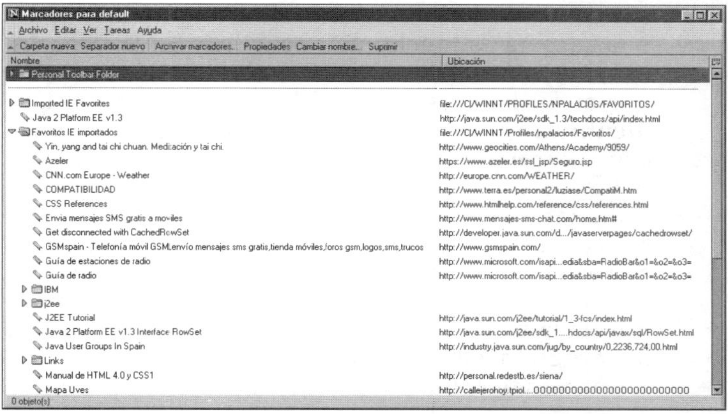

Figura 4.53. Ventana de gestión de los marcadores

> ***Truco:*** *Para mover elementos de un sitio a otro, también se pueden arrastrar y soltar en la pestaña Marcadores de Mi Barra lateral y en el menú Marcadores de la barra Personal.*

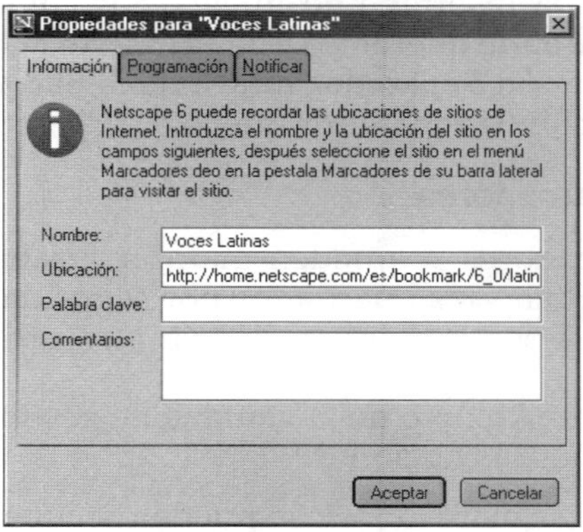

Figura 4.54. Ventana de gestión de los marcadores

- Cambiar el nombre a un marcador o carpeta: para lo cual tenemos que hacer clic con el botón derecho en el elemento y seleccionar la opción Cambiar nombre..., o hacer clic en el botón con el mismo nombre en la barra de tareas. El cuadro de diálogo para un marcador será el que vemos en la figura 4.54 (para una carpeta es mucho más sencillo). En la ficha Información podemos modificar el nombre del marcador, su URL (no es aconsejable), poner palabras clave identificativas, por si tenemos que buscarlo, y un comentario para describir brevemente el contenido del marcador o carpeta.

- Eliminar un elemento: las formas de conseguirlo son seleccionando primero y pulsando la tecla **Supr**, o con el botón derecho sobre el elemento y eligiendo la opción Suprimir. Otras opciones son el botón **Suprimir** de la barra de herramientas o donde casi todos los programas de *Windows* que permitan editar información, en el menú Editar, la opción Suprimir.

> ***Advertencia:*** *La acción de suprimir un elemento no tiene confirmación y no se puede deshacer. Además, si eliminamos una carpeta, también lo hacemos de todo su contenido.*

- Insertar un separador: éste es una pequeña barra horizontal para diferenciar mejor grupos de marcadores. Para insertar uno nuevo, nos colocamos en el lugar donde queremos que se inserte, y hacemos clic en el botón **Separador nuevo** de la barra de tareas o en Archivo>Separador nuevo.

Exportar marcadores

Los marcadores se pueden guardar localmente en un fichero y así tenerlos guardados por seguridad, o incluso para después poder recuperarlos en otro ordenador, por ejemplo.

En el menú Archivo de la ventana de gestión de marcadores, tenemos las opciones:

- Importar marcadores: se pueden recuperar de un fichero local los marcadores almacenados en él. Para ello tenemos que haber exportado previamente los marcadores alguna vez.
- Exportar marcadores: las carpetas y marcadores se guardan en un documento Web (HTML) en un archivo local de nuestro ordenador. La apariencia que quedaría al verlo sería como la de la figura 4.55. Además, en el propio documento, los marcadores se han

convertido en hipervínculos, donde el nombre del marcador es el texto que se ve. Al hacer clic sobre uno de ellos, iremos a la página almacenada.

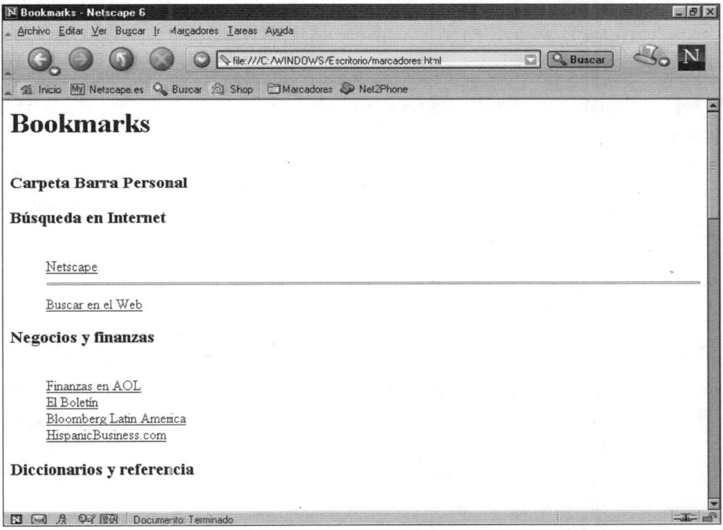

Figura 4.55. Documento HTML con los marcadores exportados

4.19.4. Comprobación de actualizaciones

Navigator posee en sus marcadores una interesantísima opción para que no se queden desfasados. La idea es revisar periódicamente, de forma automática, si han cambiado las páginas cuyas direcciones almacenan. Para más detalle, tenemos varias formas de que nos avisen cuando una página almacenada en un marcador cambie de contenido. Como vemos, una forma excelente de estar al día con nuestros sitios Web favoritos sin perder tiempo navegando.

Esta automatización la podemos activar y configurar en las propiedades del marcador, a las que podemos acceder mediante:

- La pestaña Marcadores de Mi Barra lateral, haciendo clic con el botón derecho en un marcador y elegir de su menú contextual la opción Propiedades.

- La ventana de gestión de marcadores, en Marcadores> Gestionar Marcadores, tanto de la barra de menús como de la barra Personal. En ella, seleccionamos un marcador y hacemos clic en el botón **Propiedades** de la barra de tareas, o también con el botón derecho del ratón sobre el marcador, en la opción Propiedades.

En el cuadro de diálogo nos interesan fundamentalmente las fichas:

- Programación: en esta ficha (figura 4.56) programaremos la frecuencia y la franja horaria a la que queremos que *Netscape 6* compruebe si ha tenido una actualización la página del marcador. Entre sus opciones tenemos:
    - La frecuencia en días para que el programa haga la comprobación, desde cada día hasta sólo un día de la semana, pasando por diferentes valores. En la lista desplegable Cuando: tenemos estas opciones.
    - En las listas de: y a: indicamos en qué franja horaria, dentro de un mismo día, tiene que activar este servicio.
    - Para acabar, dentro de este intervalo de tiempo debemos elegir la frecuencia en minutos para las revisiones de actualizaciones. Se debe escribir esta cantidad en la casilla de texto inferior.

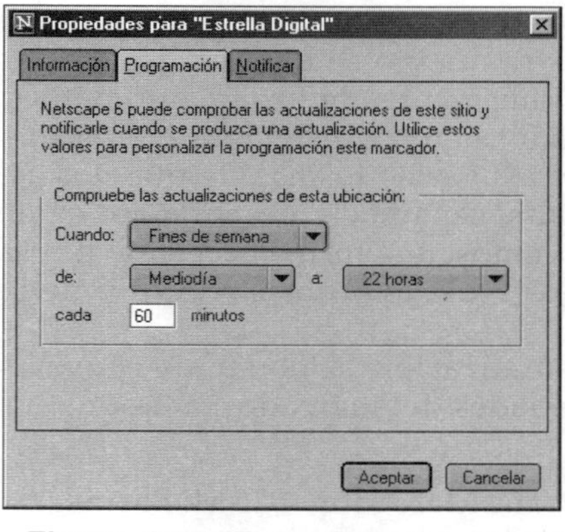

Figura 4.56. Ficha Programación de las propiedades del marcador

- Notificar: como vemos en la figura 4.57, podemos elegir cuatro formas distintas para que *Netscape 6* nos avise de si ha habido una actualización de la página del marcador. Además, son combinables y se pueden elegir todas si se desea:
  - Cambiar el icono del marcador: éste cambiará de forma y a un color más llamativo.
  - Presentar una alerta: aparecerá un cuadro de diálogo de aviso indicando la actualización.
  - Abrir página Web en una ventana nueva: de forma automática aparecerá otra ventana de *Navigator* para poder ver la última actualización.
  - Reproducir un sonido: un aviso sonoro nos alertará de la actualización de la página.

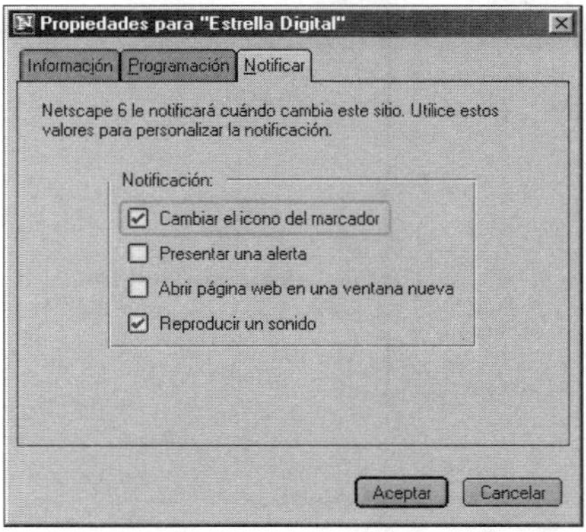

Figura 4.57. Ficha Notificar de las propiedades del marcador

4.20. Historiales de visitas

El *Historial* de *Navigator* es un almacén donde se guardan las direcciones visitadas en los últimos días. Anteriormente ya hemos visto otros historiales del programa, como el que memoriza las direcciones de la barra Dirección hasta el que recuerda las páginas anteriores en la navegación de una ventana (llamado *Historial de sesión*).

Este historial memoriza todas las direcciones de todas las ventanas, escritas o abiertas con hipervínculos. La dirección de cada página que logramos ver en *Navigator* es memorizada.

Uno de los usos que hemos comentado al principio del capítulo es el cambio de color en los hipervínculos. Si un hipervínculo apunta a una dirección de una página ya visitada (memorizada en el historial), lo normal es que cambie de color, y así nos avise de que ya hemos pasado por ese sitio.

De todas formas, puede ser necesario volver expresamente a una página Web que no pudimos guardar en los marcadores, y cuya dirección no recordamos. Para navegar por estas direcciones almacenadas en el historial, debemos abrir su ventana (figura 4.58), en el menú Tareas, eligiendo del submenú Herramientas la opción Historial, o más rápidamente con la combinación de teclas **Control-H**.

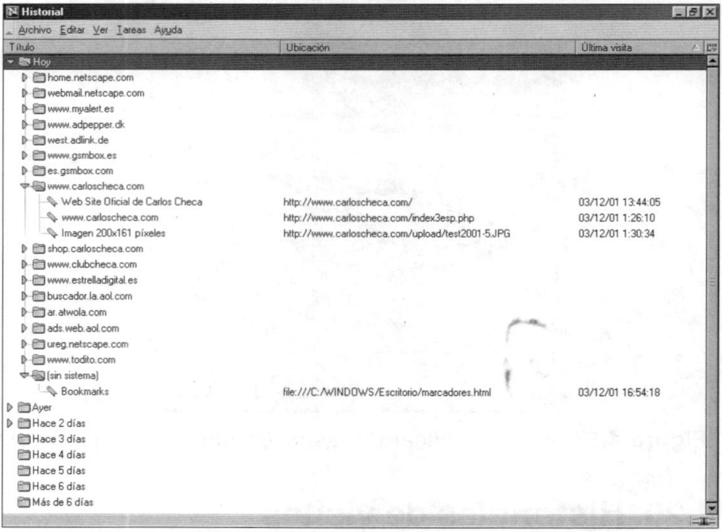

Figura 4.58. Ventana del Historial de Netscape 6

> ***Nota:*** *Recordemos que un dominio es el nombre que se le da a un ordenador en* Internet, *como www.unsitioWeb.com. Dentro de este dominio pueden haber multitud de páginas Web, imágenes y cualquier tipo de recurso que se desee ofrecer a los internautas.*

En la ventana podemos ver cómo están expuestos en carpetas los días de hoy y anteriores. En su interior se agrupan los dominios por fecha de visita, primero los más recientemente visitados. Los dominios son también carpetas que deben abrirse para ver sus páginas visitadas, donde ya aparece con más detalles la URL completa y la fecha de la última visita.

Para cambiar la agrupación y la ordenación de la lista:

- En el menú Ver tenemos la opción Agrupar por, con estas tres opciones:
  - Día: es la opción por defecto, porque la primera agrupación en carpetas que hemos visto es del día actual y de los anteriores.
  - Sitio: se agrupan sólo por dominios.
  - Ninguno: se ven todas las direcciones visitadas sin agrupar, en una gran lista compacta.
- Las ordenaciones se pueden establecer por cualquiera de las columnas, de tal forma que se pueda elegir entre cualquiera de las tres que están visibles. La ordenación también es posible como en casi todas las listas de Windows, haciendo clic en la cabecera de una, por cuyo contenido queramos ordenar:
  - Con un clic se ordena ascendentemente.
  - Con un segundo clic se ordena descendentemente.
  - Con un tercero se quita la ordenación.
  - Con el resto vuelve a ser cíclico el proceso.

Para ver el resto de columnas, a la derecha de los títulos de éstas, encima de la barra de desplazamiento, tenemos un pequeño botón para elegir otras columnas informativas.

A cada una de las direcciones que vemos en el Historial se le pueden aplicar estas acciones:

- Abrir la página a la que hace referencia en la ventana del navegador actual, con un doble clic sobre la dirección o haciendo clic con el botón derecho y seleccionando Abrir.
- Abrir la página en otra ventana nueva de Navigator, con el botón derecho del ratón y eligiendo la opción Abrir en ventana nueva.
- Suprimir la dirección almacenada, pulsando la tecla **Supr** o haciendo clic con el botón derecho sobre ella y seleccionando la opción Suprimir.
- Guardar la dirección en los marcadores de *Navigator*, con la opción del botón derecho del ratón Archivar

marcador para enlace..., donde nos aparecerá el cuadro de diálogo Agregar marcador para archivar la dirección en un nuevo marcador, dentro de una carpeta.

- Copiar en el portapapeles de *Windows* la URL completa de la página, para posteriormente pegarla en *Navigator*, o en otro navegador, o en cualquier programa de *Windows* que maneje texto. Para conseguirlo haremos clic de nuevo con el botón derecho sobre la dirección y seleccionamos la opción Copiar dirección del enlace.

Truco: *Si lo que deseamos es suprimir todas las direcciones de un cierto dominio o del subdominio con las tres "W" (como por ejemplo, el dominio ya.com o el subdominio www.ya.com), tenemos estas opciones especiales en el menú Editar, previa selección de una dirección del Historial. Éstas son Suprimir todo de www.xxx.com y Suprimir todo el dominio xxx.com.*

4.21. La caché

4.21.1. ¿Qué es eso?

Éste es el nombre que se le da al almacén donde se guardan las páginas Web y sus elementos que se han descargado por completo. Esto se hace así para evitar conexiones innecesarias con el servidor, pues si visitamos por segunda vez una página, el navegador detectará que la tiene guardada en la *caché* (localmente) y la mostrará directamente. A veces es casi inmediato este proceso, pues *Navigator* maneja dos tipos de *caché* (figura 4.59):

- *Caché* de memoria: guarda parte de la memoria de proceso del ordenador (RAM) para las últimas páginas visitadas. Esto hace que aparezcan muy rápidamente si volvemos a visualizar una página reciente, pues la memoria RAM es de alta velocidad.
- *Caché* de disco: lo que no cabe en la memoria pasa al disco duro del ordenador, que aunque sea algo más lento que la memoria RAM, tiene mucha más capacidad.

Esta utilidad sería un problema si una página Web que hemos visitado anteriormente ha sido actualizada, y el navegador no se diera cuenta de ello, mostrando la versión antigua almacenada en la caché. Este inconveniente ya se ha pensado, por lo que *Navigator* comprueba si el contenido de la página ha cambiado en el servidor Web. La frecuencia con la que se comprueba esto, y el tamaño de las *cachés* del programa, son configurables.

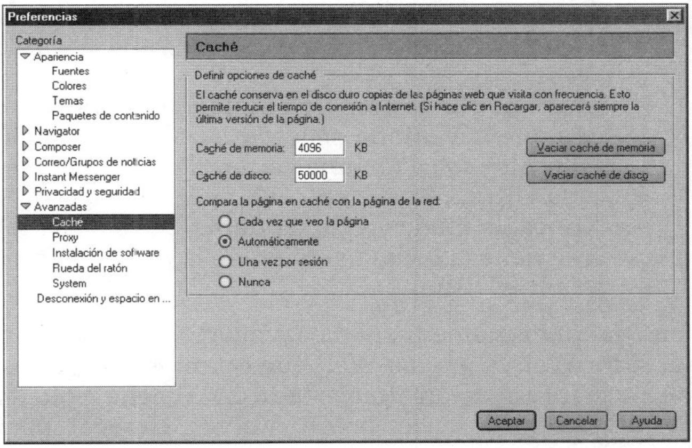

Figura 4.59. Configuración de la caché

4.21.2. Configurar la caché

La configuración de la caché se localiza en las opciones de *Netscape 6*, en Editar>Preferencias.... Dentro del área de Categorías debemos abrir la rama Avanzada y seleccionar la categoría Caché. En el panel de la derecha podemos elegir:

- Variar el tamaño de la caché de memoria (más rápida, menos capacidad), en el cuadro de texto Caché de memoria:, y la posibilidad de vaciarla para dejarla como la primera vez, haciendo clic en el botón **Vaciar caché de memoria**.
- Lo dicho para la caché de memoria se aplica a la caché de disco (más lenta, más capacidad), pudiendo modificar su tamaño y vaciarla por completo.
- Los botones de opción de la parte inferior nos permiten elegir la frecuencia con la que *Navigator* compa-

rará la página que está almacenada en la caché, con la que está en el servidor Web, para ver si se actualizó su contenido. Tenemos cuatro opciones:

- Cada vez que veo la página: es la menos recomendable por su lentitud al tener que comprobar página a página si ha sido actualizada en el servidor. Pero así nos aseguramos que siempre tenemos la última versión.
- Automáticamente: la recomendada, pues el programa detectará cuando es necesaria la comprobación, evitando accesos innecesarios al servidor Web.
- Una vez por sesión: una sesión corresponde con una nueva ventana de *Navigator*. Luego sólo hará esta comprobación una vez en cada ventana (para cada URL).
- Nunca: la menos recomendable, pues no se sabrá si se tiene la última versión de la página Web que estamos visitando.

En cualquier momento de la navegación se puede pedir al servidor Web la página Web que estamos visitando, ignorando la información almacenada en la caché. Sólo tenemos que hacer clic en el botón **Volver a cargar página actual** () y tendremos la última versión de la página.

4.22. Buscando información

Todo navegador que se precie de serlo debería tener una herramienta de búsqueda para cualquier tipo de información, tanto de la página actual que estamos leyendo, como por *Internet*. En esta última posibilidad, *Navigator 6* tiene algunas novedades muy interesantes.

4.22.1. Dentro de la página

En todo programa que visualice texto (el navegador lo hace), debe tener una pequeña herramienta de búsqueda de palabras o letras en el documento Web que estemos viendo en ese momento.

Para buscar texto en el interior de la página que estemos viendo con el cuadro de diálogo de la figura 4.60, debemos hacer clic en el menú Buscar y elegir la opción Buscar en esta página.... Entre sus elementos tenemos:

- El cuadro de texto Buscar texto: donde escribiremos las letras o la palabra que queremos que encuentre.
- Coincidir mayúsculas y minúsculas: si activamos esta casilla de verificación, se tendrá en cuenta las letras minúsculas y mayúsculas escritas en el cuadro de texto.
- Ajustar: se buscará el texto escrito otra vez desde el principio en caso de que ya no exista en la página más coincidencias.
- Buscar hacia atrás: se cambia el sentido de la búsqueda hacia el inicio del documento.

El resultado de la búsqueda será una selección del texto escrito para buscar dentro de la página. Si seguimos buscando, irá avanzando por ésta, encontrando más coincidencias. Si queremos repetir la última búsqueda, pero sin el cuadro de diálogo, podemos pulsar la combinación de teclas **Control-G**, o seleccionar Buscar>Volver a buscar.

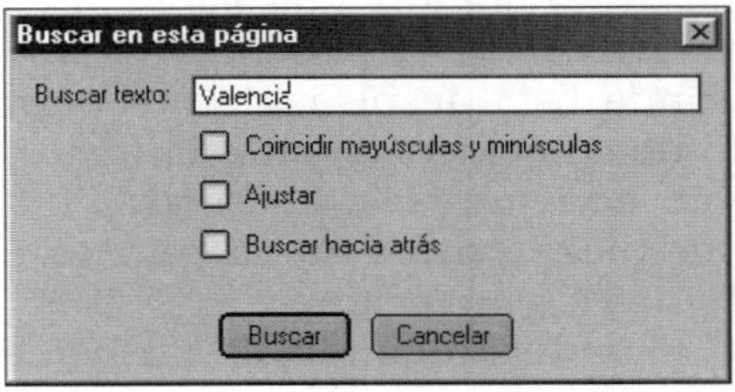

Figura 4.60. Cuadro de diálogo de búsqueda de texto en la página

4.22.2. Un marcador

La búsqueda de un marcador no parece necesaria al principio, pero si tomamos la buena costumbre de memorizar los sitios Web que consideremos interesantes para una futura visita, se pueden llegar a acumular unos cuantos. La búsqueda por el marcador se puede hacer desde varios sitios:

- En Mi Barra lateral, en la pestaña Marcadores, tenemos el menú Buscar... a la derecha.

- En el gestor de marcadores, accesible en barra de menús>Marcadores>Gestionar marcadores..., barra Personal>Marcadores>Gestionar marcadores... o en Mi Barra lateral>pestaña Marcadores>Gestionar. Dentro de él, se accede al menú Editar y la opción Buscar marcadores...

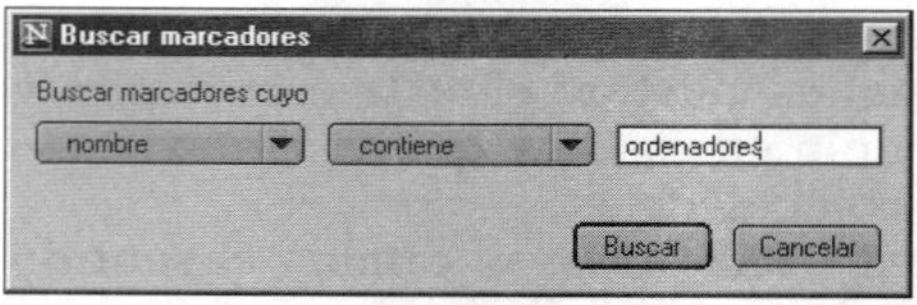

Figura 4.61. Cuadro de diálogo de búsqueda de un marcador

De estas dos formas se conseguirá que aparezca el cuadro de diálogo de la figura 4.61. En él tenemos tres elementos:

- La primera lista desplegable, donde se elige el elemento del marcador por el que se quiere buscar, a elegir entre su nombre ubicación, descripción y palabras clave.
- La segunda lista desplegable nos permite elegir el criterio de coincidencia entre el texto a buscar y el elemento donde estará, pudiendo elegir entre contiene, empieza por, termina por, es (coincidencia exacta), no es y no contiene.
- El cuadro de texto, donde se escribe el texto que se quiere encontrar en un marcador.

El resultado se verá en una nueva ventana idéntica a la de gestión de los marcadores, pero sólo con los marcadores que han pasado el criterio de búsqueda.

4.22.3. En Internet

Netscape Navigator 6.2 ha cuidado mucho las búsquedas por *Internet* pues tarde o temprano tenemos que usar un buscador para encontrar lo que deseamos en la inmensa red de información. En el programa se tienen acceso a varios atajos para realizar búsquedas en *La Red*.

El método más rápido de búsqueda en *Internet* es la propia barra de direcciones, dentro de la barra de navegación. Y este método se hace a su vez de dos maneras distintas:

- Escribiendo la palabra o palabras clave que queremos que estén en la página Web que estamos buscando en la barra de direcciones y pulsar en el botón **Buscar** de su derecha.
- Según se va escribiendo el texto a buscar, se despliega la barra de direcciones con las coincidencias (si tiene) de las direcciones escritas y una última opción especial de otro color, como vemos en la figura 4.62. Dentro tiene escrito "Search Netscape Search en Español for ????", donde los interrogantes es el texto escrito por nosotros, al pulsar sobre esta opción de la lista conseguiremos iniciar la búsqueda.

Figura 4.62. Barra de direcciones desplegada

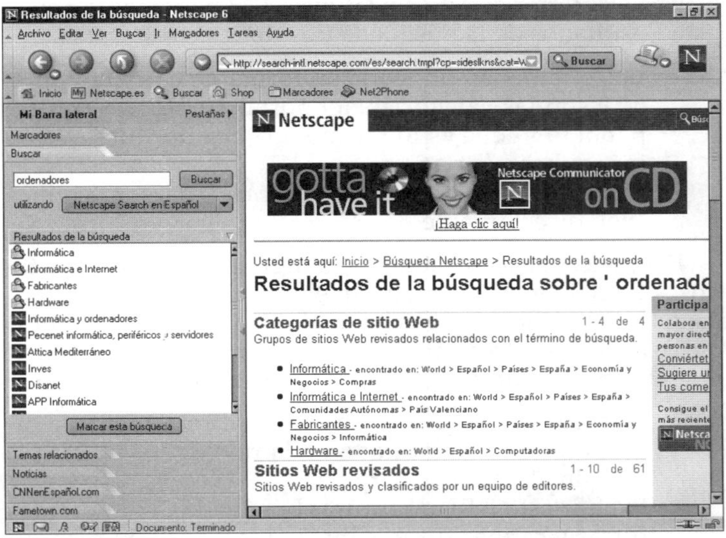

Figura 4.63. Resultados de la búsqueda por *Internet* con las opciones de *Navigator*

Al realizar esta búsqueda aparecerá de forma automática la pestaña Buscar de Mi Barra lateral y la página Web del buscador de *Netscape* en español, como podemos observar en la figura 4.63.

En un primer vistazo vemos a la derecha el resultado típico de un buscador Web, dividiendo los resultados en Categorías de Netscape (grupos de sitios Web) y las propias páginas Web. No tenemos más que hacer clic sobre los hipervínculos que deseemos para ver si la página de resultado coincide con lo que estábamos buscando.

> ***Truco:*** *El truco del navegador experimentado es hacer clic con el botón derecho sobre los hipervínculos que queramos ojear y elegir la opción Abrir en ventana nueva. Con esto podemos tener abiertas todas las páginas sin que perdamos la lista de resultados del buscador.*

Pestaña Buscar

Lo que sorprende un poco más es la integración del buscador con la pestaña Buscar de Mi Barra lateral, pues los resultados del buscador Web se reflejan en una pequeña lista en el interior de ésta. En lafigura 4.63 podemos ver en la lista Resultados de la búsqueda dos tipos de resultados:

- Los que tienen un icono en forma de carpeta y lupa ( ) son las categorías del portal de *Netscape* en español, o lo que es lo mismo, grupos de sitios Web y más subcategorías.
- Los que tienen el logo de *Netscape* ( ) son páginas Web directamente.

Para acceder al contenido de alguno de estos resultados, sólo debemos hacer clic en él y aparecerá en la ventana del navegador, a la derecha. Cada uno de estos elementos de la lista tiene tres interesantes opciones, que se consiguen haciendo clic con el botón derecho sobre cada uno:

- Agregar a marcadores: se guarda directamente la dirección de este resultado en la raíz de los marcadores (sin elección de carpeta).
- Excluir esta URL de futuras búsquedas: si queremos filtrar y refinar futuras búsquedas, se pueden ir eliminando páginas que no queremos que vuelvan a aparecer en los resultados.

- Excluir este dominio de futuras búsquedas: lo mismo que la anterior opción aplicado al dominio de la página del resultado (www.dominio.com).

Podemos elegir otro buscador de los que tiene registrados *Navigator 6*, en la lista que viene desplegada en la figura 4.64. Si buscamos por el famoso motor de búsqueda *Google*, lo que veremos será algo como en la figura 4.65.

Figura 4.64. Lista desplegada con los buscadores posibles en *Navigator 6.2*

Figura 4.65. Resultados de direcciones Web usando el buscador *Google* integrado en *Navigator 6.2*

Como utilidad final de esta útil pestaña, tenemos el botón de la parte inferior, llamado **Marcar esta búsqueda**, con lo que se creará de forma automática una carpeta en los marcadores con el nombre de la búsqueda, y dentro de ella aparecerán como marcadores las direcciones de las páginas de resultados. Esta opción es más que útil cuando no tenemos tiempo de revisar las páginas Web de esta lista. Memorizándolas en los marcadores ya lo podremos hacer más tarde.

Pestaña Temas relacionados

Si todavía seguimos sorprendidos con las interesantes utilidades de la pestaña anterior, relacionadas con la búsqueda por *Internet*, esta pestaña (figura 4.66) tampoco se queda atrás en ingenio. Activando esta pestaña, de forma automática se realizará una búsqueda de los temas relacionados con la URL de la página que estemos visitando, en el servidor de *Netscape*.

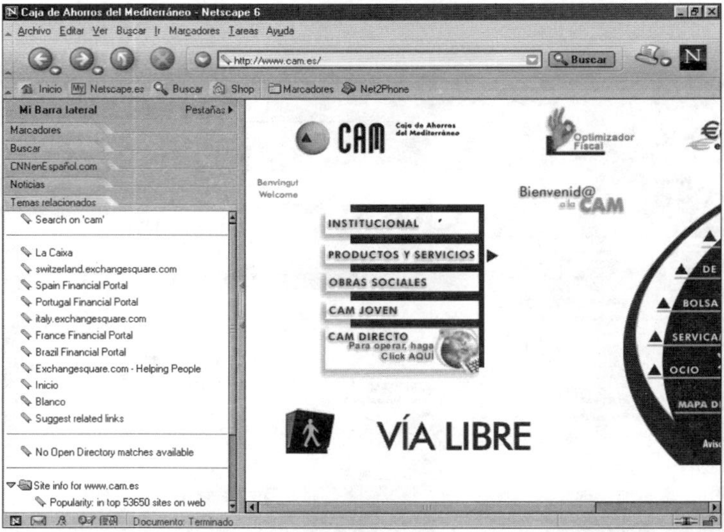

Figura 4.66. Pestaña Temas relacionados con información asociada a la página Web que estamos visitando

Los elementos vienen en forma de marcadores (o carpetas de marcadores). Lástima que esta información venga en inglés, aunque aquí va una pequeña explicación:

- El primer marcador que aparece en la lista nos llevará a la página de búsqueda de *Netscape* con los resultados que ha encontrado con la palabra principal del dominio (que suele corresponder con el nombre de una empresa, en el ejemplo, la Caja de Ahorros del

Mediterráneo tiene en su dominio principal su nombre, CAM, en www.cam.es).

- El siguiente grupo de marcadores de la lista son direcciones relacionadas con el contenido e información de la página actual.
- El siguiente tendrá resultados de búsqueda en sistemas de directorios y categorías de *Netscape*.
- En la carpeta de marcadores Site info for www.dominio.com, tenemos en su interior estadísticas de accesos a la página, el número de páginas Web que hay en el dominio (sitio Web) y el número de enlaces (que *Netscape* ha encontrado) que apuntan a esa página.
- Los últimos enlaces son de ayuda para buscar mejor por *Internet* (en inglés).

4.23. Guardar

Es posible que lo que veamos en la página Web del navegador nos interese guardarlo en nuestro disco duro (o cualquier otro sistema de almacenamiento). Puede ser la página completa o quizás sólo una imagen o un fichero que está asociado a un hipervínculo. Luego, tranquilamente, podemos observar, reproducir o ejecutar la información guardada sin que tengamos que estar conectados a *Internet*.

4.23.1. La página

Para guardar la página desde *Navigator*, se selecciona del menú Archivo la opción Guardar como..., donde nos pedirá que elijamos el nombre y carpeta de destino del sistema de archivos de *Windows*. Otra forma sería con el botón derecho sobre la visualización de la página (un hueco libre sería lo mejor) y elegir la opción Guardar como...

> ***Advertencia:*** *Nestcape Navigator 6 sólo permite guardar el documento HTML que recibe, tal cual, sin sus elementos asociados, como imágenes, animaciones, estilos, etc.*

Si lo que deseamos es guardar una imagen, sólo tenemos que hacer un clic con el botón derecho del ratón encima de ella y seleccionar la opción Guardar imagen (nombre.???)..., y se nos pedirá de igual manera el nombre del archivo y la unidad y carpeta de destino.

4.23.2. Los elementos

Ahora bien, si lo que queremos es guardar un archivo referenciado con un hipervínculo, si este archivo no es visualizable directamente por el navegador (como imágenes JPG y GIF), sólo tenemos que hacer clic sobre el hipervínculo. De todas formas, lo que siempre funciona es hacer clic con el botón derecho sobre él y elegir la opción Guardar enlace como.... De nuevo nos aparecerá el cuadro de diálogo de *Windows* para elegir nombre de archivo y carpeta de almacenamiento.

La diferencia cuando se guarda un archivo, como por ejemplo un programa ejecutable (.exe), es en la ventana que aparece después, como la de la figura 4.67. En él podemos ver cuánto nos queda aproximadamente para que acabe la descarga. También se puede desactivar la casilla de verificación inferior para que la ventana se cierre de forma automática al acabar la transferencia del archivo.

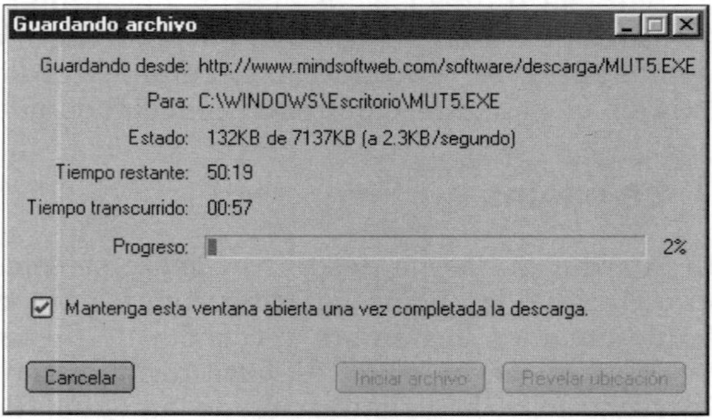

Figura 4.67. Cuadro de diálogo con el progreso de la descarga de un archivo

> ***Nota:*** *De esta estimación nunca nos podemos fiar, pues pueden producirse esperas de repente, retardando enormemente la descarga. Si nuestra conexión es rápida y no suele tener cortes, es algo más fiable.*

4.24. Mi Barra lateral

Aunque ya hemos comentado algo de esta barra en algunos apartados anteriores, al utilizar algunas de sus pestañas, vamos a comentar un poco mejor en qué consiste esta utilidad de *Navigator 6* y sobre todo, cómo se puede personalizar. Esta barra es un pequeño ayudante, y guía a la vez, de la navegación, pues contiene información que nos puede ser de utilidad en las visitas a las páginas, al mostrarnos en todo momento los marcadores que tenemos almacenados, realizar búsquedas por *Internet* más cómodamente y para mostrar información de todo tipo. Esto es posible porque el contenido de una pestaña casi siempre se descarga de la Web. Se podría decir que es como un navegador Web en miniatura, para cada una de las pestañas (no de todas).

> ***Truco:*** *Para ocultar Mi Barra lateral por completo pulsaremos la tecla* ***F9*** *o seleccionaremos Ver>Mi Barra lateral. Si lo que deseamos es cambiar su tamaño, haremos clic sobre la barra vertical de separación con la ventana de navegación y arrastraremos de izquierda a derecha. Si deseamos ocultarla del todo, pero sin que desaparezca la barra divisoria, debemos hacer clic en el selector situado en el medio de la barra, cuando el puntero del ratón se convierta en una mano. La barra se pegará a la izquierda de la ventana. Si volvemos a hacer clic en el selector de nuevo, se reestablecerá de nuevo la barra.*

Echemos un vistazo a las pestañas que vienen por defecto en la instalación del programa:

- Lista de contactos: es un servicio de la mensajería integrada del programa, con su producto *Instant Messenger*. Deberemos darnos de alta para disfrutar de este servicio y tener en esta ficha los contactos que están conectados en este mismo momento.
- Buscar: esta ficha ya comentada permite obtener los resultados de buscadores de Internet en su interior, así como guardar todas las direcciones de los resultados con un solo botón.
- Temas relacionados: también comentada, realiza una búsqueda de temas alternativos a la página Web que estemos viendo en este momento.

- Noticias: después de una pequeña carga, aparecerá una columna de un periódico digital, como es, por defecto, *CNNenEspañol.com*. En esta mini-página Web tenemos los titulares de las últimas noticias con los hipervínculos para poder ampliarlas visitando la página Web en la ventana principal del navegador.
- Marcadores: también ya la hemos visto en un apartado anterior, y permite gestionar fácilmente las direcciones de páginas Web guardadas en marcadores, y poder tenerlas siempre a la vista, para guardar nuevas, borrarlas, moverlas, etc.
- Historial: al igual que los marcadores, en esta pestaña podemos ver y manejar las direcciones que se han ido visitando los últimos días.

4.24.1. Organizar las pestañas

Netscape ha permitido una gran flexibilidad a la hora de optimizar las funciones de su programa, mediante la inserción de más pestañas descargables por la red, de la desactivación de las pestañas que no queramos ver, etc.

Para organizar un poco estas pestañas, debemos pulsar el menú Pestañas de la parte superior derecha de Mi Barra lateral. En el menú que se despliega (figura 4.68), además de dos opciones, tenemos una lista con las pestañas disponibles, y activadas las visibles. Aquí se pueden activar las que están ocultas para que aparezcan y desactivar las visibles para esconderlas. La opción que nos interesa del menú para gestionar y añadir más fichas es Personalizar Mi Barra lateral..., con lo que aparecerá el cuadro de diálogo de la figura 4.69.

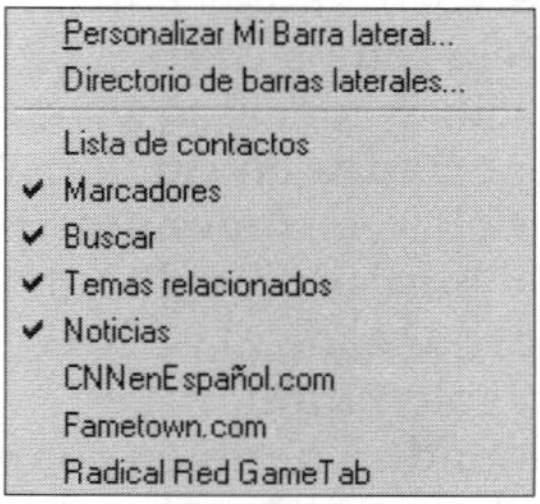

Figura 4.68. Menú Fichas de Mi Barra lateral

Truco: También se puede acceder a este cuadro de diálogo haciendo clic con el botón derecho en el título de una pestaña y eligiendo la opción Personalizar Mi Barra lateral.... Pero no es necesario acceder a este cuadro para ocultar alguna pestaña. Si hacemos clic con el botón derecho en el título de una y elegimos Ocultar tablero, desaparecerá de Mi Barra lateral, aunque luego pueda recuperarse activándola de nuevo.

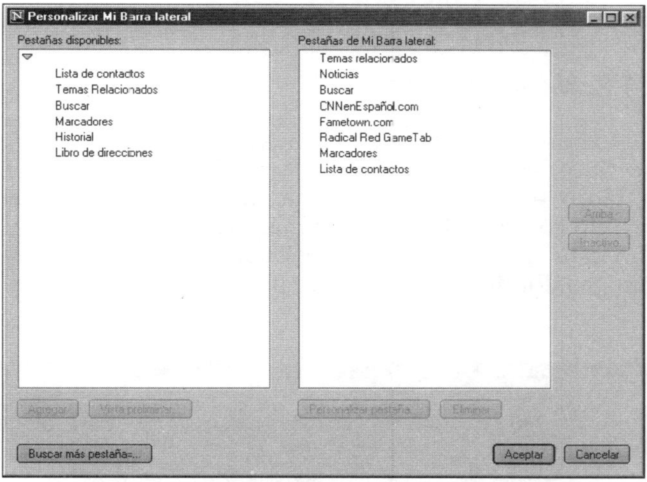

Figura 4.69. Cuadro de diálogo de personalización de Mi Barra lateral

En este cuadro tenemos a la izquierda las pestañas por defecto del programa, con dos botones en su parte inferior:

- **Agregar**: para añadir la pestaña seleccionada a Mi Barra lateral.
- **Vista preliminar**: para ver en una pequeña ventana el aspecto de la ficha antes de ser agregada a Mi Barra lateral.

En la parte derecha tenemos todas las pestañas de Mi Barra lateral, tanto las visibles como las ocultas. Para cambiar el orden de alguna, sólo debemos seleccionarla y hacer clic en el botón **Arriba** o **Inactivo** (Abajo), para moverlo de posición.

Advertencia: Parece ser que tenemos un bug, *o fallo en el programa, pues el botón* **Inactivo** *no "desactiva" nada, sino que mueve a una fila inferior la pestaña elegida. El botón debería nombrarse como* **Abajo**.

Para eliminar una pestaña por completo, debemos seleccionarla y hacer clic sobre el botón **Eliminar** de la parte inferior.

No todas las pestañas tienen propiedades para ser modificables. Si queremos y se puede personalizar alguna, el botón para hacerlo es **Personalizar pestaña....**

4.24.2. Más pestañas

Si lo que queremos son decenas de nuevas pestañas con todo tipo de utilidades, como calendarios, agendas, juegos, radio, etc. debemos ir a una página Web de *Netscape*, accesible con el botón **Buscar más pestañas...**

En este sitio Web (en inglés) tenemos unas categorías temáticas donde se agrupan las pestañas

Figura 4.70. Página Web para descargarse más pestañas, agrupadas en categorías

4.24.3. Traducción de páginas

Navigator posee mediante una opción de un menú, un enlace a una página Web de traducción de documentos HTML (Web).

Existen varios traductores de páginas por *Internet*, la mayoría como un servicio de valor añadido de los portales, pero aquí tenemos la ventaja de que no tenemos que navegar por ninguna página, el programa se encarga de todo.

> ***Truco:*** *Este servicio vamos a tener que usarlo a menudo si no conocemos algo el idioma anglosajón, pues algunas páginas Web de otros servicios de Netscape están aún sin traducir al español.*

Para la traducción aproximada de una página Web del inglés al español (en principio), seleccionamos la opción Traducir del menú Ver.

El navegador visualizará el sitio Web predeterminado de *Navigator* para traducir páginas Web, como vemos en la figura 4.71.

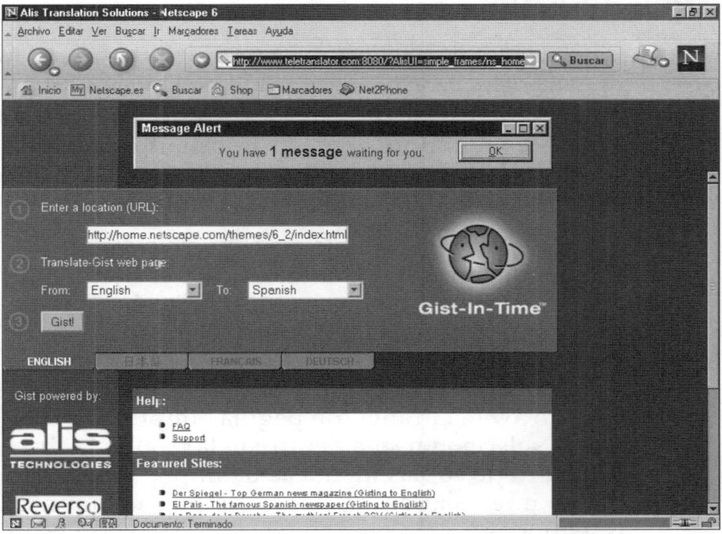

Figura 4.71. Sitio de traducción de páginas Web online

En un principio no debemos tocar nada, si lo que queremos es traducir la página que estábamos visualizando del inglés al español. Si deseáramos cambiar estos parámetros:

- En la sección 1 del sitio Web estará ya escrita la URL de la página que veíamos y que queríamos traducir.
- En la sección 2 se eligen el idioma fuente de la página y el traducido.
- En la sección 3 sólo debemos hacer clic en el botón **Gist!**.

El resultado lo veremos en la siguiente página, con el texto del documento Web traducido. Veremos también como *Navigator* habrá añadido una nueva barra (figura 4.72), con información de la página de traducción y con botones para volver a la página original o parar de traducir.

Figura 4.72. Barra de traducción al obtener la página Web traducida

4.25. Imprimir

El proceso de impresión es bastante sencillo, como el de cualquier programa de *Windows* normal. Sólo tenemos que ir al menú Archivo y elegir la opción Imprimir... o más fácilmente, hacer clic sobre el botón **Imprimir esta página** ( ) de la barra Personal. El cuadro de diálogo que aparecerá es el estándar de *Windows*, donde se indica:

- La impresora que se quiere elegir para realizar el proceso de impresión (en una oficina es normal que haya varias) y su botón de configuración (que depende totalmente del fabricante y del modelo de impresora).
- El intervalo de impresión, a elegir entre todo el documento Web, el rango de páginas impresas deseado, o la selección hecha dentro de la página Web.
- El número de copias idénticas de impresión y si deseamos intercalarlas, es decir, las primeras juntas, las segundas juntas, etc., por si la impresora tiene un organizador.

4.26. Personalizando el aspecto del programa

Una de las novedades que ha aplicado *Netscape 6* a su suite es algo que se está poniendo muy de moda en los programas relacionados con Internet. Esto no es más que el cambio de la interfaz del programa, del aspecto de los botones, el colorido de las ventanas, etc. Así se puede dar un toque personal al programa o cambiarlo en cualquier momento según esté nuestro sentido del humor.

Los distintos tipos de interfaz visual son lo que *Netscape* llama *Temas*. En el proceso de instalación se han incorporado dos por defecto:

- *Modern*: es el que vemos por defecto, y le da un aire muy futurista al programa.
- *Classic*: para los más melancólicos, es el aspecto del Netscape Navigator de toda la vida.

Para cambiarlos rápidamente, debemos ir al submenú Aplicar tema del menú Ver y ahí elegir de la lista cualquiera de los dos, en la parte inferior de ésta.

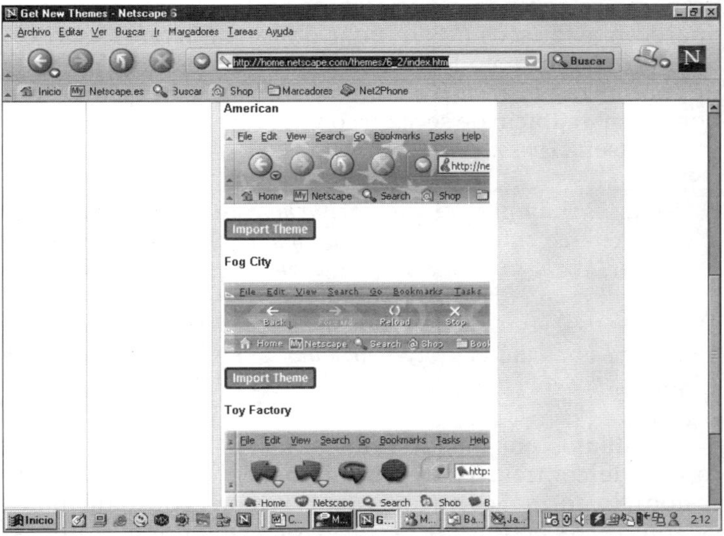

Figura 4.73. Sitio Web de *Netscape* para obtener temas nuevos para nuestro programa

> **Nota:** *Cualquier cambio de tema en el programa necesita del cerrado del programa (de todas sus ventanas) y volverlo a iniciar de nuevo.*

Para conseguir más temas desde la Web de *Netscape*, en el mismo submenú Aplicar temas del menú Ver, seleccionamos la opción Obtener temas nuevos. El navegador irá al sitio Web de *Netscape* para descargarse más temas, creados por ellos mismos o por usuarios de todo el mundo. En la figura 4.73 tenemos parte del contenido de esta página, con algunos temas para descargar. Para hacerlo con alguno en particular, debemos hacer clic sobre el hipervínculo Import Theme debajo de cada uno.

4.27. Seguridad

4.27.1. Formularios y contraseñas

Navigator 6 posee una interesante utilidad para recordar campos de formularios y no tener que escribirlos la siguiente vez que pasemos por uno. Esto también se incluye para los campos especiales de las contraseñas, donde aparecen asteriscos (*) en lugar de los caracteres escritos. Si el ordenador sólo lo vamos a utilizar nosotros (o gente de confianza), el acceso a algunos sitios puede agilizarse si nos piden un inicio de sección con nombre de usuario (*login*) y contraseña (*password*).

> **Nota:** *Es muy normal que en muchos portales nos pidan un registro gratuito para acceder a sus servicios. La ventaja del registro para estas empresas es que en él indicamos nuestra dirección de correo (entre otros datos personales). Así pueden mandarnos alguna información de vez en cuando autopromocional de sus servicios o de publicidad de terceros.*

Si estamos en uno de estos sitios y escribimos en un campo de contraseña, al darle la orden de entrar (iniciar sesión), lo normal es que nos aparezca un cuadro de diálogo como el de la figura 4.74. En el *Navigator* nos pregunta si deseamos guardar los datos del inicio de sesión (usuario y contraseña) en su Gestor de contraseñas, para que la siguiente vez que accedamos a esa página, ya aparezcan de forma automática estos datos.

Aún así, es posible que cambiemos de opinión y decidamos borrar los datos almacenados de formularios y de contraseñas.

Para ver, modificar o borrar las contraseñas y datos de inicio de sesión, debemos ir al Gestor de contraseñas, en Tareas>Privacidad & seguridad>Gestor de contraseñas> Ver contraseñas almacenadas (o también en Edición> Preferencias>Privacidad y seguridad>Contraseñas Web> Ver contraseñas almacenadas). En el cuadro de diálogo de la figura 4.75 nos aparecerá una lista con los nombres de los sitios Web que precisan inicio de sesión y cuyos datos ha almacenado, para poder borrar uno a uno o todos, con los botones **Borrar** y **Borrar todos** respectivamente.

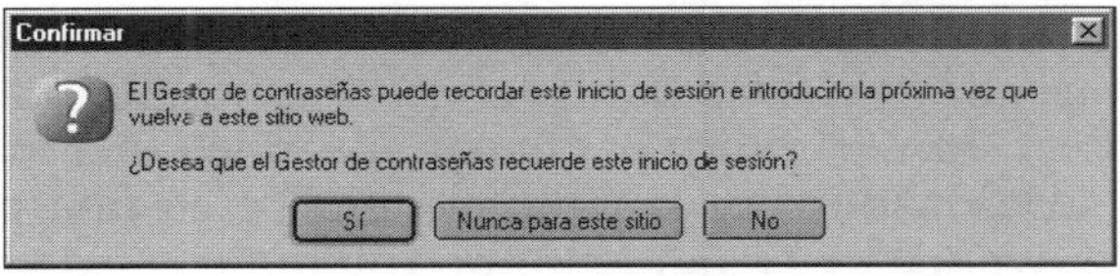

Figura 4.74. Cuadro de diálogo de confirmación para que *Navigator* guarde una contraseña

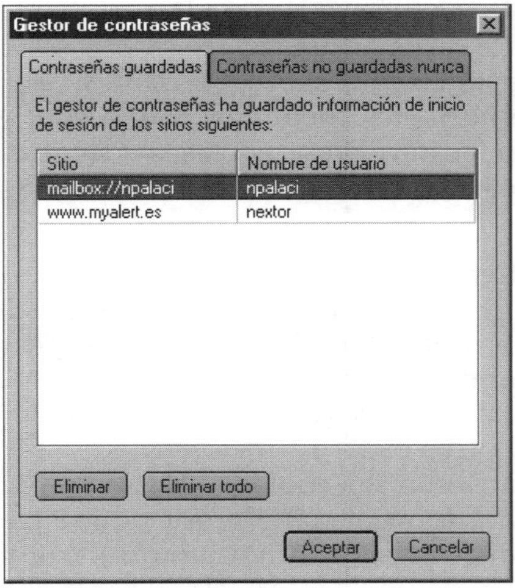

Figura 4.75. Cuadro de diálogo del Gestor de contraseñas

Lo que ocurre con las contraseñas también puede suceder con los formularios en general, pues existe un Gestor de formularios. De forma automática, *Navigator* también nos pregunta si deseamos guardar todos los datos de los campos de un formulario, justo antes de ser enviados al servidor. Si lo deseamos hacer manualmente, tenemos en el menú Editar la opción Guardar datos formulario.

Para ver, modificar o borrar los datos almacenados de formularios, debemos ir al Gestor de formularios, en el menú Editar, la opción Ver datos guardados (o también en Tareas>Privacidad & seguridad>Gestor de formularios> Ver datos de formularios almacenados).

4.27.2. Cookies

Las "galletas" (así se denominan en inglés) son pequeños ficheros de texto que algunos servidores (demasiados) necesitan para guardar datos temporales (a menudo permanentes) entre página y página de su sitio Web. Por ejemplo, si un servidor nos pidiese el nombre en una página Web, al avanzar a la siguiente podría aparecer de nuevo ese nombre al conservarse en una de estas cookies, y de esa forma seguir identificado ante el servidor.

El problema viene cuando las cookies guardan datos confidenciales, como contraseñas, números de tarjetas de crédito, etc. Estos ficheros los podría leer cualquier persona que sepa de ordenadores.

Para tener el control sobre las *cookies*, aceptarlas o no, ver su contenido, etc., debemos ir a la configuración del programa, en Editar>Preferencias...>Privacidad y seguridad> Cookies. En la figura 4.76 tenemos las opciones a elegir entre:

- Desactivar *cookies*: no se acepta ninguna *cookie* enviada por ningún servidor. Esto puede hacer que muchos sitios Web no funcionen correctamente.
- Aceptar sólo *cookies* del sitio de origen: para que no se guarden *cookies* de terceros, para control publicitario u otros oscuros fines.
- Aceptar todas las cookies: la opción por defecto. Se guardará información de por dónde naveguemos y datos de formularios (no siempre). Algunos servidores Web podrán "ojear" esa información de nuevo (en principio sólo los mismos que crean la *cookie*).

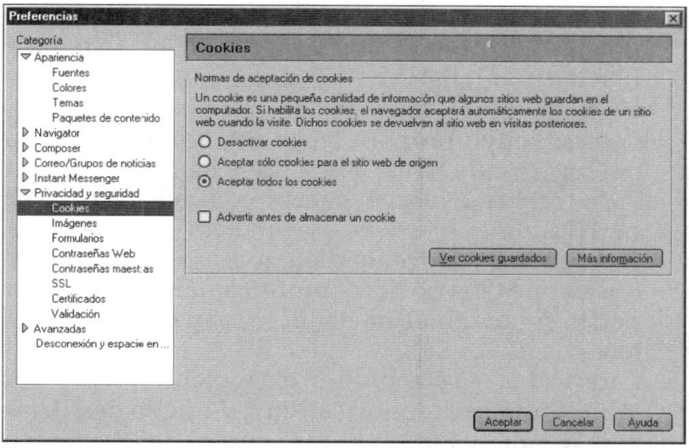

Figura 4.76. Cuadro de diálogo de la configuración de *Netscape 6*, con la categoría Cookies seleccionada

Si ya queremos un control muy exhaustivo sobre qué cookies se aceptan o no, *Navigator* nos puede preguntar qué hacer con ella cada vez que recibamos una, activando la casilla de verificación Advertir antes de almacenar una cookie.

Para ver qué cookies tenemos guardadas en nuestro ordenador y poder eliminarlas, podemos acceder al Gestor de cookies haciendo clic sobre el botón **Ver cookies guardados**, o bien, en la ventana principal, en Tareas>Privacidad & seguridad>Gestor de cookies>Ver cookies almacenados.

4.28. Perfiles

Es posible que más de una persona utilice *Internet* en casa, o peor todavía, en un cybercafé o en trabajo, donde muchas personas tendrán su configuración de marcadores, su tema visual, sus barras personales, su propia Mi Barra lateral con sus pestañas, sus cuentas de correo, etc. Para esto se crean los perfiles, para que cada perfil tenga su propia configuración.

4.28.1. Crear uno nuevo

Para crear un nuevo perfil, debemos seguir estos pasos:

1. Cerrar todas las ventanas que tengamos abiertas de *Netscape 6.2*.

2. Abrir el programa *Profile Manager*, en Menú de Inicio>Programas>Netscape 6.2>Profile Manager.
3. El cuadro de diálogo que se nos mostrará será como el de la figura 4.77, donde aparecerá el perfil por defecto, cuyo nombre suele ser idéntico al nombre del registro de *Windows* (si no se ha cambiado antes). Para crear uno nuevo, hacemos clic en el botón **Crear perfil...**.
4. El siguiente cuadro de diálogo es sólo informativo, y nos explica los posibles motivos para elegir crear un perfil. Avanzamos haciendo clic en el botón **Siguiente**.
5. Para acabar, se nos pide en el siguiente cuadro de diálogo el nombre identificativo del nuevo perfil, la carpeta donde se almacenará el correo, las preferencias, los marcadores, etc., y el idioma con el que queremos trabajar. Finalizamos haciendo clic en el botón **Terminar**.
6. El siguiente cuadro de diálogo que veremos será el mismo del principio (figura 4.77), pero con el nuevo nombre del perfil creado.

A partir de ahora, cada vez que iniciemos *Netscape 6*, se nos pedirá primero que elijamos el perfil con el que trabajar, en el mismo cuadro de diálogo.

Sólo debemos seleccionar uno y hacer clic en el botón **Iniciar Netscape 6**.

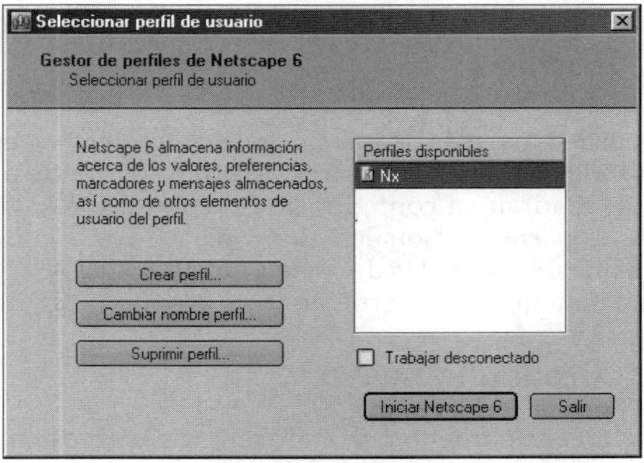

Figura 4.77. Cuadro de diálogo con la lista de perfiles actual

4.29. Buscar en Internet

Todo lo anteriormente dicho no sirve de nada si usted se pasa horas delante del monitor pero no encuentra lo que busca.

Para facilitarle esta labor, hemos reunido una serie de direcciones Web que le ayudarán mucho en sus búsquedas. Aunque comprobará que algunas direcciones están repetidas, esto se debe a que pueden ofrecerle información sobre varios ámbitos o idiomas. Sólo nos queda darle una serie de consejos:

- Haga, antes de nada, una lista de palabras "clave" de lo que quiere buscar. Los términos tienen que ser lo más exactos y poco ambiguos posible.
- Si puede ser, fíjese en la fecha de la información obtenida o de la actualización de la página Web consultada.
- Agregue a "Favoritos" o "Marcadores" las direcciones interesantes. Es muy útil que abra carpetas para cada tema en concreto.

4.29.1. Noticias y novedades en español e inglés

- cnnenespanol.com/tec
- es.news.yahoo.com/19
- ibrujula.com
- www.audiovideomagazine.com
- www.baquia.com
- www.elpais.es
- www.en-linea.net
- www.fcmultimedia.com
- www.fotofutura.com
- www.idg.es
- www.idg.es/iworld/
- www.imagenysonido.com
- www.lasnoticias.org/
- www.msn.es/informatica.asp
- www.noticias.com
- www.titulares.com
- www.Webred.com

También tiene más de una dirección para las búsquedas de noticias y novedades en inglés.

- dailynews.yahoo.com/h/tc/nm
- Equip.zdnet.com
- www.hifi.com/consumer/hifi/default.asp
- www.internetnews.com
- www.news.com
- www.planetit.com
- www.redherring.com
- www.salon.com/tech/index.html
- www.slashdot.org
- www.techdirt.com
- www.theregister.co.uk
- www.tvpress.com/idn/idnfp.htm
- www.usatoday.com/life/cyber/tech/ct000.htm
- www.wired.com/news
- www.zdnet.com/zdnn/

4.29.2. Buscadores temáticos y motores de búsqueda en español e inglés

Son direcciones muy útiles para buscar artículos temáticos o reportajes de cualquier tipo.

Los tiene en español:

- www.biwe.com
- www.demasiado.com/index.phtml?id=11&pid=Web
- www.telepolis.com
- www.yahoo.es

Y también los tiene en inglés, en este caso son motores de búsqueda, es decir, buscadores que incluyen en su "motor"muchos más buscadores.

- www.altavista.com
- www.excite.com
- www.lycos.com
- www.northernlight.com

4.29.3. Búsqueda de recursos en general

- club.idecnet.com/~modegar/paginas/diccionario.htm
- www.about.com

- www.Webopaedia.com
- www.whatis.com

4.29.4. Buscadores en portales nacionales

- www.arrakis.es
- www.biwe.es
- www.buscador.com
- www.buscopio.es
- www.canal21.com
- www.canal3000.com
- www.cartelymas.com
- www.commm.com
- www.demasiado.com
- www.elfoco.com
- www.eresmas.com
- www.excite.es
- www.fortunecity.es
- www.granvia.es
- www.guay.com
- www.inicia.es
- www.lalinea.com
- www.latecla.com
- www.lycos.es
- www.mixmail.com
- www.msn.es
- www.navegalia.com
- www.ole.es
- www.ozu.es
- www.starmedia.com
- www.submarino.com
- www.telepolis.com
- www.telepolis.es
- www.terra.es
- www.tuportal.com
- www.uol.es
- www.venganza.com
- www.vercorreo.com
- www.wanadoo.es
- www.worldonline.es
- www.ya.com
- www.yahoo.es
- www.yupi.es

4.29.5. Buscadores en portales internacionales

- www.altavista.com
- www.amazon.com
- www.excite.com
- www.geocities.com
- www.google.com
- www.jumpy.com
- www.latinmail.com
- www.lycos.com
- www.madona.com
- www.mirabilis.com
- www.netcenter.com
- www.netscape.com
- www.shopnow.com
- www.worldonline.es
- www.yahoo.com

4.29.6. Páginas Blancas

Las páginas blancas son un servicio que ofrece Telefónica desde la página www.paginas-blancas.net (Véase figura 4.78). Es el mejor modo (y también el más rápido) de buscar un teléfono de alguna persona que viva en España. Su búsqueda es tan amplia, que además de su número de teléfono y dirección, obtendrá un plano de su lugar de residencia.

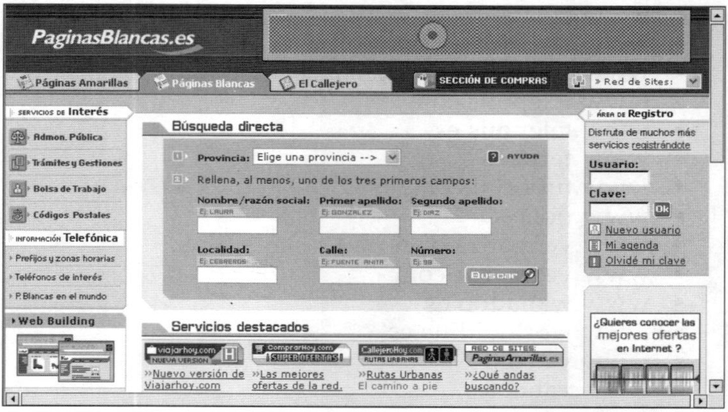

Figura 4.78.

4.29.7. Whois

Whois es, literalmente en inglés, "Quién es". Es otro sistema de búsqueda muy similar al de las páginas blancas.

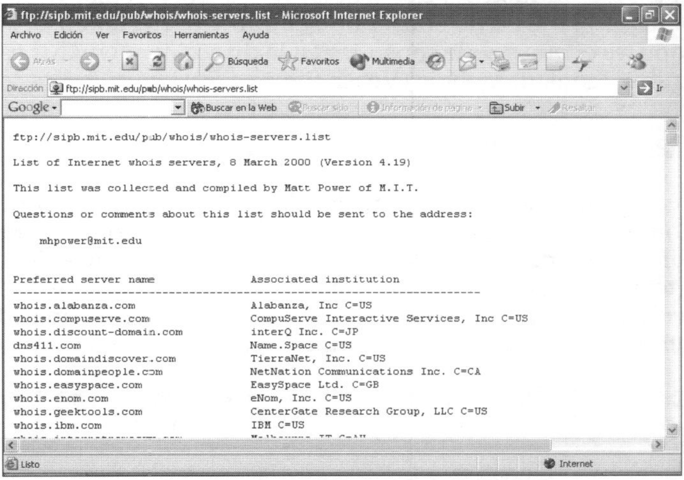

Figura 4.79.

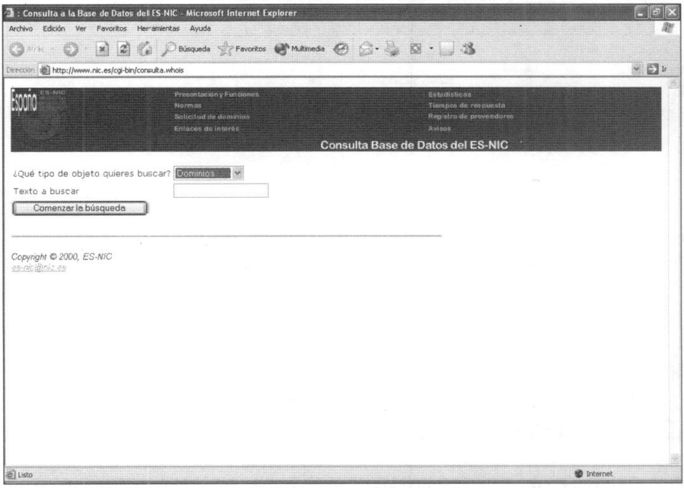

Figura 4.80.

Pero, en este caso, son direcciones de correo electrónico y dominios en lugar de teléfonos. Existen muchos servidores "*Whois*" (haga como prueba incluir el término *whois* en cualquiera de los buscadores antes referidos). Puede obtener una lista completa de estos servidores en la dirección ftp://sipb.mit.edu/pub/whois/whois-servers.list (Véase figura 4.79). Uno de ellos, por ejemplo y por estar en castellano, es el que puede consultar en la dirección www.nic.es/cgi-bin/consulta.whois (Véase figura 4.80).

4.29.8. Whowhere

Este servicio es muy similar a los anteriores. En la dirección (sin las tres www) spanish.whowere.lycos.com/, podrá obtener direcciones de correo electrónico, direcciones físicas o teléfonos. Puede hacerlo con sólo poner un nombre en la ventana, aunque se "agradece" que incluya un poco más de información como ciudad, compañía, etc. Véase figura 4.81.

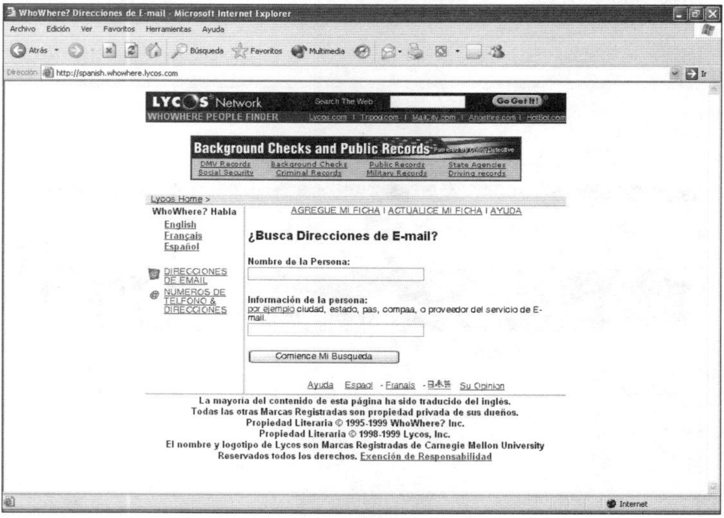

Figura 4.81.

4.29.9. Sintaxis para la búsqueda

Aunque podrá introducir, tal cual, la palabra o palabras a buscar, es interesante que conozca que hay una serie de símbolos que le acotarán y harán más exacta la búsqueda.

Pruébelos y comprobará cómo los resultados son evidentes. Son los llamados "Operadores". En casi todos los buscadores podrá incluirlos tanto en español como en inglés, pero sólo algunos buscadores en idioma inglés aceptan los términos castellanos. Hay de varios tipos

- **Operadores lógicos**: le permiten acotar y ampliar una búsqueda. Son **Y** (también su equivalente **AND** e **&**). Implica que quiere buscar la coincidencia de las dos palabras entre las que vaya el operador. Por ejemplo, al buscar "coches **Y** alemanes" (podría haber puesto AND o & también), la búsqueda de los coches se limitará a los de esa nacionalidad. Otro operador es **NO** (o **NOT** o **!**), cuya función es excluir un elemento de la búsqueda. En el mismo ejemplo de antes, si pone "coches NO alemanes", buscará de cualquier nacionalidad excepto éstos. El último es **O** (**OR** o **|**), que es la unión de dos grupos de búsqueda. En "coches O alemanes", el buscador seleccionará todos los automóviles, pero también toda aquella información donde aparezca la palabra "alemanes", sea del tipo que sea.
- **Operadores de proximidad**: especifican la relación entre los elementos de la búsqueda. Son **CERCA** (**NEAR**) y **JUNTO** (**ADJ**). El primero es como el operador "Y", pero con el añadido de que entre ambas palabras no debe haber más de 10 palabras en el documento. El segundo operador de proximidad es también como "Y", pero las palabras deben estar juntas en el texto.
- **Operadores de existencia:** hacen que exista o no una palabra en la búsqueda. Son el operador de presencia **+**, que exige la existencia de alguna palabra en concreto en los resultados, y el operador de ausencia **-**, que exige la no-aparición de una palabra en concreto en los resultados.
- **Operadores de exactitud:** son pequeños "comodines" para ampliar o limitar los ámbitos de búsqueda. Pueden ser de Familia (con los operadores * o $), cuya inclusión hace que se busque toda palabra que forme parte de otra. Por ejemplo, "auto*" buscaría automóvil, automoción, automatismo... El otro operador de este tipo es el Truncado, que hace que sólo

sean válidas las referencias con la palabra clave exacta, y es el tipo de búsqueda más habitual, la palabra que se incluye tal cual.

4.30. Software de búsqueda

Si además de todas las ayudas anteriores, no le sirve, sólo le queda utilizar algún tipo de software específico para la búsqueda. Hay muchos, pero le vamos a recomendar uno porque es gratuito y está en español: Copernic.

Puede encontrar este programa en la Web www.copernic.com (Véase figura 4.82), y la podrá descargar en castellano desde otra ventana que se abrirá si selecciona el idioma español (Véase figura 4.83).

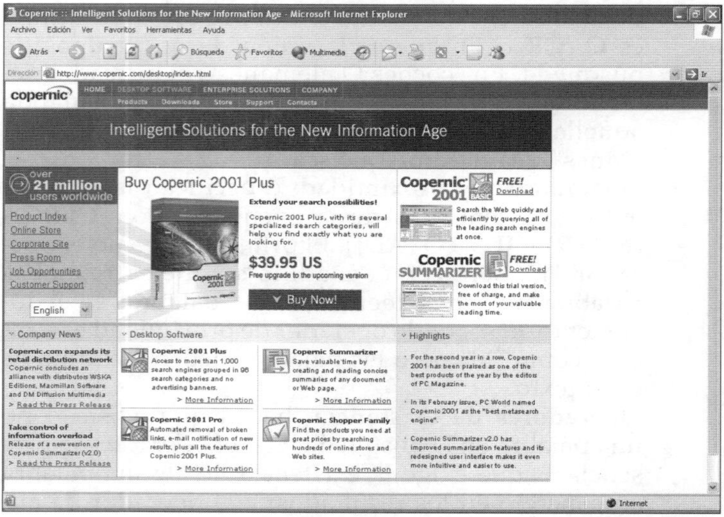

Figura 4.82.

El programa está compuesto por un conjunto de motores de búsqueda que le permitirán localizar cualquier cuestión que quiera (Véase figura 4.84), en general o en motores específicos.

Es muy fácil de usar y su pantalla le ofrecerá mucha información.

Figura 4.83.

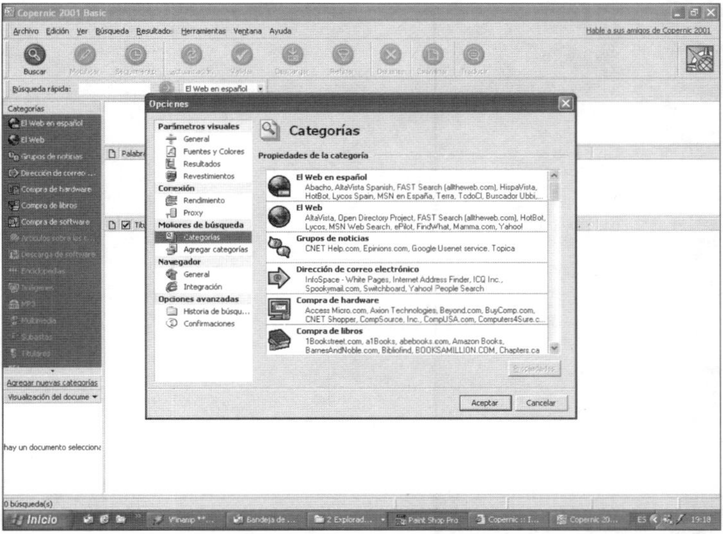

Figura 4.84.

5 Correo electrónico

5.1. Introducción

El correo electrónico es, actualmente, una de las aplicaciones relacionadas con Internet más utilizada. Su expansión es tal que, en ocasiones, viene siendo más habitual darle a una persona (cuando la conoces o coincides con ella) la dirección de correo que el teléfono, porque es un método de contacto y comunicación rápido (casi inmediato), barato (la gran mayoría de las empresas están conectadas y el número de personas con conexión en casa crece día a día), seguro (desde luego, mucho más que el correo "tradicional") y permite incluir archivos para consulta o entretenimiento.

Y lo mejor de todo: sin limitación de horarios (aunque este punto sí impone alguna limitación a la hora de que el receptor lea el mensaje y lo conteste), sin limitación de distancias (un correo tardará en llegar a su destino pocos segundos o, a lo sumo, algún minuto, sea a la parte del mundo que sea) y cómodamente (pues podrá almacenarlo, borrar partes, reescribirlo, imprimirlo...). Como podrá comprobar, todo son ventajas.

La empresa NetValue, dedicada a los estudios de mercado relacionados con el mundo de Internet (www.netvalue.com), ha realizado una comparativa del uso del correo electrónico en varios países de la Unión Europea, incluida España (Véase tabla 5.1), en la que se muestra la importancia del correo electrónico dentro de las aplicaciones de Internet.

Tabla 5.1. Uso de protocolos de Internet en España, Francia,Reino Unido, Alemania y Dinamarca. Fuente: NetValue

Tipo de Actividad	*Cobertura (%)*	*Visitantes Únicos (en miles)*
Web	97,8%	3.701
Mail	85,6%	3.238
Mensajes instantáneos	58,4%	2.209
Transferencias de archivos	34,6%	1.308
Audio-Vídeo	33,1%	1.254
Diálogos en directo (Chat)	23,7%	896
Juegos	6,1%	230
Foros (noticias)	3,1%	116

Siguiendo con las cifras, podemos darle algunos datos más: siempre según NetValue, el perfil de los usuarios del correo electrónico varía ligeramente del resto de los internautas. El total de los usuarios de correo enviaron un promedio de 9.3 correos y recibieron 29.2 (por usuario y buzón de correo) en España.

Desglosando dichas cifras se pueden observar diferencias de uso: los pequeños usuarios enviaron 1.2 correos al mes y recibieron 7.1, mientras que los grandes usuarios enviaron 11.5 y recibieron 44.9 por mes (los grandes usuarios representan el 19,4% de la población internauta, es decir, 734.000 internautas.

5.2. Definiciones y términos relacionados

De nuevo, le ofrecemos un resumen de los términos más utilizados dentro de este capítulo, para que pueda referirse a ellos en caso de tener alguna duda:

- **SMTP:** "Simple Mail Transfer Protocol", protocolo utilizado por TCP/IP para transmitir y recibir correos electrónicos.
- **Formato binario:** es el formato que utilizan los ordenadores para intercambiar y "entender" los datos. Está formado por 0 y 1 (de ahí el nombre de binario).

- **ASCII:** "American Standard Code for Information Interchange" o Código Americano Estándar para el intercambio de Información. Es un código de 7 bits en el que cada número, letra o símbolo está representado por un número del 0 al 127.
- **MIME:** "Multipurpose Internet Mail Extension", formato que permite enviar ficheros binarios por correo electrónico sin necesidad de "traducirlos" al formato SMTP.
- **POP:** "Post Office Protocol" o Protocolo de la Oficina de Correos. Es el nombre del protocolo que maneja el almacenamiento y descarga de los correos electrónicos, y que le permite no estar "presente" en su ordenador sin el peligro de perder el mensaje. Hoy por hoy se utiliza la tercera versión de este protocolo, es decir, POP3.

5.3. Funcionamiento

Una dirección de correo electrónico está formada por dos secciones divididas por el símbolo "arroba" (@). Dichas secciones se denominan dominios, subdominios, nombre de usuario... Para más información al respecto, consulte con el capítulo 1 de este libro, donde le explicamos más a fondo el tema.

Por supuesto, para poder "disfrutar" de este servicio, debe tener un programa de gestión de correo electrónico. Pero, tanto su navegador habitual como su sistema operativo lo incluyen (es raro que no ocurra así). En el peor de los casos, podrá encontrar una gran variedad de programas, y además muchos de ellos gratuitos.

Su característica fundamental es que los ordenadores "emisor" y "receptor" no necesitan estar conectados al mismo tiempo, algo que sí es necesario en otro tipo de aplicaciones como el chat o el IRC. Puede enviar un correo y, si su destino no enciende el ordenador hasta el día siguiente, no pasará nada, pues lo tendrá en su pantalla en el momento en que reclame el correo desde el gestor que utilice. Esto se debe a que el correo no se almacena en un primer momento en el ordenador del receptor, sino en el servidor del proveedor de servicios. Estamos hablando del protocolo POP.

Todos los correos utilizan el formato SMTP, perteneciente al protocolo ya mencionado TCP/IP. Su traducción es "Simple Mail Transfer Protocol" o Protocolo Simple de Transferencia de Correo. El programa gestor de correo, simplemente traduce los mensajes a este formato tanto para enviarlos como para recibirlos. Pero este formato pertenece a principios de 1980, y estaba pensado para transmitir sólo texto ASCII. La ventaja de este sistema es que es reconocido por distintos entornos informáticos (PC, Mac...), y se pueden "intercambiar" mensajes sin problemas de compatibilidad.

Pero en 1992 apareció el formato MIME, sobre todo para evitar la tarea de codificación y decodificación de los mensajes al formato SMTP, y con la ventaja de aceptar juegos de caracteres distintos al ASCII, de especial importancia en idiomas distintos al inglés. En definitiva, cuando usted manda un correo lo hace por medio del protocolo SMTP o MIME, y cuando lo recibe, por medio del POP.

5.4. Partes de un mensaje

Un mensaje está formado por una serie de partes cuya función es importante conocer a fondo, y que le permiten configurar a su medida todo lo relacionado con un mensaje. Esta configuración va desde las opciones del remitente, a las del receptor o receptores, si quiere que todos ellos tengan conocimiento de a quién se han enviado esos mensajes, el formato de letra, colores, seguridad, inclusión de archivos, etc. Para estas explicaciones utilizaremos como ejemplo la ventana de correo del gestor de Microsoft, MS Outlook (véase figura 5.1), aunque nos referiremos en todo momento a las partes que componen cualquier carta que podría enviar por correo ordinario.

- **Destinatario (Para...):** equivale a la dirección que se escribe en la parte exterior del sobre, aunque en este caso debe figurar la dirección de correo electrónico del receptor. Puede incluir tantas direcciones como quiera, pero deben ir separadas por un punto y coma (;). Debe saber que, cuando las distintas personas reciban el mensaje, todos los receptores conocerán el resto de las direcciones a las que también se lo ha enviado, por lo que no es muy recomendable si pretende que permanezcan en el anonimato para los demás.
- **Copia (CC...):** CC equivale a "Carbon Copy", o Copia de Carbón, y son las direcciones de otros destinatarios a los que también va dirigido el mensaje.
- **Copia Oculta (CCO o BCC...):** es Copia de Carbón Oculta ("Blind Carbon Copy"), y las direcciones que vayan incluidas en este campo no tendrán constancia

entre sí de los otros destinatarios. Es muy útil, por ejemplo, si debe mandar muchos correos a diferentes clientes de su empresa, o a personas conocidas suyas pero sin relación entre ellas.

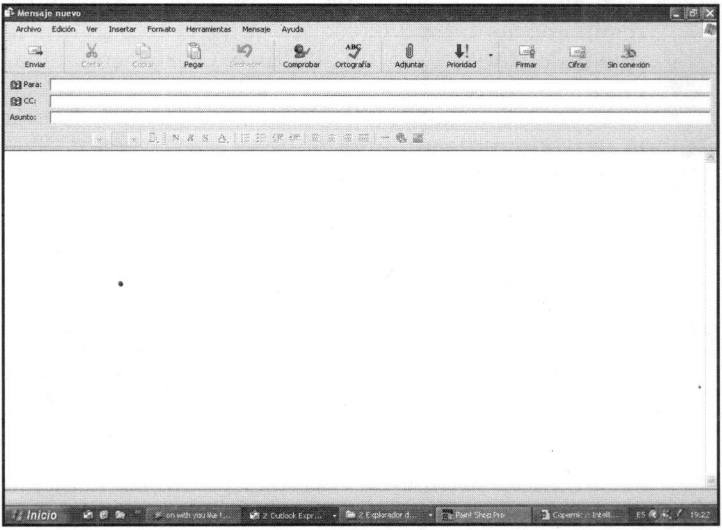

Figura 5.1.

- **Asunto:** es un resumen del mensaje. Permite al receptor saber de qué va el mensaje antes de abrirlo y así considerar si es de asunto prioritario o puede esperar un poco más. También le puede servir para su posterior clasificación y localización.
- **Cuerpo del mensaje:** es el mensaje en sí, la hoja de papel que se introduce en el sobre y que contiene el texto principal.
- **Adjuntar (Attachment...):** son los archivos incluidos con el correo. Pueden ser ficheros de texto, vídeo, ...

5.4.1. Algunos consejos relacionados con los correos

- La forma de "comportarse" y ética que ya explicamos en el capítulo 3 está totalmente vigente en los correos electrónicos.

- Un mensaje de correo electrónico puede durar "toda la vida". Después de estar muchos años guardado en el disco duro, estará "tan fresco" como el primer día. Incluso muchas empresas hacen con cierta frecuencia copias de seguridad o "backups" del servidor de correo, y estas copias se guardan indefinidamente. En resumen, no mande ni escriba ningún correo que le pueda "pasar factura" en el futuro. Ciertas conversaciones es mejor tenerlas en privado.
- Asegúrese cuando responda un correo que lo hace a la persona indicada, y no a una lista de gente. Muchas veces, los mensajes son enviados a muchas personas a la vez. Si usted responde sin tener en cuenta esta cuestión, puede llegar a hacerlo a todo el grupo, y no a la persona que quiere. No es raro que, por error, señale esta opción de "Responder a todos", y le traiga problemas más serios de los que pueda pensar.
- El "Asunto" del mensaje ayuda mucho, pero, relacionado con lo anterior, no sea demasiado "explícito" con determinados mensajes. Tenga en cuenta que la privacidad no es fácil.
- No sea críptico, pero tampoco se "enrolle". El correo electrónico le permite dejar las ideas lo suficientemente claras para que no haya que repetirlas, pero tampoco es necesario que escriba en exceso. Muchas veces, un mensaje largo puede conseguir que el receptor se "aburra" y no considere o lea la idea principal.
- Evite la ironía o el sarcasmo, o en todo caso use los "emoticonos" para señalar cuándo está bromeando y cuándo no. Tenga en cuenta que la otra persona no le ve la cara y puede malinterpretar sus "bromas".
- Intente conservar las reglas de ortografía y puntuación habituales en el lenguaje. No escriba tal y como piensa, sino como quiere que le lean. En definitiva, escriba igual que lo haría en una carta normal y corriente. Como máximo, se suele "perdonar" la falta de uso de acentos en las palabras, siempre debido a que determinadas versiones de los gestores de correo no las reconocen (en especial las versiones de habla inglesa). Pero, en la actualidad, cualquier programa está en español y mostrará las tildes perfectamente, por lo que no tiene "excusa".
- Si, después de todo, su mensaje es muy largo, deje espacios en blanco entre párrafos. De este modo, simplificará y hará más fácil la lectura. Intente colocar

las ideas principales al principio para evitar que su interlocutor las pueda pasar por alto.
- Escribir con mayúsculas todo el texto equivale a gritar. Baje la voz, por favor. En todo caso, ponga en mayúscula aquello que quiera resaltar o diferéncielo mediante texto en negrita.
- Y siempre, antes de enviarlo, reléalo. Se dará cuenta que, muchas veces, falta o sobra algo. Luego será tarde...

5.5. Software de correo electrónico

De igual forma que ocurría con los navegadores, los gestores de correo electrónico más utilizados son MS Outlook y Netscape Mail, aunque en este tema hay muchos más: Eudora, Pegasus, Exchange... Sin embargo, para facilitarle las cosas, haremos referencia a los dos principales y, después, le comentaremos otro muy interesante, IncrediMail, disponible en español y con opciones visuales muy atractivas.

5.6. Outlook Express

El programa de *Microsoft, Outlook Express,* es un programa cliente para conectar con servidores de correo. Con él podemos tener controladas nuestras cuentas de correo, añadir contactos en nuestra libreta de direcciones y bastantes opciones interesantes. Las nuevas versiones de este programa nos permiten tener varias cuentas de correo electrónico a la vez y gestionar todos sus mensajes.

5.6.1. Instalación

La instalación no se tratará en este capítulo. El motivo es que el programa viene con la instalación de *Internet Explorer 6.*

5.6.2. Antes de empezar

Para poder leer y enviar mensajes, es necesario configurar correctamente el programa, pues hay que identificarse con nuestro servidor de correo electrónico. Para ello, éste nos debe dar una serie de datos y así conseguir realizar la conexión.

Al arrancar por primera vez *Outlook Express*, lo normal es que nos aparezca un asistente para guiarnos en los pasos de introducción de datos. Si no es así, nos aparecerá entonces la ventana principal, como se ve en la figura 5.2.

Tanto si es la primera vez que se crea una cuenta, como para crear otra nueva, necesitamos abrir el asistente de introducción de datos para la conexión con el servidor. Seleccionamos Herramientas>Cuentas, y en el cuadro de diálogo que aparece, hacer clic en la ficha **Correo**, en el botón **Agregar** y seleccionar la opción Correo del menú contextual que aparece. Nos encontraremos con las siguientes pantallas:

1. La primera página del asistente nos pide el nombre que queremos que aparezca como remitente cuando reciban un correo nuestro. Se admiten espacios y caracteres especiales, como acentos, eñes y símbolos.

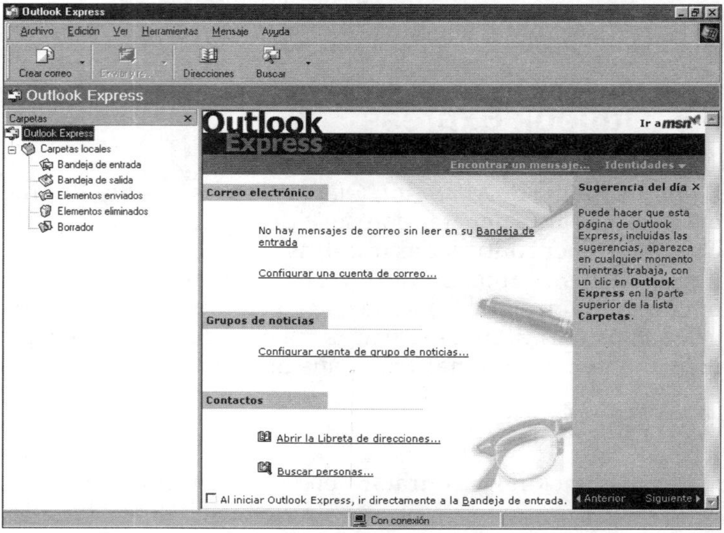

Figura 5.2. Nuestro gestor de correo *Outlook Express 6*

2. A continuación, nos pide nuestra dirección de correo. Es importante que esté bien escrita ya que es como nuestra dirección postal. No admite espacios y debe tener obligatoriamente un carácter de arroba (@) y un dominio detrás de ella (el de nuestro servidor de correo).

3. En el siguiente cuadro de diálogo (figura 5.3) nos piden los datos más técnicos, pero no por ello más difíciles. Nuestro servidor nos tiene que indicar cuál es el nombre de dominio (DNS) o el número IP que hay que escribir para el correo entrante como para el correo saliente. Además, para el correo entrante existen fundamentalmente 2 protocolos: el POP3, el más común, y el IMAP. El protocolo de correo entrante HTTP es el mismo que el de las páginas Web, y sirve para poder gestionar ciertos correos de páginas Web con este programa, como el correo Web de *Microsoft*, *Hotmail*.

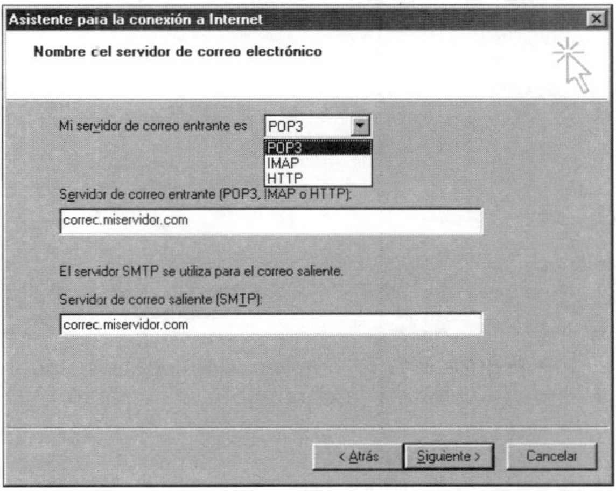

Figura 5.3. Información técnica sobre los servidores de correo entrante y correo saliente

4. Para acabar de introducir datos, en la figura 5.4 vemos lo que nos resta por configurar. En el nombre de cuenta debe aparecer el texto que hay a la izquierda de la arroba (@) en nuestra dirección de correo. Será como el nombre de nuestro buzón. La opción de recordar la contraseña es mejor no seleccionarla, a menos que seamos las únicas personas que accedamos a nuestro ordenador, ya que si la memorizamos, cualquiera podría leer nuestro correo (o cosas peores). Si no la introducimos nos la pedirá al conectarnos al servidor de correo. Es menos frecuente, pero si nues-

tro servidor necesita de una autentificación de contraseña segura (SPA) debemos activar la casilla de verificación para tal efecto.

5. Y este es el último paso, pues la siguiente pantalla nos comenta que ya hemos finalizado y que hagamos clic en el botón **Finalizar** para guardar la configuración.

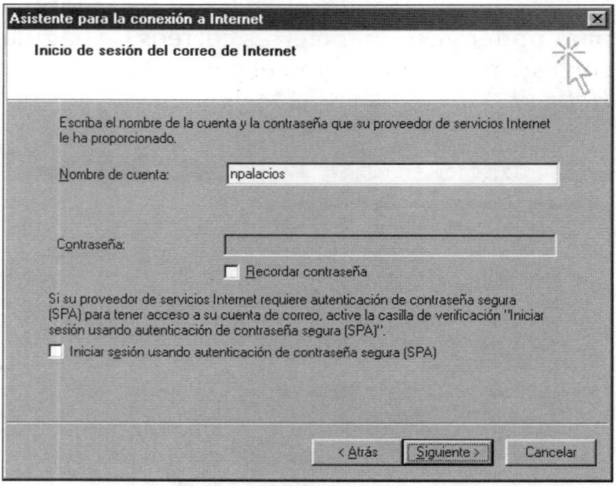

Figura 5.4. El nombre identificativo de la cuenta y la contraseña de acceso

5.7. Ventanas principales

El programa nos ofrece varias opciones para leer, organizar y enviar nuestro correo electrónico. Dependiendo de en qué carpeta estemos, la ventana principal de *Outlook Express* se dividirá en dos o tres partes. El panel que siempre veremos (a menos que la eliminemos) es la lista de carpetas (figura 5.5), a la izquierda. Existen una serie de carpetas obligadas que no se pueden eliminar ni modificar:

- Outlook Express: es la raíz del árbol de carpetas. Su misión es contener todas las cuentas de correo electrónico que tengamos instaladas.
- Carpetas locales: es la agrupación que simboliza una cuenta de correo de tipo POP. Si tenemos varias cuen-

tas tendremos varias de estas agrupaciones. Todos los mensajes y carpetas que haya dentro de este grupo querrá decir que están guardados de forma local, en nuestro equipo, y no se podrán leer desde otro ordenador.

- Bandeja de entrada: aquí se van almacenando todos los mensajes de correo de la cuenta POP correspondiente que vayamos recibiendo del servidor.
- Bandeja de salida: en esta bandeja se pueden dejar aquellos mensajes que queremos enviar más adelante. Así, si no tenemos tarifa plana, podemos escribir todos los mensajes que queramos enviar, los vamos guardando en esta bandeja y más tarde, al conectarnos, le decimos a *Outlook Express* que los envíe todos juntos, ahorrando en la factura del teléfono.
- Elementos enviados: está configurado por defecto el guardado de una copia de los mensajes que consiguen ser enviados a nuestro servidor de correo.

Advertencia: *El hecho de que lleguen los mensajes a nuestro servidor y se dé el mensaje por enviado no significa que lleguen a nuestro destinatario, esté o no en otro servidor de correo. Los acuses de recibo no son propios de los protocolos de correo SMTP (envío) ni POP3 o IMAP (recepción). El programa dispone de un acuse de recibo entre dos Outlook Express, que veremos en la configuración. De todas formas, si la dirección de correo del destinatario no existe, nuestro servidor nos lo notificará con un mensaje de correo generado por ordenador. Otra cosa es que sí exista pero nos equivoquemos de destinatario, o que nuestro mensaje llegue unos días tarde, por problemas entre la red y los servidores. Para esto, la única solución es el acuse de recibo.*

- Elementos eliminados: es una carpeta como la Papelera de Reciclaje de *Windows*, pero sin estar relacionada con ella. Los mensajes que borremos van a parar a esta carpeta. Para eliminarlos por completo, los eliminaremos desde esta misma carpeta.
- Borrador: si por algún motivo estamos redactando un mensaje y lo dejamos a medias, o si creamos un correo de plantilla para luego redactar varios correos en base a él, podemos almacenarlos en la carpeta Borrador.

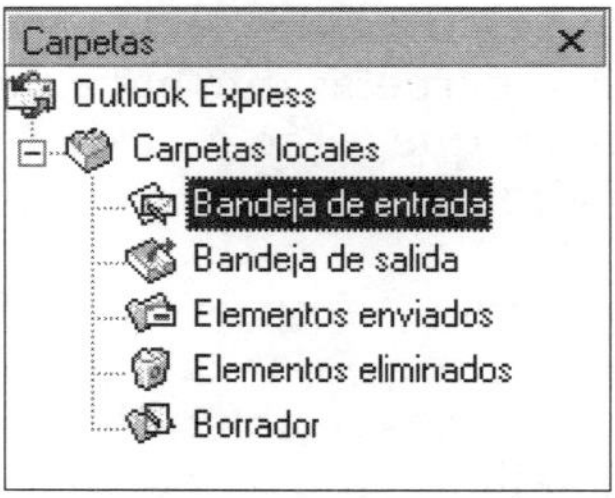

Figura 5.5. Árbol de carpetas locales de Outlook Express 6

Si están seleccionadas algunas de las carpetas que almacenan mensajes (como las 5 últimas comentadas), la sección de la derecha de la ventana de *Outlook Express* se dividirá en dos paneles horizontales más: el superior, dónde aparece una lista con los mensajes almacenados en la carpeta seleccionada, y el inferior, con el contenido del mensaje seleccionado.

En el panel de lista de mensajes (el superior), como el que aparece en la figura 5.6, cada fila de la lista está dividida en diferentes columnas, que se pueden ocultar o cambiar de orden. Según viene configurado *Outlook Express* por defecto, las columnas, de izquierda a derecha, son:

- Prioridad: Cuando se manda un mensaje, se le puede indicar al destinatario la importancia del mismo, mediante una prioridad. Si la prioridad es alta, aparece un mensaje de admiración en esta columna, indicando que el mensaje es urgente. Si por lo contrario, la prioridad es baja, indicado con una flecha hacia abajo, querrá dar a entender que lo puede leer más tarde.
- Datos adjuntos: aparecerá el icono de un clip si el mensaje trae con él archivos adjuntos.
- Marca: es una columna para que podamos marcar aquellos mensajes que consideremos importantes. Luego es posible ordenarlos por esta marca y tener agrupados aquellos que necesitemos destacar de los demás.
- De: aparece el nombre del remitente (a veces la dirección de correo electrónico).
- Asunto: es el título del mensaje, una pequeña descripción de su contenido o de su finalidad.
- Recibido: Es la fecha y hora en la que nuestro servidor de correo recibió el mensaje. No es la hora de

cuando leemos el mensaje ni la hora de cuando el remitente envió el mensaje.

Para configurar cuáles se ven, en qué orden y con qué tamaño, abriremos el cuadro de diálogo Columnas, en Ver>Columnas..., o haciendo clic con el botón derecho en la cabecera de la lista de mensajes (con los títulos) y seleccionando Columnas... en el menú contextual.

> *Truco: En la mayoría de las listas con cabecera de los programas para Windows, al hacer clic en el título de una columna, ésta se ordena ascendentemente por su contenido. Si hacemos clic por segunda vez, se invierte el orden. Además, si arrastramos un título a otro lugar, cambiará de sitio.*

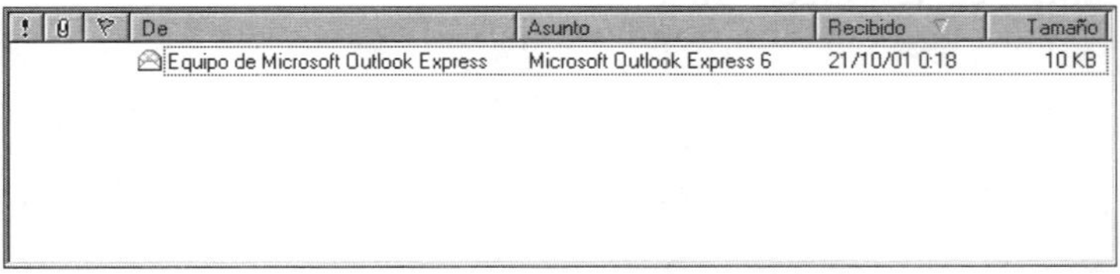

Figura 5.6. Panel de lista de mensajes

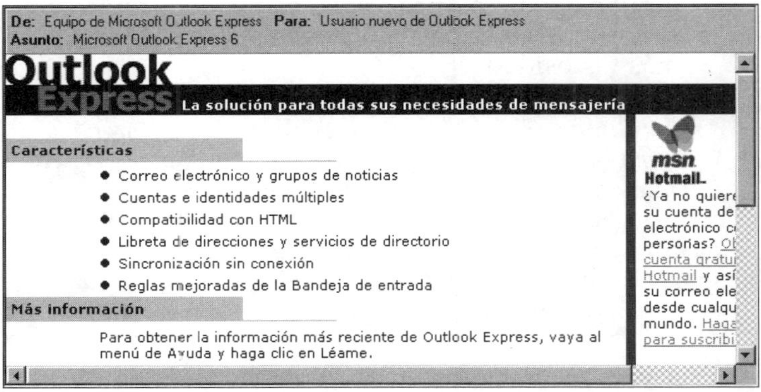

Figura 5.7. Panel de vista preliminar

El panel inferior es el de vista preliminar del mensaje. Aparecerá el contenido de aquel mensaje que esté seleccionado en la lista de mensajes superior. En la figura 5.7 vemos el contenido de un mensaje en su panel de vista preliminar.

5.8. Redactar un mensaje

A la hora de redactar un mensaje, hay que tener en cuenta que no necesitamos estar conectados para ello. Se puede escribir y mandar luego más adelante, sobre todo si no disponemos de tarifa plana.

Los mensajes de correo electrónico también han cambiado mucho. Antiguamente sólo era texto sin formato ninguno (texto plano); lo necesario para mandar información básica. Hoy en día, se ha añadido el lenguaje de creación de páginas Web HTML para crear mensajes con una gran riqueza visual, con imágenes, estilos, colores, tablas, etc. De hecho, lo normal es que se diseñe primero un documento como si fuese una página Web y luego se mande mediante correo electrónico.

Para la redacción de un mensaje:

1. Hacemos clic en la barra de herramientas, en el botón **Crear Correo**.
2. Nos aparecerá una nueva ventana como en la figura 5.8.
3. Si en lugar de hacer clic en el botón, lo hacemos en su menú desplegable, pegado a su derecha, podremos elegir un diseño de fondo predeterminado, elegir uno del disco duro o crear el nuestro propio como si fuese una página Web. Así, nuestro correo tendrá más vistosidad.

> ***Truco:*** *Si estamos en el navegador Internet Explorer 6 y queremos escribir un nuevo correo, en la barra de herramientas, se encuentra un botón llamado* ***Correo****, con un menú al hacer clic en él. Si elegimos la opción Nuevo mensaje... se ejecutará Outlook Express (si es nuestro programa de correo por defecto) con sólo la ventana de redacción Mensaje nuevo.*

Una vez que estamos en la ventana Mensaje Nuevo, debemos escribir en los siguientes cuadros de texto:

- Para: aquí debemos escribir el destinatario de nuestro mensaje, con una dirección de correo válida. Por ejemplo: marian@latinmail.com. Se pueden escribir varios destinatarios, separados por coma, punto y coma (;) o en nuevas líneas, pulsando la tecla **Intro**.

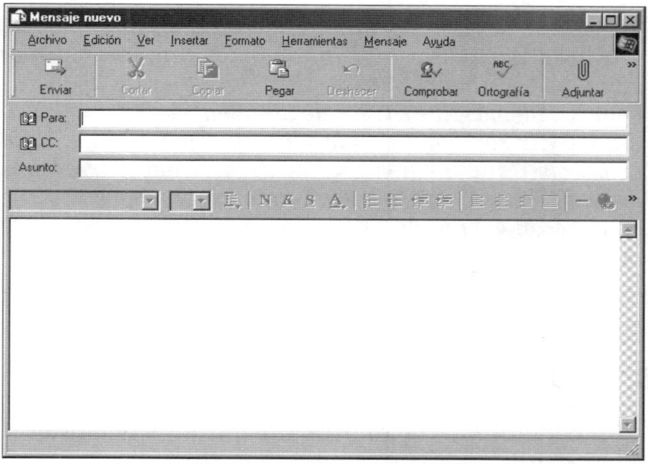

Figura 5.8. Cuadro de diálogo Nuevo Mensaje

- CC: se escriben los destinatarios a los que queremos enviar una copia del mensaje original. Se deben separar con coma, punto y coma (;) o con saltos de línea (**Intro**). Las personas que reciban cada copia también reciben una copia de la lista CC y de la lista Para.
- Asunto: es la cabecera del mensaje, el primer texto que se ve cuando reciben nuestro correo. No debe ser muy largo e indicar, el motivo del mensaje, o simplemente un saludo.
- Panel de vista previa: es el cuadro de texto de múltiples línea de más abajo, donde escribiremos nuestro mensaje. Se trata en realidad de un pequeño editor HTML, como las páginas Web, pues no sólo se escribe texto plano, si no que se le puede dar formato, incrustar imágenes, etc.

Existe otro cuadro que no se ve en un principio, llamado CCO. Para verlo hay que seleccionar Ver>Todos los encabezados.

Aquí se ponen las direcciones a las que se quiere enviar una copia del mensaje, pero de forma oculta. Las personas que reciban esas copias no sabrán a quién más se les ha enviado. Muy útil en casos como enviar un CV a varias empresas sin que cada una de ellas sepa a quién más se le ha enviado.

Truco: *Si según escribimos aparece algún nombre,* Outlook Express *estará intentando adivinar la dirección que escribimos, buscándola de la libreta de direcciones. Además, los títulos de los cuadros de texto Para, CC y CCO son botones que acceden a esta libreta. Para comprobar que los nombres que escribimos corresponden con personas registradas en la libreta, hacemos clic en el botón* ***Comprobar*** *de la barra de herramientas. De la Libreta de direcciones hablaremos un poco más adelante.*

5.8.1. Adjuntar archivos

Como ya dijimos en el primer capítulo, al mensaje se le pueden añadir archivos de cualquier tipo.

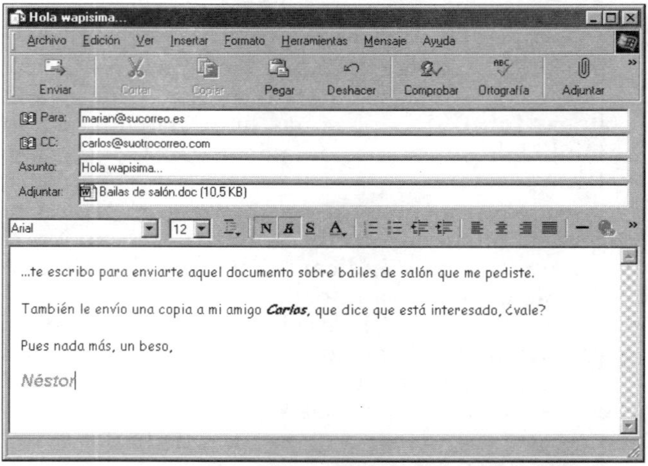

Figura 5.9. Ejemplo de mensaje redactado

A esta acción se le denomina *Adjuntar* y para conseguirlo:

1. Haremos clic en la barra de herramientas, en el botón **Adjuntar** (con un icono en forma de clip) o en Insertar>Archivo adjunto...
2. Para elegir el archivo o los archivos que se quieren adjuntar, nos aparece el cuadro de diálogo del sistema de archivos de *Windows*.

3. Debajo del cuadro Asunto: aparecerá otro, llamado Adjuntar: , con la lista de archivos que hemos ido seleccionando. Si nos arrepentimos y deseamos eliminar alguno, lo seleccionamos y pulsamos **Supr**.
4. Si queremos añadir más archivos, repetimos el proceso desde el primer paso.

En la figura 5.9 podemos ver un ejemplo completo de mensaje redactado.

5.8.2. Configurar el envío de mensajes

En la configuración del programa, tenemos una ficha exclusivamente para modificar opciones de los envíos. Para que aparezca esta ficha, en la figura 5.10, seleccionamos Herramientas>Opciones>Enviar.

En el apartado Enviar tenemos las casillas de verificación:

- Guardar copia de mensajes enviados en "Elementos enviados": de manera automática, los mensajes redactados guardarán una copia en la carpeta Elementos enviados, donde se almacenan por si los queremos volver a enviar.
- Enviar mensajes inmediatamente: al hacer clic en el botón **Enviar** de la ventana Nuevo mensaje, los mensajes se intentan enviar directamente al servidor de correo. Si no se activa esta casilla, los mensajes se guardan en la Bandeja de salida, hasta que decidamos enviarlos todos juntos.
- Agregar a la Libreta de direcciones a las personas a las que corresponda: una vez enviado el mensaje, el destinatario y su dirección formarán parte de un nuevo contacto de la Libreta de direcciones. No hay que escribir nada, pues lo realiza automáticamente.
- Completar automáticamente direcciones de correo electrónico al redactar: es el sistema que hace que vayan aparezcan posibles direcciones, según vamos escribiendo el nombre del destinatario en los cuadros de texto Para, CC y CCO.
- Incluir mensaje en la respuesta: al realizar la opción de responder a un mensaje, en el cuadro de texto con el contenido del mensaje de respuesta, también aparecerá el contenido del mensaje original, con algún carácter al principio de cada fila que lo diferencie,

como el símbolo matemático "mayor que" (>), o con una barra vertical en el margen izquierdo del texto.

- Responder a los mensajes en el formato en el que se enviaron: si el mensaje que queremos remitir nos lo enviaron con formato (html), la respuesta incluirá el texto con el mismo formato.

En el apartado Configuración de formato de envío de correo, tenemos la opción HTML, que permite que los mensajes que redactemos tengan formato como el de una página Web (con colores y tamaños en los textos, imágenes, tablas, etc.) o bien, la opción Texto sin formato, con lo que sólo podremos escribir mensajes con texto sencillo (llamado *texto plano*).

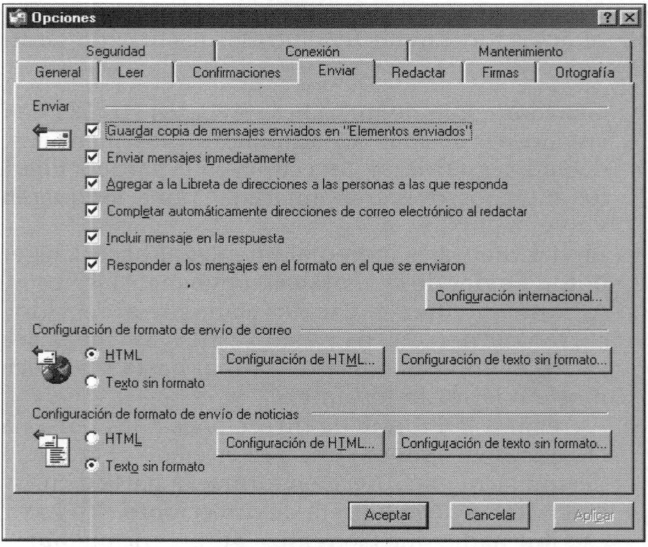

Figura 5.10. Ficha Enviar de la configuración de Outlook Express 6

> ***Advertencia:*** *Es poco probable, pero pudiera darse el caso de que quien lea el correo que estamos enviando posea un programa de correo muy antiguo, que no soportara este tipo de formato. Lo que recibirá será el código fuente de la página Web que hemos diseñado para enviarle el mensaje. Serán un conjunto de comandos y etiquetas de texto, con*

siglas y palabras en inglés, y por algún sitio, parte del texto de nuestro mensaje.

5.8.3. Firmas

La firma, en un mensaje de correo electrónico, no es el típico garabato que vemos en un cheque, si no un final o pié de mensaje, que se puede incluir de forma automática cada vez que redactemos uno nuevo. Es normal que en el correo electrónico de nuestra oficina se incluya una firma en la que aparezca nuestro nombre, nuestro cargo en la empresa, el nombre de ésta, el teléfono y el fax de contacto. Así, todos los mensajes serán un poco más profesionales. Con las firmas evitamos tener que escribir siempre la misma despedida.

Para activar y configurar las firmas que se incluirán en nuestros nuevos mensajes, iremos a la configuración del programa, en Herramientas>Opciones>Firmas. En esta ficha (figura 5.11), tenemos tres apartados:

- Configuración de la firma: aquí es donde se activa o desactiva la firma en los mensajes. Para ello, haremos lo propio con la casilla de verificación Agregar firmas a todos los mensajes salientes. Si la activamos, justo debajo tenemos activada la casilla No incluir la firma en las respuestas ni en los envíos.

Truco: *Es preferible dejarla activada, pues si no, cuando respondamos (o reenviemos) a los mensajes se junta el mensaje original con nuestra firma, al final del cuadro de redacción de la respuesta y puede llegar a ser un poco confuso.*

- Firmas: aparece una lista con las firmas que tengamos memorizadas, y una serie de botones para gestionarlas:

  - **Nueva**: se inserta una nueva firma en la lista, con un nombre por defecto.
  - **Quitar**: se elimina de la lista la firma seleccionada previamente.
  - **Cambiar nombre**: nos permite editar el cuadro de texto con el nombre de la firma.

- Modificar la firma: es dónde realmente creamos el contenido de la firma. Existen dos posibilidades:
  - Creamos la firma en el acto, escribiendo el texto de despedida de los mensajes. Debemos hacer clic en el botón de opción **Texto**.
  - Recuperamos la firma de un archivo, que puede ser de texto sencillo (.txt), o un pequeño fragmento de página Web (.htm, .html). Para buscar la imagen, hacemos clic en el botón de opción **Archivo** y el botón de su derecha **Examinar**, para buscar el archivo por el cuadro de diálogo del sistema de archivos de *Windows*.

En el último apartado, sea la cual sea la opción que elijamos, tenemos el botón **Establecer como predeterminada**, con el que elegimos cual de las firmas es la que aparecerá en todos los mensajes de salida. Con el botón **Opciones avanzadas**, elegimos qué cuenta de correo tendrá la firma que está seleccionada de la lista. Los mensajes de envío de esa cuenta incluirán esa firma, el resto incluirá la que exista por defecto.

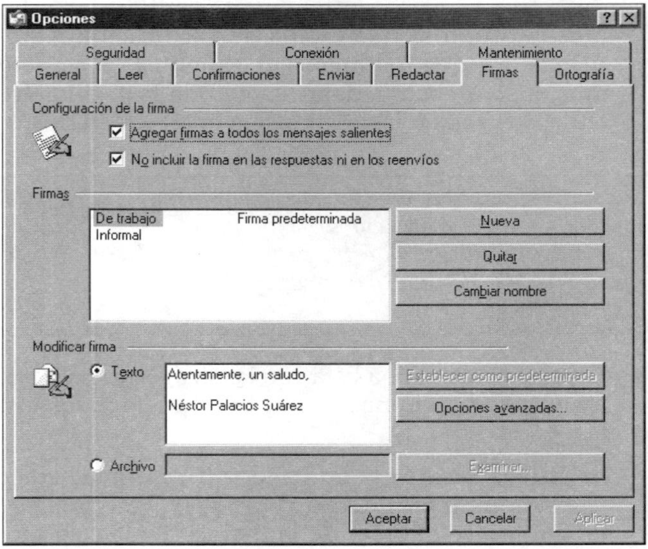

Figura 5.11. Ficha Firmas de la configuración de Outlook Express 6

Advertencia: Las firmas que se insertan al final del mensaje no son las firmas digitales. Una firma digital es un certificado compuesto de dos claves, para que el destinatario asegure que el correo viene de nuestra persona (como si fuese una firma real). Para adquirir una firma digital (Certificado digital) hay que contratarlos a empresas dedicadas a ello. Su uso es más bien profesional, para correo muy importante.

5.8.4. Ya lo he escrito, vamos a enviarlo

Para acabar, una vez escrito el mensaje, haremos clic al botón **Enviar** de la barra de herramientas. Esto hará que el mensaje se copie a la bandeja de salida. Si tenemos la conexión a *Internet* abierta, *Outlook Express* intentará enviar el correo de manera instantánea. Si no estamos conectados, la deja almacenada en la misma carpeta y cuando detecte la conexión, nos preguntará si queremos enviar los elementos de la bandeja de salida.

5.9. Leer el correo

Para leer el correo de nuestro buzón en nuestro servidor, existen varias posibilidades:

- Hacer clic en el botón **Enviar y Recibir** de la barra de herramientas.
- Acceder a Herramientas>Enviar y Recibir>Recibir todo.

Aparecerá un cuadro de diálogo informativo, como en la figura 5.12, indicándonos los procesos que se están llevando a cabo, y un indicador de cuánto falta para recibir todo el correo.

Truco:** Si nos encontramos navegando con* Internet Explorer *y queremos leer el correo, haremos clic sobre el botón* ***Correo *de la barra de herramientas y seleccionamos la opción Leer correo. Si nuestro programa de correo predeterminado es* Outlook Express, *éste se abrirá en su ventana principal y empezará a leer el correo.*

Una vez recibido el correo, podemos leer un mensaje haciendo clic en la cabecera de éste, y su contenido aparecerá en el panel de vista previa (el de debajo). A los 5 segundos de haberlo seleccionado, el mensaje pasará a marcarse como "leído", quitándose el estilo de letra negrita.

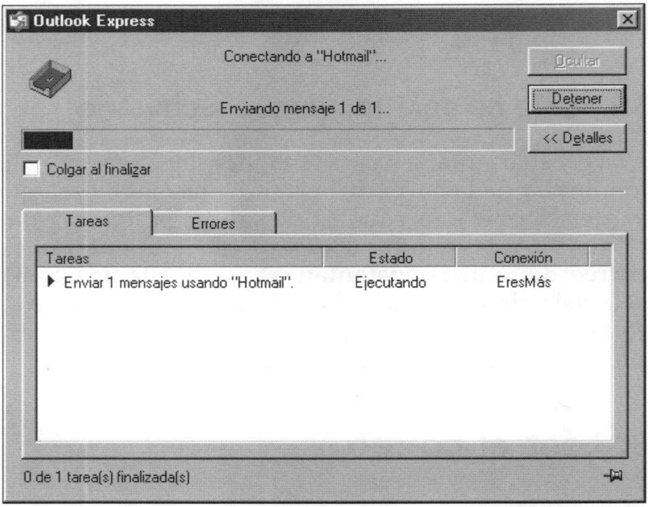

Figura 5.12. Diálogo de los procesos que se están llevando a cabo con los servidores de correo

Para más información, si hay mensajes nuevos (sin haberse leído antes), la carpeta Bandeja de entrada aparecerá con tipografía en negrita, y con el número de mensajes nuevos que faltan por leer entre paréntesis.

5.9.1. Este mensaje trae algo dentro

El mensaje que recibamos puede tener archivos adjuntos. Para abrirlos o guardarlos, en la ventana de mensaje, hacemos clic en el botón con forma de clip () en el lado derecho de la cabecera. Ahí nos aparecerá un pequeño menú (figura 5.13) con una lista de los archivos adjuntos y la opción Guardar datos adjuntos... Haciendo clic en algunos de los elementos de la lista, es como si lo hiciésemos en un hipervínculo en una página Web: nos aparecerá el típico diálogo, si queremos abrir el archivo en su ubicación original o guardarlo en disco directamente.

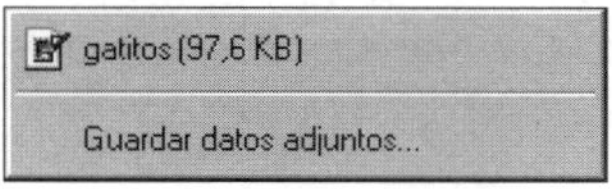

Figura 5.13. Menú de datos adjuntos

> *Advertencia: Aparecerá este diálogo si se le ha indicado anteriormente que nos pregunte qué hacer con ese archivo. Vea el capítulo de* Internet Explorer 6 *para más información sobre cómo guardar archivos.*

En el mismo menú, si seleccionamos la opción **Guardar datos adjuntos...**, nos aparecerá otro cuadro de diálogo, con la lista de archivos adjuntos. Aquí podemos seleccionar previamente los que queremos guardar y escribir el destino de almacenamiento.

5.9.2. Tiene correo nuevo

Outlook Express 6 nos puede avisar automáticamente cuando tenemos mensajes nuevos. Para ello, cada cierto intervalo de tiempo, conecta con el servidor de correo y comprueba si tenemos nuevo correo en nuestras cuentas.

Para configurar esta utilidad, debemos acceder a la configuración del programa, en Herramientas>Opciones> General. En este ficha (figura 5.14), tenemos el apartado Enviar y recibir mensajes, donde debemos:

1. Activar la casilla de verificación Comprobar mensajes nuevos cada N minutos.
2. Indicar el intervalo en minutos, para que *Outlook Express* contacte con el servidor (o servidores) de correo.
3. Si en esos intervalos no estamos en *Internet* y queremos forzar a que conecte telefónicamente, en la lista desplegable de debajo tenemos las opciones para realice la llamada, tanto en modo conectado como en desconectado.
4. Además, es posible que se reproduzca un sonido cuando llegue correo nuevo, por no estamos delante del ordenador y queremos que nos avise acústicamente.

Si así lo queremos, debemos activar la casilla Reproducir un sonido cuando lleguen mensajes nuevos.

Al recibir un nuevo correo, aparecerá un icono con un sobre ( ) en la barra de tareas de *Windows*, a la izquierda de la hora.

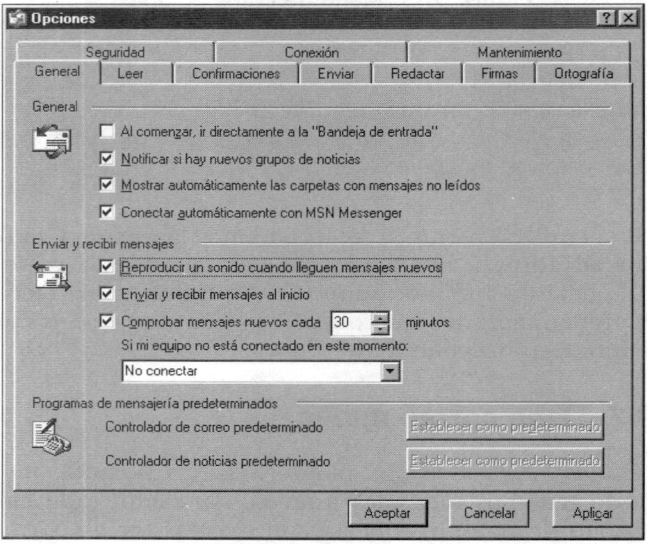

Figura 5.14. Ficha General de la configuración de Outlook Express 6

5.9.3. Acuses de recibo

Los protocolos de correo tienen un hueco importante en su funcionalidad, al no soportar la confirmación de que un mensaje ha llegado al destinatario y lo ha leído. Para intentar taparlo, *Outlook Express 6* dispone de un sistema de confirmación sencillo y efectivo. Para activar este servicio, accedemos a Herramientas>Opciones>Confirmaciones, activar a su vez la casilla Solicitar confirmación de lectura para los mensajes enviados.

En el caso que nos envíen esta confirmación desde otro cliente *Outlook Express*, tenemos tres opciones de respuesta:

- No enviar nunca la confirmación de lectura.

- Elegir si enviarla o no en un cuadro de diálogo que nos aparecerá.
- Siempre responder a la confirmación, con la excepción de que no lo haga en caso de que recibamos correo masivo o mensajes de listas de correo.

5.9.4. Más opciones de lectura de correo

En la ficha **Leer** de la configuración, en Herramientas> Opciones, tenemos en el apartado Mensaje como opciones más importantes:

- Los segundos de espera desde que un mensaje es leído hasta que se le da el estado de *Mensaje leído*, en la primera casilla de verificación.
- Si los mensajes se responden, y a su vez, se responden a las respuestas, todos ellos se agrupan. Se pueden expandir en forma de árbol automáticamente, activando la casilla de verificación Expandir automáticamente los mensajes agrupados.
- Si desactivamos la casilla Descargar automáticamente al verlo en la vista previa, evitaremos que nada más entrar en cualquier bandeja, al seleccionarse el primer mensaje nuevo, se vea de forma automática. En su lugar aparecerá en el panel de vista previa un texto que nos indica que no se descargó el mensaje todavía y nos insta a hacerlo, bien pulsando el espacio o haciendo clic en el hipervínculo aquí.

5.10. Responder al correo

Es común que, al recibir un cierto correo de alguien conocido, deseemos responderle.

Para ello, seleccionamos el mensaje que queremos responder y, en la barra de herramientas, tenemos los botones:

- **Responder**: nos abre la ventana de redacción Mensaje nuevo con la dirección del remitente en el cuadro Para:
- **Responder a todos**: aparece la misma ventana, con la dirección del remitente en el cuadro Para: y las direcciones de la lista CC: en su cuadro homónimo, en caso de que exista tal lista.

- **Reenviar**: con la misma ventana, no aparece ningún destinatario, sólo el contenido del mensaje seleccionado.

En los tres casos, con la configuración por defecto del programa, copia el contenido del mensaje que se va a responder o reenviar, y le añade el carácter (>) delante de cada línea, para identificar el texto del mensaje original del texto que vayamos a escribir.

> ***Truco:** El texto original puede ser modificado y borrado a nuestro gusto. Por ello, un interesante truco consiste en responder a los párrafos que nos han escrito, insertando nuestras opiniones o respuestas debajo de cada uno de ellos. Así, quien lo lea tendrá la impresión que ha estado conversando con nosotros y podrá seguir el hilo de lo que escribió en su mensaje original.*

5.11. Organización: las carpetas

Como la carpeta Bandeja de entrada es insuficiente para almacenar el correo de varios destinatarios y categorías, lo ideal es crear carpetas definidas por el usuario, que pueden cambiar de nombre, eliminarse y crearse unas dentro de otras.

> ***Truco:** Si nos equivocamos de lugar donde crear la carpeta, no tenemos que borrarla y volverla a crear. Basta con que movamos la carpeta a la otra localización, como indicamos en el siguiente apartado.*

Se pueden crear por categorías (trabajo, familiares, amigos, etc.), por nombres de remitentes, o por las dos cosas. Lo importante es no mezclar mensajes, porque aunque al principio parezca que son pocos, más tarde, según se van acumulando, es difícil de buscar y recuperar uno en concreto.

Para crear una nueva carpeta:

1. Haga clic con el botón derecho en la carpeta que quiera que sea su contenedora, y seleccione la opción Nueva Carpeta... (o seleccione Archivo>Nuevo>Carpeta).

2. En el cuadro de diálogo que aparece (figura 5.15), escriba el nombre de la carpeta. Si desea que el contenedor de la carpeta sea otra a la seleccionada, haga clic en una de las que aparecen el árbol de más abajo.

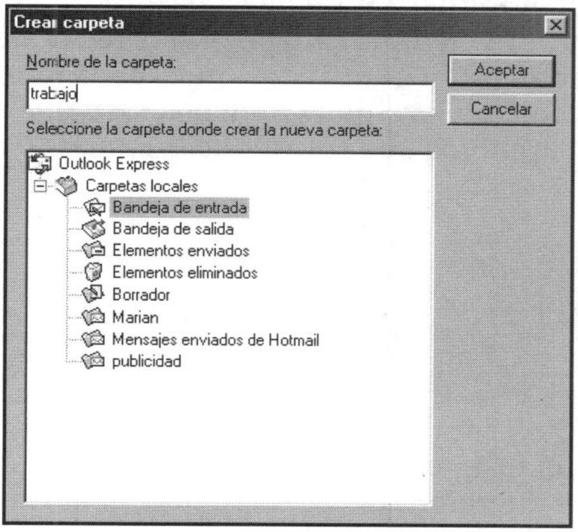

Figura 5.15. Cuadro de diálogo para crear una nueva carpeta

5.11.1. ¿Qué hago con los mensajes?

Para mover los mensajes de la bandeja de entrada a una de las carpetas que hayamos creado (o de cualquier carpeta a otra), podemos hacerlo de varias formas:

- Arrastrando el mensaje o los mensajes seleccionados, soltándolos a la carpeta deseada.
- Haciendo clic con el botón derecho en el/los mensaje/s, elegir la opción Mover a la carpeta..., seleccionar la carpeta destino y hacer clic en **Aceptar**.

Si lo que deseamos es eliminarlos, seleccionamos el o los mensajes y pulsamos la tecla **Supr**, o bien, hacemos clic con el botón derecho encima de los mensajes seleccionados y elegimos Eliminar.

> ***Truco:*** *Para seleccionar todos los mensajes, hacemos clic en Edición>Seleccionar todo, o bien pulsamos la combinación* ***Control-E****.*

5.12. Guardar los mensajes

Los mensajes que leemos de las carpetas locales ya están guardados previamente en el disco duro de nuestro ordenador. Si deseamos guardar un mensaje en algún otro soporte (un disquete, por ejemplo), no podemos recuperarlos directamente donde estén guardados, pues cada mensaje no corresponde con un archivo. Son las carpetas las que se guardan en archivos que sólo *Outlook Express 6* es capaz de leer.

> ***Truco:*** *Si deseamos cambiar la ubicación donde* Outlook Express 6 *guarda los mensajes, debemos acceder a Herramientas>Opciones>Mantenimiento>Carpeta de almacén y ahí escribir la nueva carpeta.*

Aún así, el programa nos ofrece una manera de extraer el mensaje que queremos de una carpeta y guardarlo de forma local en un archivo separado. La forma de conseguirlo es seleccionando un mensaje de la lista de mensajes, y seleccionar la opción Guardar como... del menú Archivo. El cuadro de diálogo que aparecerá será el estándar que tiene *Windows* para elegir la localización del destino y el nombre del archivo en el sistema de archivos del sistema operativo. Dependiendo del tipo de contenido, aparecerán unos u otros tipos de archivo distintos (con sus extensiones distintas). En la figura 5.16 podemos ver todos los tipos:

- Correo (*.eml): es el formato de archivo para guardar mensajes completos, con sus adjuntos, estilos, fechas, remitentes... con todo. Se guarda una copia exacta de lo que se ve del mensaje dentro del programa.
- Archivos de texto (*.txt): se exporta el contenido del mensaje en un archivo de texto plano.
- Archivos de texto Unicode (*.txt): es idéntico al anterior, pero utilizando un sistema de codificación de caracteres universal, llamado *Unicode*. Con este sistema podríamos leer mensajes escritos con cualquier caligrafía, como la árabe, la coreana o cualquier otra.
- Archivos HTML (*.htm, *.html): si el mensaje se compone de alguna imagen o estilo, esta opción estará disponible para guardar el mensaje como una documento Web, con el lenguaje HTML. Una vez guardado, al ha-

cer doble clic sobre el archivo, veremos el contenido del mensaje abierto en el navegador por defecto.

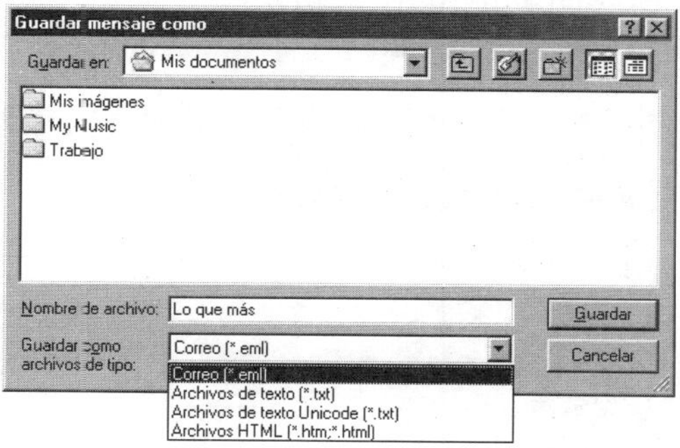

Figura 5.16. Cuadro de diálogo Guardar como... con los formatos de archivos disponibles para guardar nuestro mensaje

5.12.1. Guardar como plantilla

Si el mensaje está escrito con estilos (en HTML) y tiene un diseño de fondo, se puede guardar como una plantilla para la redacción de mensajes nuevos. Esta opción es muy útil si nos interesa crear muchos mensajes de correo electrónico con el mismo formato de letra, imágenes, tamaños, etc.

Para ello, seleccionamos el mensaje a guardar como una plantilla y accedemos al menú Archivo y seleccionamos la opción Guardar como diseño de fondo..., donde un cuadro de diálogo nos pedirá que guardemos el mensaje en un archivo .html. En la lista de archivos aparecen las otras plantillas.

5.13. Imprimir

Es normal que deseemos imprimir aquel mensaje de trabajo importante con los últimos cambios sobre un proyecto, y releerlo con más calma en el papel, o dejar impreso un mensaje enviado por una persona especial. Sea por el motivo que sea, siempre tenemos la posibilidad de imprimir el contenido de un mensaje.

Las formas de conseguirlo son varias, pero las habituales son, seleccionando primero el mensaje (o mensajes) de la lista de mensajes de una carpeta y hacer clic con el botón derecho, eligiendo la opción Imprimir. También en Archivo>Imprimir... o al pulsar la combinación de teclas **Control-P**.

El cuadro de diálogo que aparecerá será el que aparece en la figura 5.17, donde tenemos estas opciones:

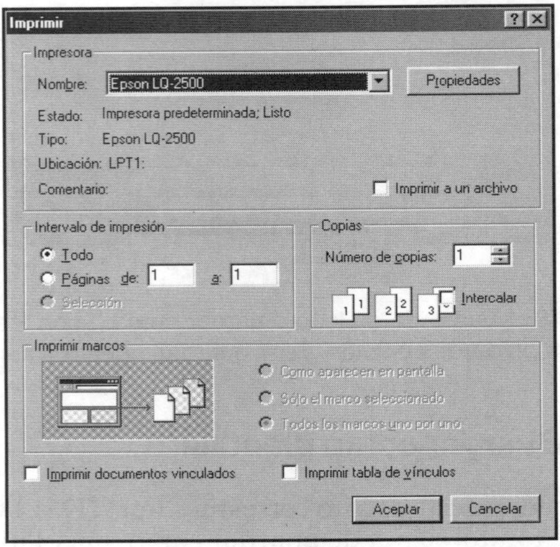

Figura 5.17. Cuadro de diálogo de impresión de un mensaje

- En el área Impresora, tenemos la posibilidad de:
  - En la lista desplegable Nombre elegimos la impresora con la que queramos imprimir (en una oficina es normal tener varias impresoras configuradas, estén conectadas a nuestro equipo o a la red local).
  - Mediante el botón **Propiedades**, acceder a la configuración de impresión que depende exclusivamente del modelo y del fabricante de la impresora.
  - Imprimir en un archivo, para que se pueda más tarde imprimir desde otro ordenador.

- En el área Intervalos de impresión, elegir si queremos imprimir todas las páginas que ocupará el mensaje en papel, o sólo un rango de páginas indicado. Si tenemos parte del mensaje seleccionado, podemos imprimir sólo esa selección.

- En el área Copias, indicar el número de copias que queremos imprimir. Lo normal es imprimir una copia detrás de otra, pero si tenemos un organizador en la impresora, podemos intercalarlas, o sea, que aparezcan todas las primeras páginas juntas, luego las segundas, etc.

- Si el mensaje es un documento Web con marcos, en el área de Imprimir Marcos, imprimirlos de diferentes maneras:
  - Como si no hubiera marcos, con el aspecto global del documento Web del mensaje.
  - El marco que esté activo, para lo cual tenemos que hacer clic en alguna parte del marco.
  - Todos los marcos por separado, cada uno en una página independiente.
- Por último, fuera de toda área, elegir si queremos imprimir los documentos vinculados en las direcciones de todos los hipervínculos que almacena el documento Web que formase el mensaje. También si queremos imprimir la lista de esas direcciones. Para ello, debemos activar las casillas de verificación Imprimir documentos vinculados e Imprimir tabla de vínculos, respectivamente.

5.14. Libreta de direcciones

Es lo más parecido a una agenda telefónica convencional, con la diferencia que en ella, los teléfonos se substituyen por direcciones de correo electrónico. Gracias a ella, podemos escribir mensajes a las personas que conozcamos sin tener que acordarnos de sus direcciones, sólo de sus nombres.

> ***Nota:*** *En la libreta de direcciones, la ficha de una persona puede almacenar mucha más información que su nombre y dirección de correo electrónico como el teléfono por ejemplo. Pero por motivos de contenido, nos centraremos en la utilidad de recordar sólo direcciones de correo.*

La manera más rápida de insertar direcciones es responder a un mensaje. De forma predeterminada, *Outlook Express* guarda la dirección del remitente del mensaje en la libreta. Si no le queremos responder pero, aún así, queremos memorizar su dirección, en la lista de mensajes, seleccionamos el mensaje en particular, hacemos clic con el botón derecho y elegimos Agregar remitente a la Libreta de direcciones (también está disponible esta opción en el menú Herramientas).

Ahora, gracias a las direcciones almacenadas, es más fácil redactar un mensaje nuevo. En la ventana de redacción Mensaje nuevo:

- Escribimos las primeras letras del nombre del destinatario en los cuadros Para o CC. Irán apareciendo nombres que corresponden con los almacenados en la libreta. Si vemos el nombre que queríamos, basta con pulsar **Intro** o avanzar al siguiente cuadro.

> ***Advertencia:*** *Outlook mandará el mensaje a la dirección almacenada en ese nombre, no al texto que hemos escrito.*

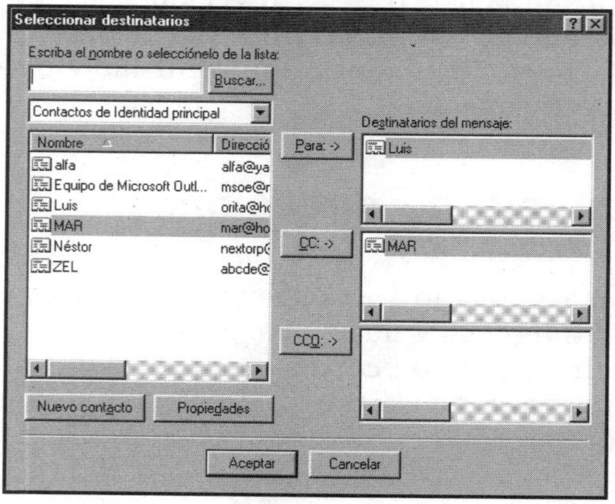

Figura 5.18. Cuadro de diálogo para seleccionar los destinatarios del mensaje que estamos redactando

O bien:

- Pulsamos el botón **Para** o **CC**, con los que abriremos el cuadro de diálogo Seleccionar destinatarios de la figura 5.18.
- Escribimos en el cuadro de texto las letras del nombre de la persona a la queremos escribir o lo buscamos en la lista de más abajo y lo seleccionamos.

- Hacemos clic en los botones **Para, CC** o **CCO**, y veremos como el nombre de la lista se copia en su respectivo cuadro de texto.
- Hacemos clic en **Aceptar** o pulsamos **Intro**. Los destinatarios aparecen en los cuadros de texto correspondientes de la ventana Mensaje nuevo.

> ***Truco:*** *Desde este cuadro de diálogo Seleccionar destinatarios se pueden gestionar los registros almacenados de la libreta, con los botones* ***Nuevo contacto*** *y* ***Propiedades****, de la misma manera en que se indica en el siguiente apartado.*

5.14.1. Gestión de la libreta

Para realizar una inserción a mano o modificar el registro de una dirección ya existente, haremos clic en el botón **Direcciones** de la barra de herramientas y donde aparecerá nuestra lista de direcciones almacenada (figura 5.19).

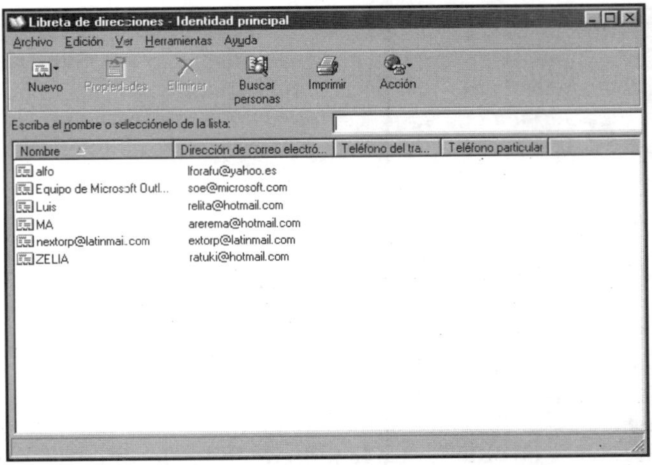

Figura 5.19. Listado de las direcciones almacenadas en la Libreta de direcciones

Haciendo clic en el botón **Nuevo** y en su opción Nuevo contacto... accedemos a las propiedades de un nuevo contacto en la ficha **Nombre** (figura 5.20). En la misma ficha aparecerá la información a modificar de un registro de la libreta. Lo conseguiremos si previamente hacemos doble clic en un contacto de la lista de direcciones, o seleccionándolo y haciendo clic en el botón **Propiedades**.

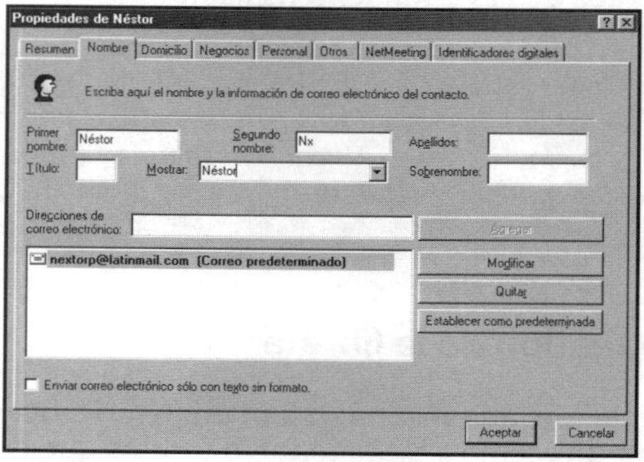

Figura 5.20. Ficha Nombre con los datos personales de un contacto de la Libreta de direcciones

> ***Truco:*** *Desde esta misma ventana podemos mandar un correo a cualquier contacto de la lista. Basta seleccionar uno de ellos (o varios), pulsar el botón* ***Acción*** *y elegir Enviar correo de su menú desplegable, o bien, hacer clic con el botón derecho en el propio contacto y elegir Acción>Enviar correo.*

5.15. Buscar un mensaje

Puede llegar el momento, sobre todo si no hemos organizado muy bien los mensajes en carpetas, que necesitemos buscar un mensaje dentro de un grupo numeroso de ellos.

Podríamos obtener un listado de todos los mensajes que nos escribió una persona en particular, o los que estén entre dos fechas, por ejemplo.

Para obtener poder realizar una búsqueda de mensajes, tenemos que acceder al cuadro de diálogo Buscar mensaje, que podemos ver en la figura 5.21, mediante Edición> Buscar>Mensaje...

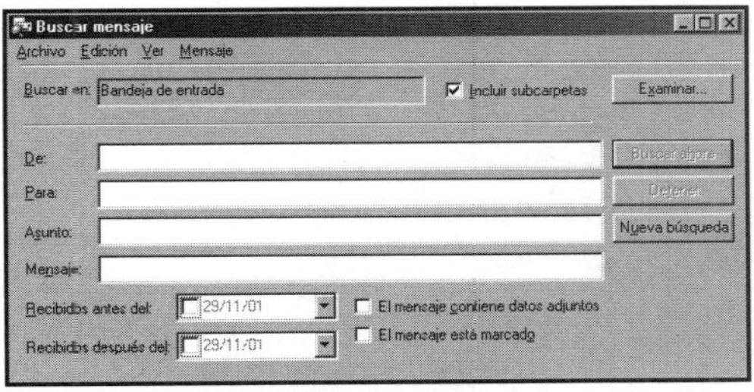

Figura 5.21. Cuadro de diálogo Buscar mensaje para recuperar mensajes a través de unos criterios

En el cuadro de diálogo podemos elegir como criterios de búsqueda:

- De: el programa buscará por el nombre del remitente o su dirección de correo. Si escribiremos "pa" encontrará aquellos nombres que contengan esa sílaba, como "Pablo", "Amparo", etc.
- Para: la búsqueda será por el nombre o dirección de correo del destinatario.
- Asunto: en los resultados aparecerá la palabra escrita en este cuadro de texto dentro del asunto del mensaje.
- Mensaje: lo dicho para el asunto se aplica al contenido del mensaje.
- Recibidos antes del: este cuadro de lista está compuesto por una casilla de verificación, para activar si queremos en los resultados los mensajes antes de la fecha de la derecha. Esta fecha se puede editar a mano, escribiendo dentro del mismo cuadro. Pero si hacemos clic en el botón de la lista, a la derecha, aparecerá un calendario muy vistoso y práctico, como el de la figura 5.22. En él nos podemos manejar mejor por los días de cada mes.
- Recibidos después del: todo lo dicho es utilizado en este campo, sólo que la condición de búsqueda de los mensajes es para los que tienen fecha superior a la indicada en el cuadro de lista.
- El mensaje contiene datos adjuntos: si activamos esta casilla de verificación, sólo aparecerán los mensajes que tengan como mínimo un archivo adjunto.
- El mensaje está marcado: los mensajes se marcan para darles una importancia mayor que al resto. Si queremos buscar aquellos que en su momento marcamos

por ser importantes, debemos activar esta casilla de verificación.

Nota: Para marcar un mensaje, debemos primero seleccionar su título de la lista, y en el menú Mensaje, seleccionar la opción Marcar mensaje.

Figura 5.22. Calendario para elegir una fecha en la búsqueda de mensajes

5.16. Filtrar los mensajes que recibimos

El servidor de correo POP no entiende de carpetas. La única función que tiene asignada es enviar nuestros mensajes y mandarnos el correo que tiene en nuestro buzón. Por defecto, es el programa cliente, *Outlook Express 6*, el que se encarga de mandar todos los mensajes a la Bandeja de entrada. Pero esta función se puede modificar. Sería de utilidad para los casos en los que se recibe mucho correo y recibir todo en la misma bandeja sería como formar un gran montón de mensajes mezclados. Para decidir qué mensajes provenientes del servidor de correo van a qué bandejas o qué se hacen con ellos (borrarlos, marcarlos, etc.), se deben activar las Reglas de mensajes de correo.

Para crear una nueva regla, debemos seleccionar Herramientas>Reglas de mensaje>Correo..., con lo que aparecerá el cuadro de diálogo Regla de correo nueva. En él se nos dice que sigamos estos cuatro pasos, aunque nosotros los elegiremos en distinto orden:

1. En el apartado número 1, seleccionamos las condiciones que se van a evaluar en la regla de mensaje. Hay una gran variedad, pero las más comunes suelen ser La línea De contiene personas y El tamaño del mensaje es superior a tamaño (por ejemplo).

2. En el apartado número 3, se eligen entonces los valores de la condición, que dependen totalmente del tipo de ésta. Si la condición es La línea De contiene personas, los valores de la condición serán elegir nombres de personas. Para ello, en el cuadro de texto del apartado, hacemos clic en el hipervínculo de color azul contiene personas, para que nos permita escribir las personas que queremos que aparezcan en la condición. Para el resto de condiciones es algo parecido.

> ***Truco:*** *Si elegimos varias condiciones para la regla, en el apartado número 3 aparecerá entre las frases de las dos condiciones una palabra y que a su vez es un hipervínculo. Permite hacer clic sobre él para poder elegir la palabra y (los mensajes cumplen todos los criterios) o la palabra o (los mensajes cumplen alguno de los criterios).*

3. Una vez elegida la o las condiciones con sus valores, indicamos la acción o acciones a realizar, en el apartado número 2. También existe gran variedad de elementos a elegir, entre los cuales, los más comunes son Moverlo a la carpeta especificada, Eliminarlo o Reenviarlo a personas. Si elegimos la opción Moverlo a la carpeta especificada, en el apartado número 3 aparecerá una frase con un hipervínculo de color azul con la palabra especificada. Si hacemos clic sobre él nos permitirá elegir la carpeta a la que se moverán los mensajes que cumplan el criterio (o criterios).
4. Por último, hace falta poner un nombre identificativo para la regla esta regla en particular.

En la figura 5.23 tenemos un sencillo ejemplo de regla para direccionar los mensajes de publicidad de un portal de viajes a una carpeta llamada Publicidad.

> ***Truco:*** *Otra manera rápida de crear una regla es con un mensaje de una carpeta. Si seleccionamos uno de la lista de mensajes y seleccionamos Mensaje>Crear regla desde mensaje..., nos aparecerá el mismo cuadro de diálogo de la figura 5.23 anterior, con la condición activada "La línea De contiene" y la dirección del remitente del mensaje que seleccionamos.*

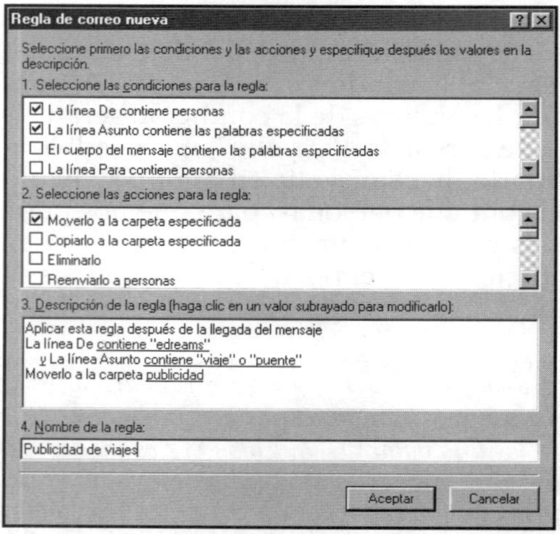

Figura 5.23. Cuadro de diálogo para crear una nueva regla de correo

Una vez creadas la regla, aparecerá a partir de ahora el cuadro de diálogo Reglas de mensaje, de la figura 5.24. En él aparecen una lista con los nombres de las reglas creadas y una casilla de verificación a su izquierda para activar o desactivar la regla sin tener que eliminarla. En los botones de la derecha tenemos las posibles acciones:

- **Nueva**: aparece de nuevo el cuadro de diálogo Regla de correo nueva, para crear otra regla más.
- **Modificar**: el mismo cuadro de diálogo, pero con las condiciones y acciones de esta regla, y así poder editarlas.
- **Copiar**: se duplica la regla seleccionada.
- **Quitar**: se elimina la regla seleccionada.
- **Aplicar ahora...**: trata de aplicar las reglas activadas a la bandeja que le indiquemos en el cuadro de diálogo que abre para la ocasión. Es una manera de aplicar el filtro inmediatamente, con los mensajes que ya hay guardados. Así automatizamos el proceso de organización de todos nuestros mensajes.

Los botones inferiores **Subir** y **Bajar** ordenan las reglas. Las más importantes deben ir más arriba, pues unas reglas podrían chocar con otras y hacer diferentes acciones con diferentes criterios que coinciden en un mismo mensaje. En caso de colisión de los criterios, siempre tendrá prioridad la regla que esté más arriba.

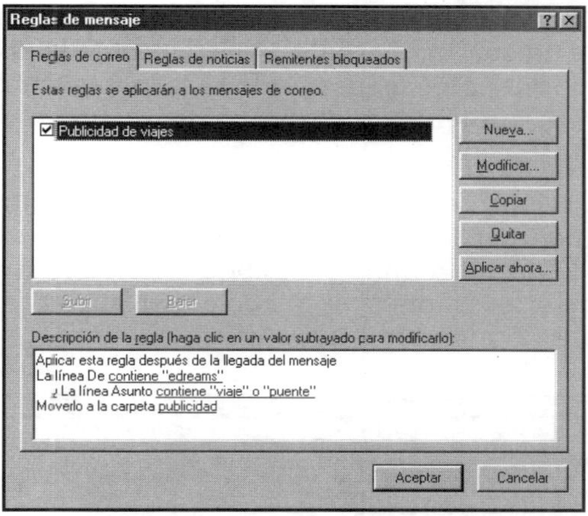

Figura 5.24. Cuadro de diálogo con la lista de reglas de correo creadas

5.16.1. Correo no deseado

El tener una dirección de correo electrónico es como tener un teléfono; alguien no deseado puede conseguir nuestra dirección y escribirnos sin que queramos. El tener el control sobre la privacidad de nuestra cuenta de correo es algo muy de agradecer. Este control no lo hace el servidor de correo, sino nuestro programa cliente *Outlook Express 6*.

> ***Nota:*** *Si hemos leído el apartado anterior, veremos que podemos filtrar los mensajes de un cierto remitente y eliminarlos cuando los recibamos. El correo no deseado hace lo mismo, pero de una manera mucho más rápida y accesible.*

Bloquear un remitente significa que todos los mensajes que nos lleguen del servidor con el remitente indicado se borrarán directamente, pasando a la Papelera. Para bloquear un remitente:

1. Seleccionamos un mensaje de la lista cuyo remitente queremos bloquear.

2. Seleccionamos la opción Bloquear remitente... del menú Mensaje.
3. Automáticamente se habrá añadido el remitente en la lista de remitentes bloqueados, tal y como nos comunica un cuadro de diálogo. Éste nos da la posibilidad de eliminar los mensajes de la carpeta actual que tengan el remitente que se acaba de bloquear.

Para modificar esta lista y borrar de ella algún remitente del que queremos recibir mensajes, tenemos que abrir el cuadro de diálogo de la figura 5.25, en Herramientas>Reglas de mensaje>Lista de remitentes bloqueados. En él podemos agregar más direcciones de correo electrónico a la lista, borrar la que seleccionemos o modificarla.

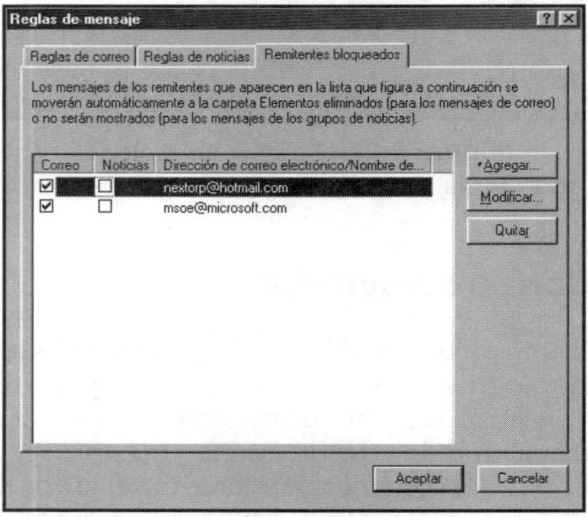

Figura 5.25. Cuadro de diálogo con la lista de remitentes bloqueados y su administración

5.17. Ordenador compartido: identidades

Las identidades en *Outlook Express 6* son una manera de administrar distintos perfiles de usuarios con el mismo programa. Cada perfil tendrá sus propios mensajes, bandejas, opciones, reglas de mensaje etc. Es como tener un programa distinto para cada usuario.

Esta opción es necesaria desde que existen ordenadores de carácter público, en cybercafés, salas de Internet, compartidos en una oficina, etc. y usarán el correo muy diversas personas. Si cada persona tiene asignado un perfil, no creerá que el programa "esconde" los mensajes y configuración de otros usuarios.

Para administrar y crear un nuevo perfil, seleccionamos Archivo>Identidades>Administrar identidades (o Agregar identidad nueva... si lo queremos realizar directamente). El cuadro de diálogo de administración de identidades será el de la figura 5.26. En él aparecen las identidades existentes, con la posibilidad de crear una nueva, eliminarla y modificar sus propiedades, con los botones **Nuevo**, **Quitar** y **Propiedades** respectivamente. Además, aquí se puede elegir la identidad con la que queremos que arranque cada vez el programa *Outlook Express 6*, en la casilla de verificación Usar esta identidad al iniciar un programa. En caso de que no se elija la identidad al arrancar, se puede elegir cuál es la predeterminada en el cuadro de lista desplegable de la parte inferior.

Para agregar una nueva identidad:

- Hacemos clic en el botón **Nuevo**. En el cuadro de diálogo qua aparece escribimos el nombre identificativo del perfil que queremos crear.
- Tenemos la posibilidad de crear una contraseña para que la pida cada vez que un usuario quisiese entrar en nuestra identidad o modificar alguna información de ésta. La contraseña sólo ofrece protección a la hora de acceder a los mensajes desde el programa. Los archivos guardados en disco pueden ser copiados por cualquier persona y releídos con otro programa de *Outlook Express 6*.
- Una vez añadida la identidad, el programa nos pregunta si queremos cambiar a la nueva identidad. Si así es, veremos cómo el programa se reinicia, se formatea por completo y aparece como si estuviera recién instalado, sin ningún mensaje. Además, como aparece como un programa nuevo, el asistente de conexión al servidor de correo nos pedirá la información de nuestra cuenta. En el principio del capítulo hemos comentado estos pasos.

Para cambiar de identidad en cualquier momento, sólo tenemos que seleccionar Cambiar identidad del menú Archivo. En el cuadro de diálogo que aparece podemos elegir de la lista de identidades cuál es a la que queremos ir. Si queremos cerrar la sesión de la identidad actual, para el programa significará que no se requiere información específica de ningún perfil, y, por tanto, arrancará la identidad por defecto.

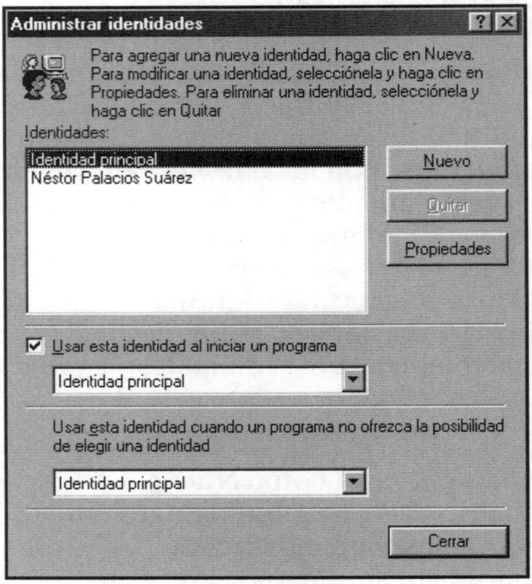

Figura 5.26. Cuadro de diálogo de administración de las identidades de Outlook Express 6

5.18. Microsoft *Hotmail*

Disponemos de cientos de sitios Web que nos ofrecen correo gratuito a través de sus páginas. Las ventajas de este servicio son que no necesitamos configurar ningún programa, solamente necesitamos introducir una serie de datos para poder tener nuestra cuenta de correo personal.

Hotmail fue uno de los primeros (por no decir el primero) de los sitios Web que ofrecía correo electrónico gratuito, toda una novedad por los tiempos que corrían. Originalmente era propiedad de una pequeña compañía formada por unos cuantos estudiantes. Su imaginación no pudo prever el crecimiento tan fuerte que iba a tener la demanda de este servicio. Llegó a convertirse en el líder del correo gratuito en toda la red.

Microsoft, por aquella época, necesitaba hacerse un hueco que no tenía en *Internet*, y qué menos que con el servidor de correo Web más famoso. La compañía adquirió *Hotmail* y la modernizó hasta conseguir una calidad y velocidad de acceso casi idénticas que con el clásico correo POP. Su página Web ha ido teniendo sucesivos cambios de *look*, hasta el último, en verano del 2001. Éste es el más espectacular y sencillo a la vez, siguiendo con el tono del resto de programas y portales de la empresa. Hoy, después de varios años, sigue siendo el líder en número de cuentas de correo Web gratuito en el mundo. Podemos ver su página principal, accesible mediante la dirección www.hotmail.es, en la figura 5.27.

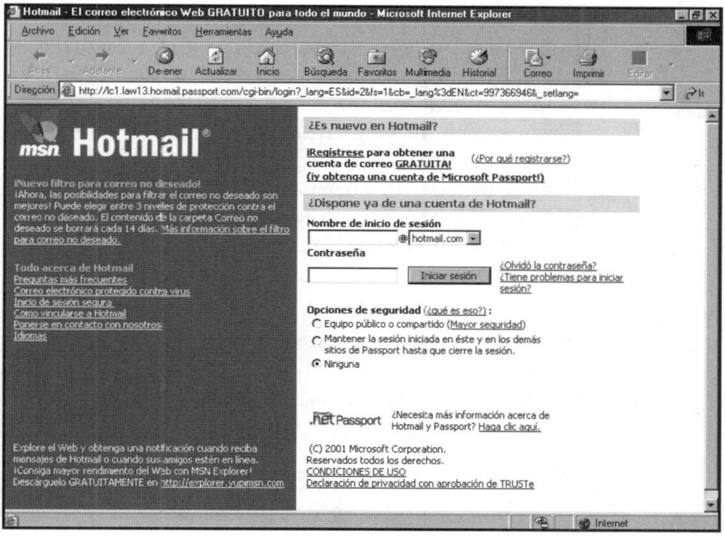

Figura 5.27. Página principal del servicio de correo *Microsoft Hotmail*

5.19. Pasito a pasito: darse de alta

Para darse de alta, debemos pasar una serie de pantallas, empezando por la principal de *Hotmail*:

1. Hacemos clic en el hipervínculo ¡Regístrese para obtener una cuenta de correo GRATUITA!, en la parte superior, en al apartado
   ¿Es nuevo en Hotmail?

2. En la página de registro, debemos introducir todos los datos que nos piden:

   - Los datos personales se rellenan en el apartado **Información del perfil**. En un primer lugar, lo mejor es seleccionar el país, pues al hacerlo, la página se recargará con una lista de provincias (Provincia) en lugar de la de estados (Estado), para los *Estados Unidos*.
   - Los datos más técnicos los tenemos en Información de la cuenta, donde debemos escribir un nombre de inicio de sesión, que será el correspondiente a nuestro buzón, y, por tanto, estará delante de la famosa arroba (@). El cuadro de texto Confirmar contraseña es para asegurar que no se ha escrito mal la primera vez, y los cuadros Pregunta secreta y Respuesta a la pregunta secreta sirven en el caso de que nos olvidemos de la contraseña. El Directorio de usuarios de Hotmail y las Páginas blancas de Internet son listines con nuestra dirección y parte de nuestra información, por si queremos estar localizables y que otras personas nos busquen.

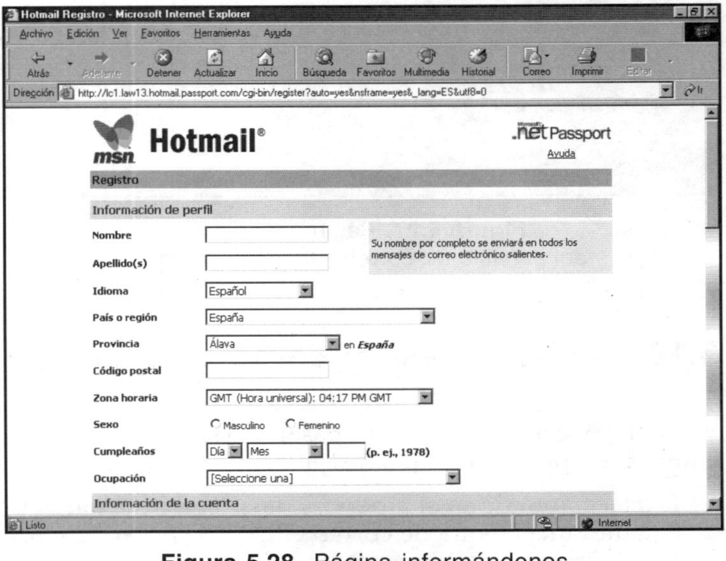

Figura 5.28. Página informándonos de que ya hemos sido dados de alta

3. Si todo ha sido correcto, la página que veremos es la de enhorabuena (figura 5.28), indicándonos nuestro nombre de inicio de sesión. Es muy importante recordarlo para poder entrar en este servicio, al igual que la contraseña.
4. Podría haberse dado el caso de que el nombre de usuario ya exista. Una pantalla nos ofrecerá entonces unas alternativas al nombre elegido en un principio por nosotros, o la posibilidad de escribir uno totalmente distinto (figura 5.29). Esta página aparecerá sin descanso hasta que consigamos escribir un nombre que no exista.

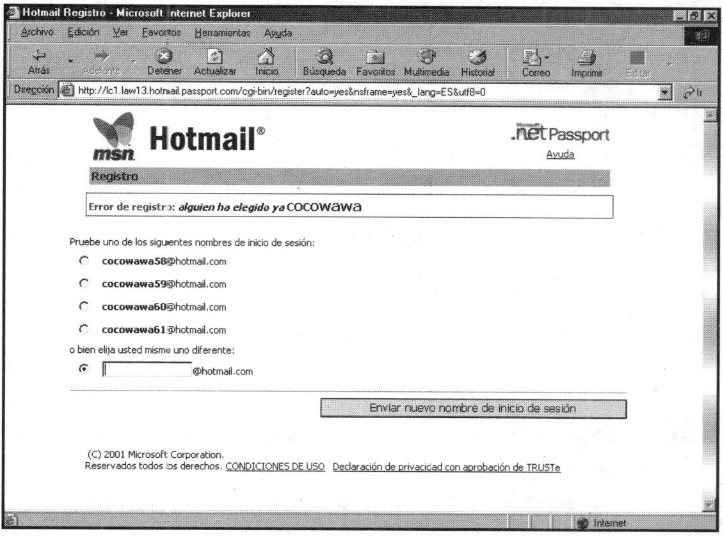

Figura 5.29. Página de aviso de la coincidencia en el nombre de inicio de sesión elegido

5. La siguiente página (figura 5.30) es de temática legal. En ella se indican las condiciones de uso del servicio, con riesgo de que nos eliminen la cuenta si no las cumplimos. Son muchas líneas de texto, pero deberíamos leerlas.
6. Para acabar, la última página es completamente comercial. Nos permite subscribirnos a una serie de informaciones que periódicamente recibiremos en nuestra bandeja de entrada. Para acabar el registro y

entrar en nuestra nueva cuenta Web, haremos clic en el hipervínculo Siguiente.

A partir de ahora, la siguiente vez que deseemos usar nuestro correo *Hotmail*, basta con que vayamos a la pantalla principal, en www.hotmail.es, y ahí escribiremos nuestro nombre de inicio de sesión y nuestra contraseña. Pulsando la tecla **Intro** o haciendo clic en el botón **Iniciar Sesión** entraremos en la página principal de nuestra cuenta.

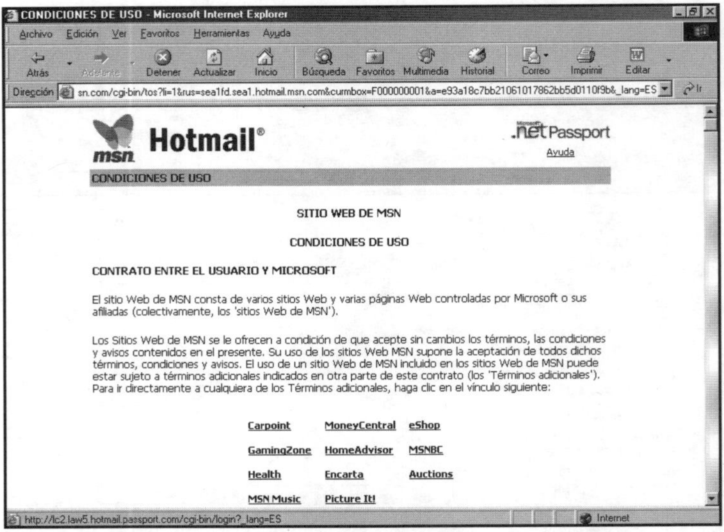

Figura 5.30. Página del registro con las condiciones del servicio de correo gratuito *Microsoft Hotmail*

5.20. Manejando el correo: las fichas

En *Hotmail* han intentado que el uso de este tipo de interfaz Web no se distinga mucho del manejo de los programas de correo. Veamos sus fichas.

5.20.1. Principal

Esta página, que vemos en la figura 5.31, es meramente informativa.

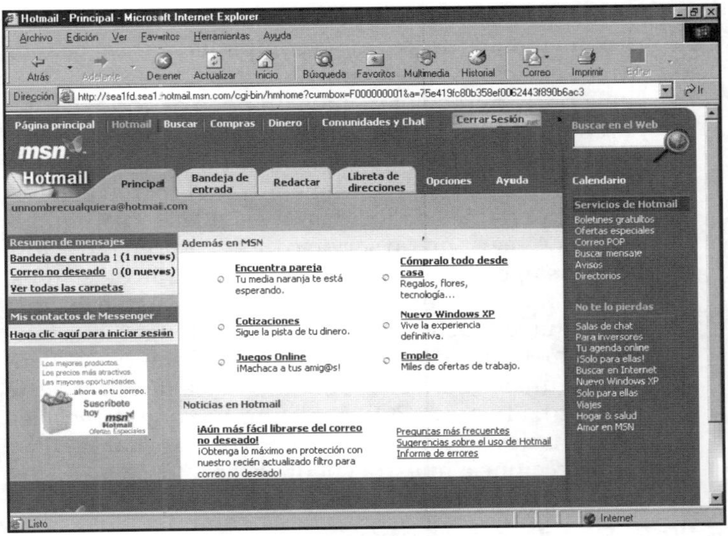

Figura 5.31. Página principal de nuestra cuenta de correo *Hotmail*

Tenemos una serie de apartados destacables:

- En la parte izquierda tenemos el Resumen de mensajes, el cuál nos indica, los mensajes que tenemos almacenados en las dos carpetas principales (tratadas más adelante), que son la Bandeja de entrada y Correo no deseado. Entre paréntesis y con estilo de letra negrita, nos muestra los mensajes no leídos todavía, los que se consideran como nuevos. Si deseamos ver el resto de carpetas, el hipervínculo Ver todas las carpetas nos llevará a la página donde aparecen todas y donde se crean y modifican.
- Algo más abajo se encuentra el apartado Mis contactos de Messenger. El servicio de mensajería instantánea de Microsoft, llamado *Messenger*, necesita de otro inicio de sesión por separado. Si estamos conectados a este servicio, veremos nuestra agenda de contactos de gente conectada en ese mismo momento. Hablaremos del *Messenger* en un capítulo dedicado a la mensajería instantánea y el chat.
- En la parte central, con fondo claro, tenemos servicios del portal de *Microsoft*, MSN (*MicroSoft Network*), don-

de casi todos los hipervínculos son a páginas promocionales de la propia compañía, para acceder a otros servicios y adquirir productos.

- En la parte derecha tenemos un poco de todo. Destacaremos el servicio de *Calendario*, una agenda en formato Web. Los Directorios son las páginas blancas de *Hotmail*, donde podemos encontrar el correo electrónico de personas conocidas, si así ellas lo han querido. Los Avisos son un servicio de agenda en reducido: nos avisan con mensajes en las fechas que deseemos. Buscar mensaje será útil para aquellos usuarios que no les guste mucho la organización y tengan que buscar un mensaje de los muchos que tendrían en su cuenta (con unas cuantas carpetas no haría falta usar este servicio). El Correo POP nos permitirá que *Hotmail* lea los mensajes de una cuenta de correo normal (POP) y los direccione a nuestra cuenta Web.

5.20.2. Bandeja de Entrada

Esta carpeta recibe todo el correo que mandan a nuestra dirección (menos el correo que no deseamos). En esta ficha (figura 5.32) podemos leer el correo que nos mandan y, mediante hipervínculos, acceso al resto de carpetas, a la izquierda. El correo nuevo (no leído) que recibimos se indica resaltando de otro color la fila del mensaje, y con un icono con forma de sobre cerrado a su izquierda ().

> ***Truco:*** *Si estamos esperando un correo urgente y no aparece en la bandeja de entrada, una manera de refrescar los mensajes nuevos que recibimos es pulsando de vez en cuando sobre el hipervínculo que nos lleve a la bandeja de entrada. Esta técnica es más eficiente y rápida que pulsar el botón* **Actualizar** *para recargar la página.*

En la lista de mensajes, de esta carpeta o de otra, tenemos las cabeceras de los mensajes, con el remitente De:, el Asunto, la Fecha y el Tamaño. Una casilla de verificación a la izquierda de cada mensaje nos permiten seleccionar cada uno de ellos, para ejecutar las opciones indicadas encima de la lista, a saber:

- Eliminar: Manda los mensajes a la carpeta papelera de reciclaje.

- Bloquear: Guarda los remitentes de los mensajes en un filtro. La siguiente vez que nos manden un mensaje con el mismo remitente, irán directamente a la carpeta Correo no deseado.
- Colocar en carpeta...: moverá los mensajes seleccionados a la carpeta que elijamos de la lista.

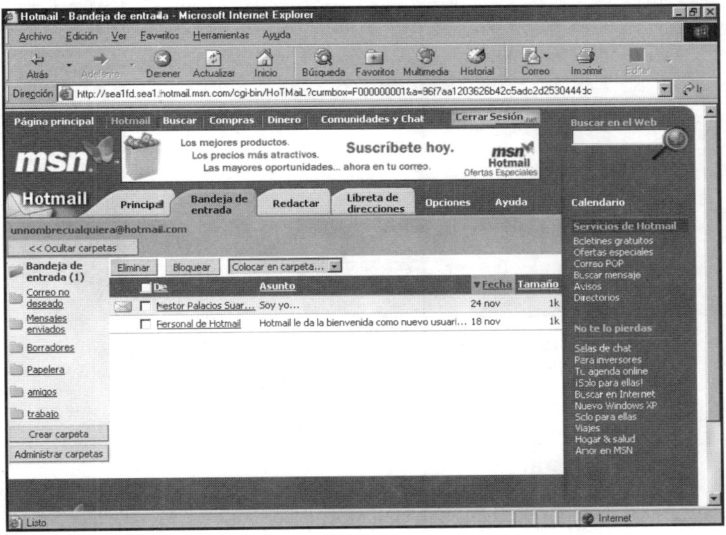

Figura 5.32. Página con la ficha **Bandeja de entrada**

Leer los mensajes

Para leer el contenido del mensaje, tenemos que hacer clic en el hipervínculo de la columna De. De esta manera, accederemos a otra página con el mensaje al completo. Tenemos un ejemplo en la figura 5.33.

Podemos ver la información de cabecera del mensaje, con el remitente, destinatario, asunto, lista de CC, lista de adjuntos y fecha de recepción del mensaje. Con el fondo blanco se puede leer el contenido del mensaje. Aparte, en la página podemos ver multitud de hipervínculos, algunos repetidos encima y debajo del mensaje. Vamos a ver cuáles son y qué hacen:

- Anterior: se mostrará el contenido del mensaje anterior en la lista de la Bandeja de entrada. Si es el primero, irá a la página con la lista.

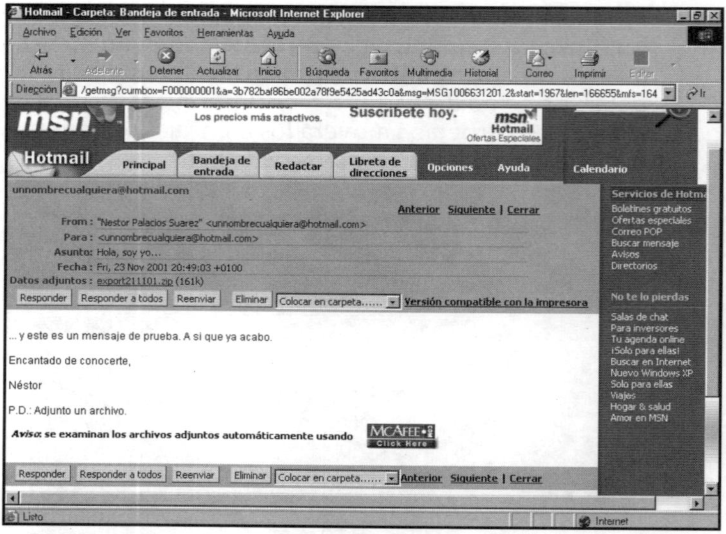

Figura 5.33. Página con el contenido del mensaje que queríamos leer

- Siguiente: del mismo modo, con el siguiente mensaje de la lista.
- Cerrar: retorna a la Bandeja de entrada.
- Responder: se accede a la página de redacción, con la dirección del remitente como destinatario de un nuevo mensaje. El contenido del mensaje que se quiere responder aparece dentro del nuevo mensaje, con el carácter *mayor que* (>) al principio de cada línea, y así distinguir las líneas del original de las del nuevo mensaje que redactemos. Este texto se puede modificar y borrar a voluntad.
- Responder a todos: idéntica a la opción Responder, con la diferencia de que si en el mensaje que se responde hay una lista CC (destinatarios múltiples), ésta también aparecerá en la lista CC del nuevo mensaje.
- Reenviar: también muy parecida a la opción Responder, solo que el destinatario no es el remitente del mensaje original, sino otra vez la misma dirección de destino.
- Eliminar: el mensaje que estamos leyendo se mueve a la carpeta Papelera. Si nos equivocamos, se puede recuperar en esa misma carpeta (sin que pase más de un día).

- Colocar en carpeta: el mensaje se mueve a la carpeta que indiquemos en el cuadro de lista desplegable.
- Versión compatible con la impresora: aparece una página que tiene el aspecto de una carta de correo normal. Este diseño está optimizado para que se imprima el mensaje de una manera elegante, y casi no parezca que provenga de una página Web. Un ejemplo de cómo quedaría lo tenemos en la figura 5.34.

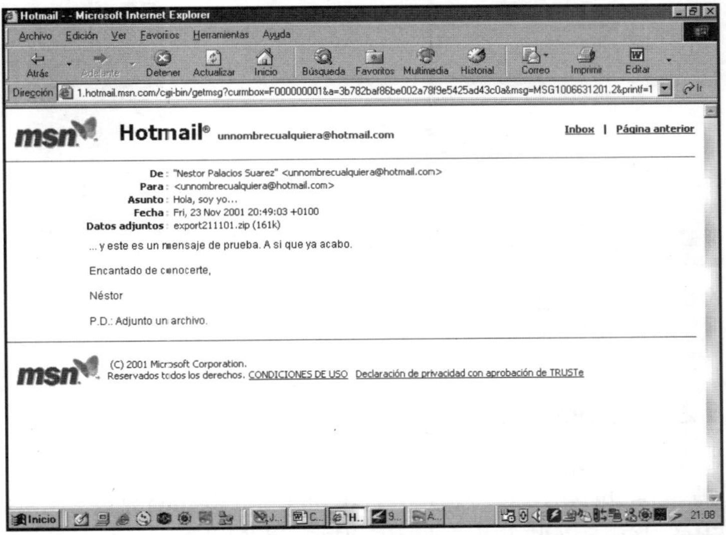

Figura 5.34. Mensaje en formato compatible con la impresora

Para descargarse los archivos adjuntos:

1. Hacemos clic en el hipervínculo del archivo que queremos descargarnos, en el campo Datos adjuntos de la cabecera informativa del mensaje.
2. En la siguiente página (figura 5.35), nos informan que el archivo adjunto ha sido revisado por un antivirus (lo que no significa que no haya nuevos virus, o virus desconocidos). Para avanzar, haremos clic en el hipervínculo Descargar archivo.
3. Aparecerá el cuadro de diálogo del navegador, para elegir si queremos abrir el archivo directamente o guardarlo en disco. Optaremos por guardarlo en disco (es la opción más preventiva), eligiendo la carpeta de destino.

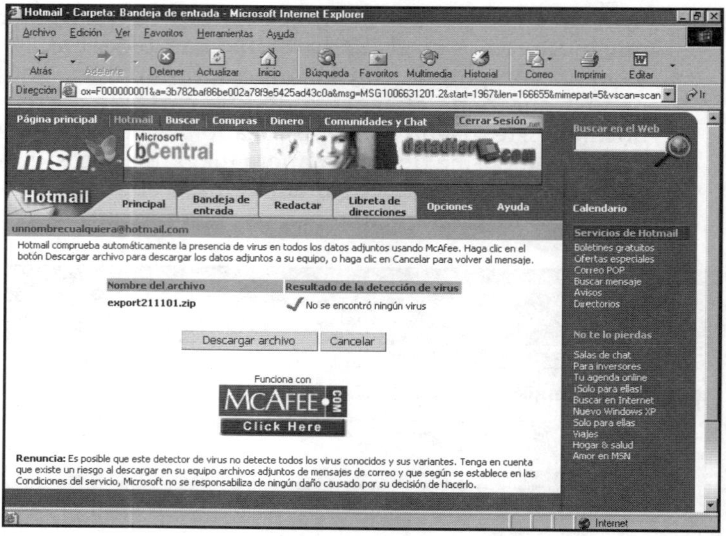

Figura 5.35. Página de confirmación del escaneado del fichero adjunto por un antivirus

5.20.3. Redactar

Esta página copia a la perfección la de los programas clásicos de correo. La página con la ficha **Redactar** la vemos en la figura 5.36. Entre las opciones tenemos:

- Los cuadros de texto:
  - Para: aquí se deben escribir la dirección de correo del destinatario del mensaje. Si queremos enviar el mismo mensaje a varios destinatarios a la vez, escribimos las direcciones de correo separadas por el carácter punto y coma (;).
  - CC: se escriben las direcciones de correo a las que se enviará una copia del mensaje original. Para separarlas se escribe el carácter de punto y coma (;). Los destinatarios pueden ver la lista de direcciones CC en la cabecera informativa del mensaje.
  - CCO: es idéntico al cuadro CC, con la diferencia de que los destinatarios no ven las direcciones de las otras personas que han recibido la misma copia. Muy interesante por si enviamos copias de nues-

tro CV a empresas y no queremos que cada una vea las direcciones de las otras.

- Asunto: el asunto es la forma rápida de identificar al mensaje. Debe indicar el motivo del mensaje o el contenido del mismo.
- Y ya debajo, sin ningún título, el cuadro de texto multilínea, para redactar ahí el contenido del mensaje.

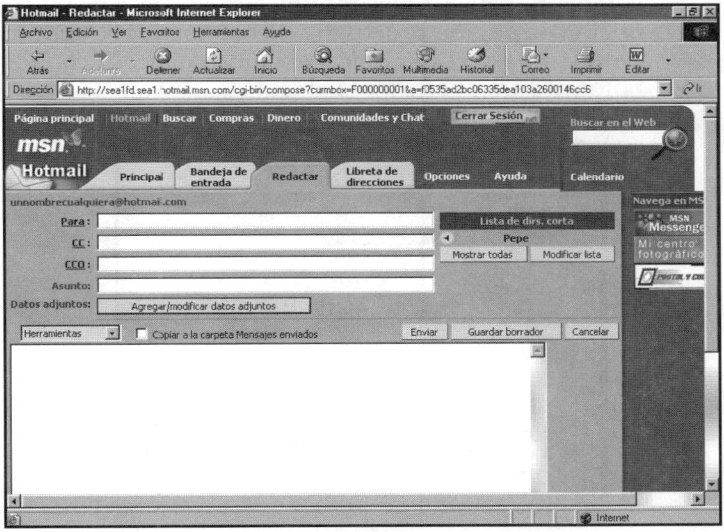

Figura 5.36. Página con la ficha **Redactar**

- Haciendo clic en los hipervínculos Para, CC y CCO, nos aparecerá una ventana flotante (figura 5.37), en la que tenemos una lista con todas las direcciones de la libreta. Nos da la posibilidad de elegir en cuál de los cuadros de texto queremos que aparezca cada dirección.
- Acceso rápido a direcciones de la libreta, con la Lista de direcciones cortas. Su manejo es sencillo: sólo tenemos que dejar el cursor en el cuadro de texto donde quisiésemos escribir la dirección y pulsar la flecha a la izquierda de cada nombre de la lista corta. La dirección de correo asociada a ese nombre se escribirá por sí sola en el cuadro de texto.
- Enviar el mensaje, con su hipervínculo.

- Guardar el mensaje enviado: activando el cuadro de selección Copiar a la carpeta Mensajes enviados, se almacena una copia en esa carpeta.
- Guardar un borrador, donde el texto escrito no se manda, sino que se memoriza en la carpeta Borradores. Para ello tenemos el hipervínculo Guardar borrador.
- Herramientas: como el editor RTF (*Rich Text Format*), que permite poner estilos al texto que escribimos, como colores, tamaños, tipos de letra, etc. Al seleccionar esta opción, la página se actualizará con un nuevo cuadro de texto para el mensaje, con una cabecera con los botones para dar formato al texto.

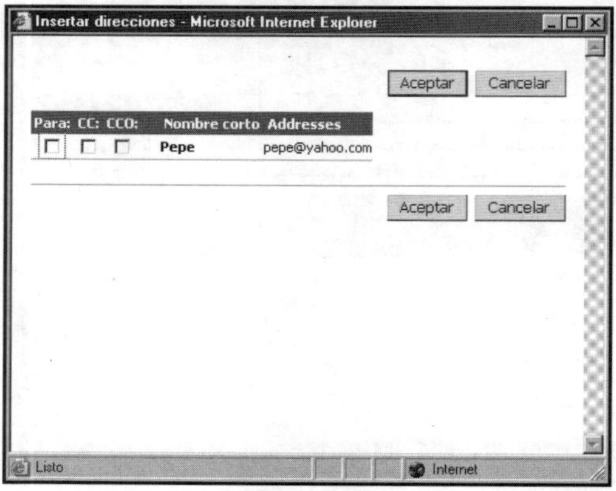

Figura 5.37. Ventana flotante con la lista de direcciones, para poder asignar las que deseamos en los cuadros de texto de los destinatarios del nuevo mensaje

Añadir archivos al mensaje

En el mensaje que queramos enviar también se admiten los archivos adjuntos. Para insertarlos en el mensaje, seguiremos estos pasos:

1. Hacemos clic en el hipervínculo Agregar/modificar datos adjuntos.
2. En la siguiente pantalla (figura 5.38), debemos:

   - Ir al apartado 1, para indicar el archivo que se quiere adjuntar. Para ello hacemos clic en el botón **Examinar...**, apareciendo el típico cuadro de diálogo de *Windows* para explorar su sistema de archivos. Elegiremos el archivo y hacemos clic en **Aceptar**.

- A continuación, iremos al apartado 2, y hacemos clic en el botón **Adjuntar**. Esto provoca que, al recargarse la página, aparezca el archivo seleccionado en el apartado 1 se añada a la lista de datos adjuntos.
- Repetiremos los pasos de estos dos apartados para añadir más archivos.
- Si nos equivocamos con alguno, lo seleccionamos de la lista y hacemos clic en el botón **Quitar**.
- Para salir de esta pantalla, memorizando los datos adjuntos, hacemos clic en el botón **Aceptar**.

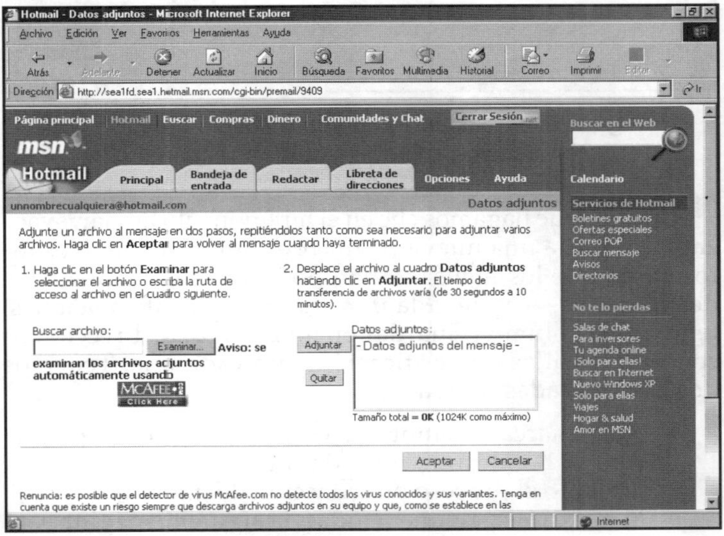

Figura 5.38. Añadir archivos a un mensaje de correo

3. Se vuelve a la pantalla que contiene la ficha **Redactar**, con la novedad de que aparece la lista de datos adjuntos en la cabecera del mensaje, debajo del cuadro de texto Asunto.

En la figura 5.39 podemos ver un ejemplo completo de mensaje, listo para enviar.

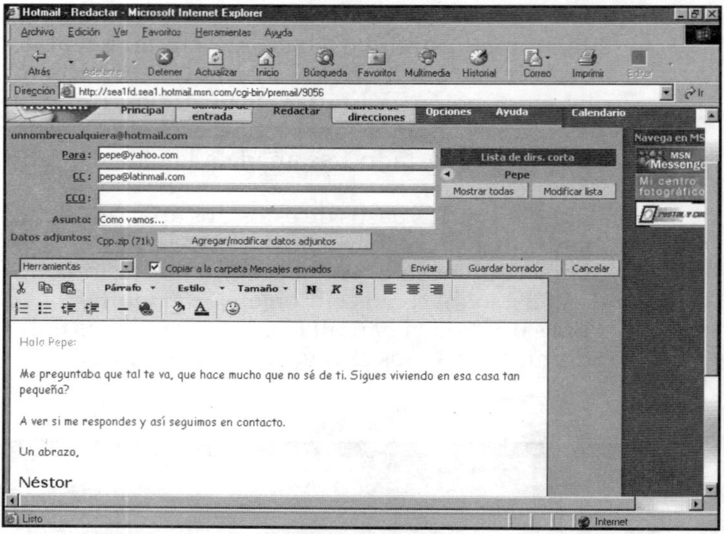

Figura 5.39. Redacción de un mensaje de correo, con archivos adjuntos y texto con formato

Una vez que hagamos clic en el hipervínculo Enviar, avanzaremos hacia una nueva página de confirmación. Nos informa de que los mensajes han podido ser enviados a los destinatarios. Aparte, a la derecha de las confirmaciones, tenemos la columna Guardar en mi Libreta de direcciones, con unas casillas de verificación para cada una. Tenemos dos posibilidades de avance:

- Si no marcamos ninguna casilla, la siguiente página será la Bandeja de Entrada, indicando que ya se ha acabado el proceso de redacción del mensaje.
- Si marcamos alguna o todas, la siguiente página será la de la figura 5.40, la de Guardar Dirección. En ella podremos memorizar otro contacto en la *Libreta de direcciones*.

Nota: *A los destinatarios de Hotmail no se les envía los mensajes por correo electrónico convencional, sino que lo único que hace es un traspaso del contenido del mensaje directamente a la bandeja del destinatario, sin tener que conectar con ningún otro servidor de correo. Esto es más* *que evidente que sea así, pues al estar ya conectados dentro del mismo servidor, se gana un tiempo considerable con este simple traspaso de información. El sistema es llamado HotmailDirect.*

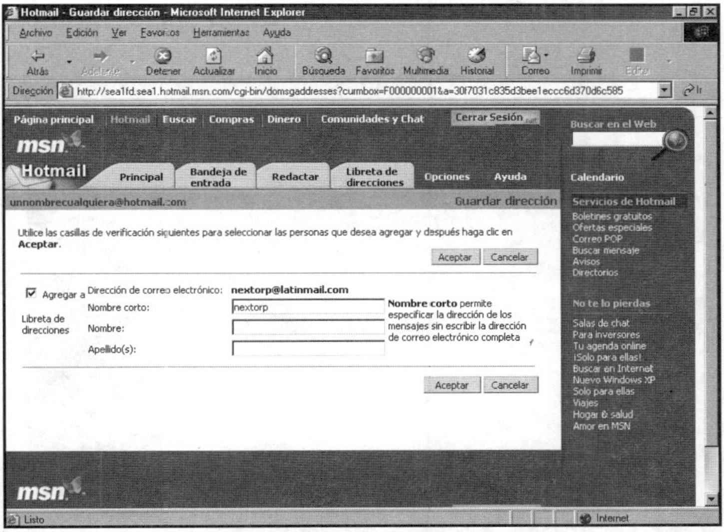

Figura 5.40. Página para guardar una dirección de correo en la **Libreta de direcciones**

5.20.4. Libreta de direcciones

Tiene la misma funcionalidad que *Outlook Express 6*, almacenando los correos electrónicos de las personas conocidas junto con sus nombres (y otros datos). En la figura 5.41 tenemos la ficha con la lista de direcciones almacenadas. En el ejemplo vemos un solo contacto.

A la izquierda de cada registro disponemos de una casilla de verificación para ejecutar la orden asociada a los hipervínculos de arriba:

- Enviar correo: abre la página de redacción de un nuevo mensaje, con la o las direcciones de los contactos seleccionados.
- Ver o modificar: se pueden investigar los datos asociados a ese contacto.

- Eliminar: se eliminarían los registros seleccionados.
- Advertencia: esta acción de eliminación pasa primero por una página de confirmación. Una vez confirmada la acción, no se pueden recuperar.
- Crear nuevo: nos pasa a una página para introducir los datos de un contacto nuevo. Es idéntica a la que lleva el hipervínculo Ver o modificar, pero sin datos.

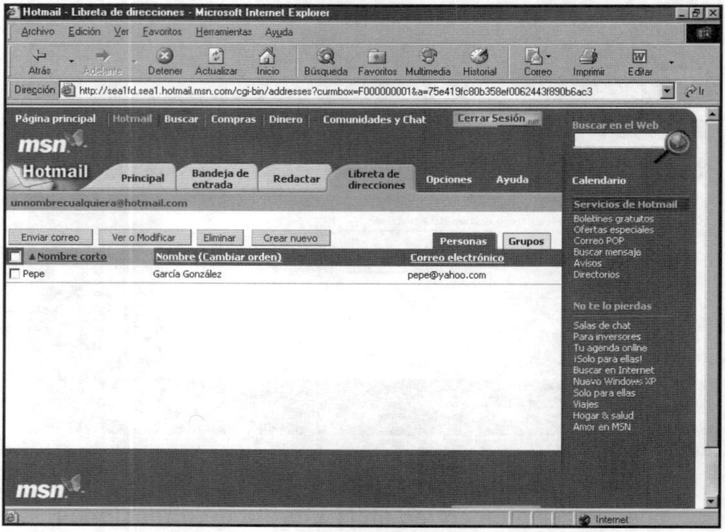

Figura 5.41. Página de la **Libreta de direcciones**

Lista de direcciones cortas

En la **Bandeja de entrada** tenemos una manera muy rápida de acceder a las direcciones de nuestros amigos y familiares (las de nuestra libreta de direcciones), en concreto a las cinco que más escribamos.

En la página con la ficha **Redactar**, tenemos a la vista esta lista, con las cinco direcciones de la libreta de direcciones que elijamos. Basta con dejar el cursor del teclado en uno de los cuadros de texto y hacer clic en la pequeña flecha a la izquierda de la persona de la lista. Su dirección aparecerá automáticamente.

Si en lugar de las cinco primeras queremos ver todas las personas de nuestra libreta, haremos clic en el hipervínculo Mostrar todas.

Para modificar esta pequeña lista, haremos clic en el hipervínculo Modificar lista.

5.21. Mejor con carpetas

La gestión de las carpetas en un programa de correo es siempre un requisito, pues una buena organización ayudará a no perdernos si empezamos a recibir mucho correo. Si nada más crearnos nuestra cuenta de correo adivinamos que vamos a recibir correo de unas personas muy particulares, o de algún tema en especial, lo mejor es dedicarle un poco de tiempo y empezar cuanto antes a crear y manejar las carpetas.

Para acceder a todas las carpetas que tenemos almacenadas en el servidor de *Hotmail*, tenemos dos posibilidades:

- En la página con la ficha **Principal**, hacemos clic en el hipervínculo Ver todas las carpetas.
- En la página con la ficha **Bandeja de Entrada**, hacemos clic en el hipervínculo Administrar carpetas.

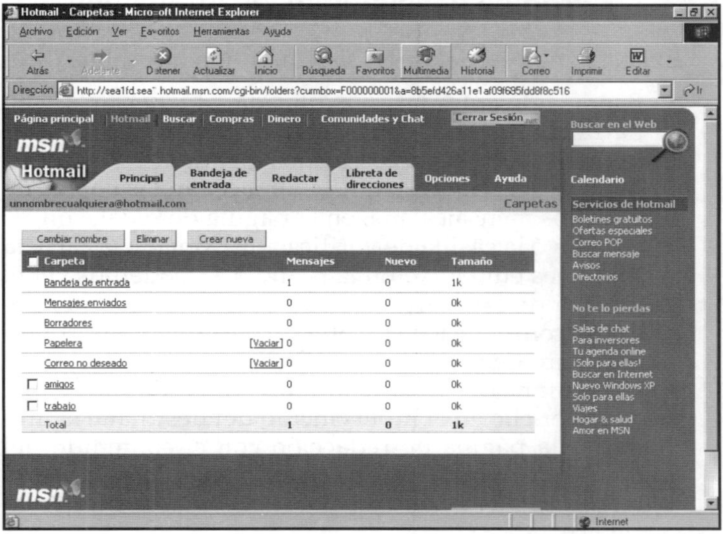

Figura 5.42. Página donde aparecen todas las carpetas de nuestra cuenta de correo

Una vez dentro de la página Carpetas (figura 5.42), podemos ver una lista, con su cabecera que indica las columnas existentes, a saber:

- Carpeta: los nombres de las carpetas, tanto del sistema como las personales.
- Mensajes: es el número total de mensajes acumulados en cada carpeta.
- Nuevo: los mensajes almacenados y que no han sido leídos aún.
- Tamaño: la capacidad ocupada por los mensajes en cada carpeta.

En el pie de la lista tenemos los totales de cada columna.

Advertencia: *Es importante controlar el tamaño de las carpetas, pues si el total excede de los 2158k, superaremos el límite de espacio impuesto por* Hotmail *y deberíamos eliminar mensajes. Si no lo hacemos así, los siguientes mensajes que envíen a nuestra cuenta no los recibiremos y serán devueltos a sus remitentes.*

5.21.1. Carpetas del sistema: las intocables

Existen cinco carpetas del sistema y son intocables:

- Bandeja de entrada: ya explicada, al tener una ficha particular en la página de *Hotmail*. Aquí van a parar los mensajes de correo que nos mandan.
- Mensajes enviados: aquí se almacenan las copias de aquellos mensajes que, en la página de redacción, se les activó la casilla de verificación Copiar a la carpeta Mensajes enviados. En la figura 5.43 podemos ver el interior de esta carpeta. Las diferencias son muy pocas en comparación con otra carpeta (menos Borradores), pero tiene dos interesantes:
- La columna De: se ha sustituido por la columna Para:.
- Al hacer clic en el hipervínculo del destinatario, iremos a la página de redacción con el contenido del mensaje original que ya se envió, en lugar de leer el mensaje. Ésta es una forma de reenviar mensajes en *Hotmail*.
- Borradores: al redactar un nuevo mensaje, teníamos la posibilidad de no enviarlo y guardarlo, mediante un

hipervínculo, en la carpeta Borradores. Aquí se suelen almacenar aquellos mensajes a medio escribir, o que ya están redactados pero queremos enviarlos más tarde. Esta carpeta también tiene las dos diferencias indicadas antes, en la carpeta Mensajes enviados.

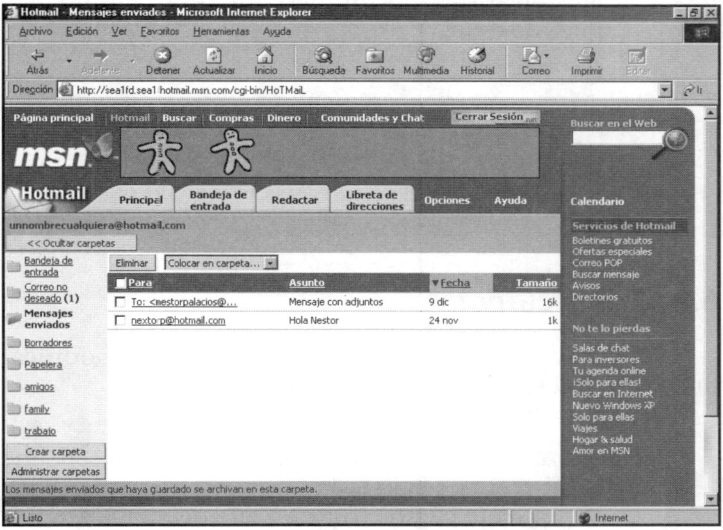

Figura 5.43. Página con el interior de la carpeta Mensajes enviados

- Papelera: estemos en la carpeta que estemos, nos dará siempre la posibilidad de eliminar un mensaje. Si así se hace, éste se moverá a la carpeta Papelera. Si accedemos a su página, veremos los últimos mensajes borrados. En esta página podemos realizar las siguientes acciones:
    - La posibilidad de recuperar los mensajes a otra carpeta, mediante la lista desplegable (Restaurar a una carpeta).
    - Si deseamos vaciar la carpeta expresamente, tenemos que hacer clic en el hipervínculo Vaciar Carpeta.
    - Si hemos eliminado un mensaje y después decidimos que no queremos volver a recibir más mensajes del mismo remitente, seleccionamos los mensa-

jes activando sus casillas de verificación y hacemos clic en el hipervínculo Bloquear.

- Correo no deseado: en esta carpeta van a parar automáticamente aquellos mensajes que hemos decidido no recibir, para que no aparezcan en la Bandeja de entrada. Se sitúan aquí por si queremos ojearlos y nos pudiese interesar alguno después de todo.

> **Nota:** *Todas las carpetas permiten seleccionar los mensajes activando una casilla de verificación a su izquierda, para poder, en principio, eliminarlos o moverlos a otra carpeta. La primera de estas casillas está en la cabecera de las listas de mensajes. Si se activa, el resto de casillas lo harán.*

5.21.2. Mis carpetas

Existen otras tantas carpetas, que ya son las modificables pues las creamos nosotros mismos.

Para crear una nueva, en la página Carpetas:

1. Hacemos clic en el hipervínculo Crear nueva, encima de la cabecera de la lista.
2. En la siguiente página (figura 5.44), debemos escribir el nombre de la nueva carpeta. Se admiten los espacios.
3. Hacer clic en Aceptar.

Para cambiarle el nombre a una carpeta:

1. Se activa la casilla de la carpeta elegida (si activamos más, sólo aparecerá la primera en la siguiente página) y hacemos clic en el hipervínculo Cambiar nombre.
2. En la página siguiente, casi idéntica a la figura 5.44 anterior, nos aparece el anterior nombre, y nos permite escribir el nuevo.
3. Una vez estamos de acuerdo, hacemos clic en Aceptar.

Por último, para eliminar las carpetas que ya no nos hagan falta:

1. Las seleccionamos activando sus casillas de verificación.
2. Hacemos clic en el hipervínculo Eliminar.

3. En la página de confirmación, hacemos clic en Eliminar de nuevo.

De esta manera, las carpetas elegidas y todos sus mensajes habrán ido a parar a la carpeta Papelera.

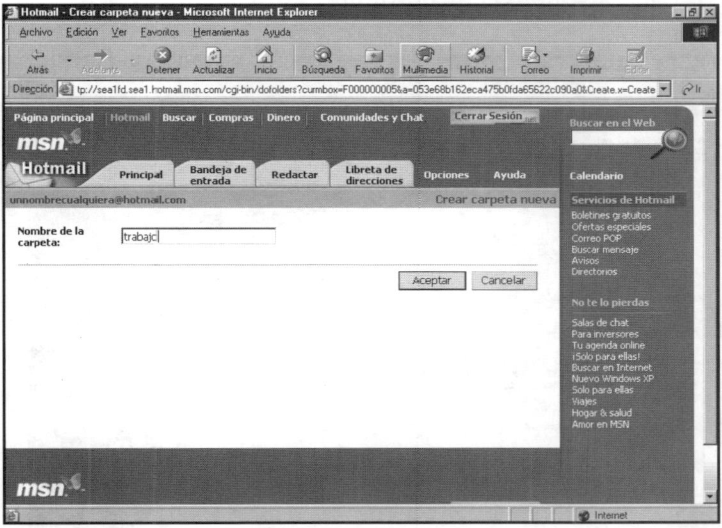

Figura 5.44. Página para la creación de una nueva carpeta

5.22. Este sí... este no...

5.22.1. Correo no deseado

Es de agradecer que se puedan evitar mensajes de aquellos remitentes que no deseamos que nos escriban. Para ello, *Hotmail* ha desarrollado un sistema para filtrar estos mensajes, mediante una lista de direcciones no deseadas (bloqueadas) y una carpeta llamada Correo no deseado, donde irían a parar en lugar de a la Bandeja de Entrada.

Para bloquear el correo de un remitente hay que seguir estos pasos:

- Seleccionar el o los mensajes de cuyos remitentes queremos bloquear.
- Hacer clic en el hipervínculo Bloquear.

- En la página siguiente se permiten dos posibilidades:
  - La primera borra los mensajes seleccionados y bloquea los mensajes de los remitentes.
  - La segunda, borra de igual manera, pero avanza a la página de configuración, llamada Protector de la Bandeja de entrada (figura 5.45).

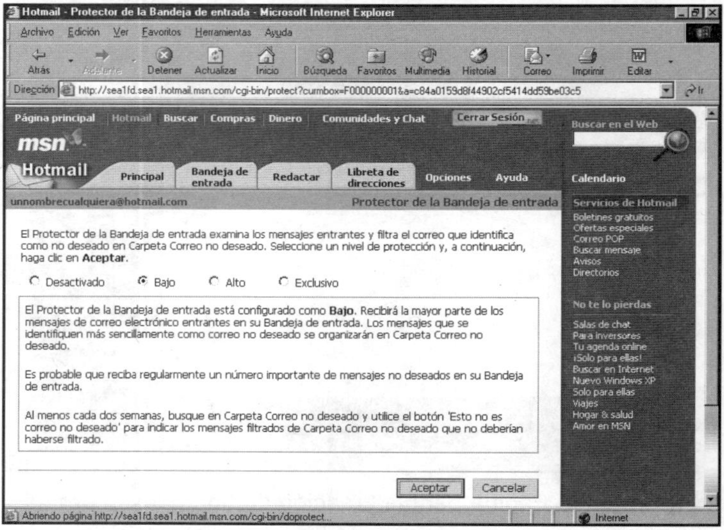

Figura 5.45. Protector de la Bandeja de entrada

- En esta página de configuración, podemos elegir entre cuatro niveles de protección contra correo no deseado:
  - Desactivado (la opción por defecto): no se utiliza el filtro contra correo no deseado.
  - Bajo: se desvían aquellos mensajes cuyos remitentes hayamos bloqueado anteriormente.
  - Alto: *Hotmail* considera de forma automática algunos correos que considera *SPAM*, y los desvía.
  - Exclusivo: sólo se recibirán mensajes de aquellas personas que tengamos en nuestra Libreta de direcciones. El resto se desvía a la carpeta Correo no deseado.

Como bien nos indica la ayuda de *Hotmail*, es conveniente de vez en cuando revisar la carpeta Correo no deseado, ya que los filtros no son perfectos y puede que se desvíe un mensaje que realmente queramos leer.

5.22.2. Filtros

Este sistema se puede decir que es todo lo contrario al correo no deseado, pues no sólo aceptamos el correo de algunos remitentes, sino que, además, les otorgamos unas carpetas especiales, para que se almacenen automáticamente y no pasen por la Bandeja de entrada.

Para acceder a la página de Filtros:

1. Primero debemos ir a la página de Opciones, a la derecha de la ficha Libreta de direcciones.
2. Una vez en Opciones (figura 5.46), hacemos clic en la opción Filtros, en la parte inferior de la columna Administración del correo.

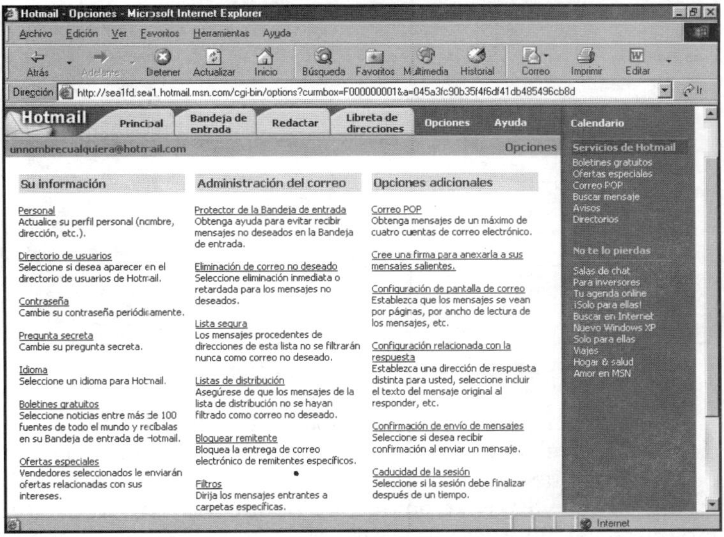

Figura 5.46. Página de Opciones de *Microsoft Hotmail*

En la figura 5.47 tenemos la página de configuración de los filtros aplicables a los mensajes que recibimos. Disponemos de un total de once filtros. De cada uno se puede elegir:

- Si está activado o no, con la casilla de verificación Habilitado.

- La condición para filtrar, basado en texto dentro de los campos Asunto, Remitente, Remite, Para o CC. Este texto que queremos que cumpla la condición se escribe en el cuadro de texto de la derecha de cada filtro.
- La bandeja de destino en caso de que la condición se cumpla.
- Subir o bajar cada filtro en particular, ya que unas condiciones pueden anular a otras, dependiendo en qué lugar se sitúen. Tienen más preferencias las primeras de la lista.

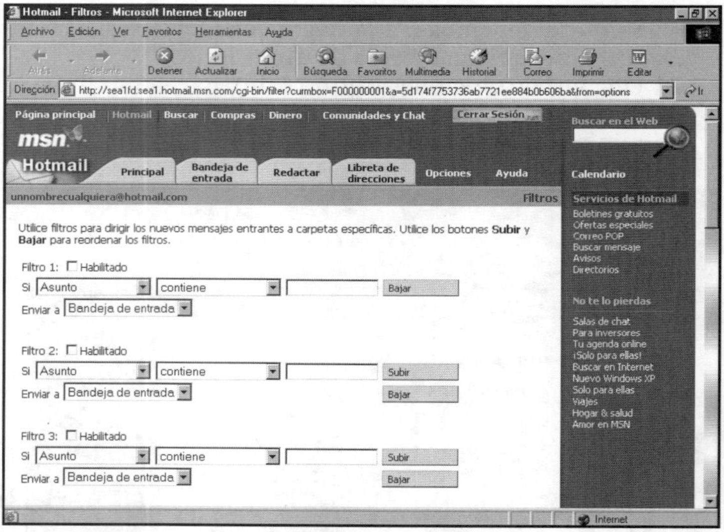

Figura 5.47. Página de configuración de los filtros

Ya para acabar, se pueden dejar activados los filtros haciendo clic en el hipervínculo Aceptar, en la parte inferior de la página. Si lo que deseamos es filtrar en ese mismo momento los mensajes que ya existen en nuestra Bandeja de entrada, haremos clic en el hipervínculo Aplicar los filtros ahora, más abajo.

5.23. ¿Dónde estará aquel mensaje?

Para buscar mensajes en nuestra cuenta de correo *Hotmail*, haremos clic en el apartado Servicios de Hotmail, a la derecha de cualquier página, en el hipervínculo Buscar mensaje.

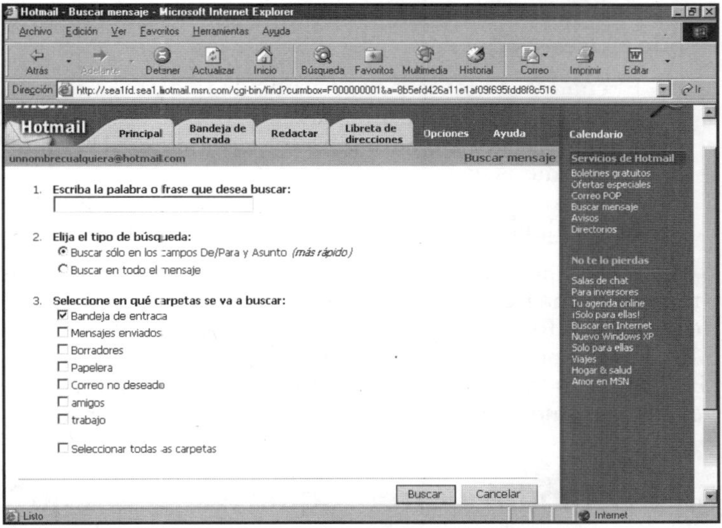

Figura 5.48. Página de búsqueda de mensajes

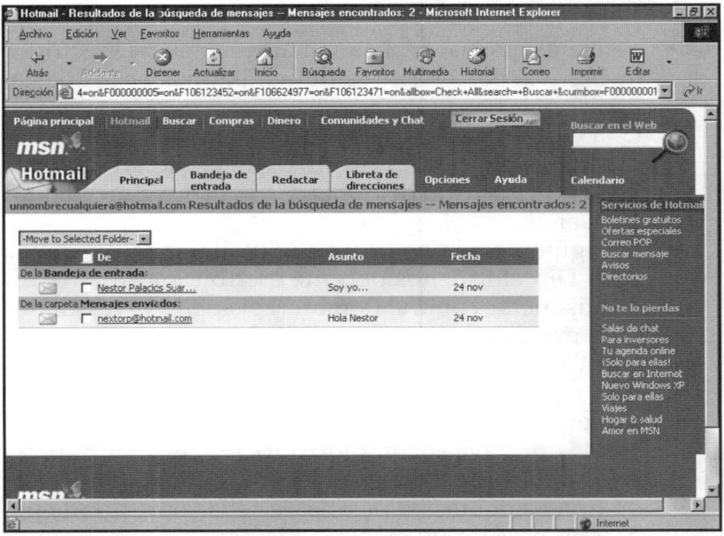

Figura 5.49. Aquí están los resultados de la búsqueda anterior

La página de búsqueda, que vemos en la figura 5.48, se divide en tres secciones:

1. El cuadro de texto para escribir las palabras o palabras que contenga el mensaje.
2. Elegir buscar De o Para u Asunto, o en todo el contenido del mensaje.
3. Seleccionar en qué carpetas se va a buscar, activando las casillas de verificación correspondientes.

Una vez hacemos clic en el hipervínculo Buscar, obtendremos en una nueva página el resultado en forma de listado, organizado por carpetas, tal y como vemos en la figura 5.49. En ella podemos leer los mensajes como siempre: haciendo clic en la columna De o Para. También podemos mover los mensajes seleccionados a la carpeta que queramos.

5.24. ¿Tendrá correo aquel viejo amigo?

Hotmail dispone de un servicio que busca a personas que están registradas en su Directorio de usuarios, para ofrecernos su dirección de correo electrónico.

Para acceder a este servicio:

- Tenemos que hacer clic en el hipervínculo Directorios de la parte derecha de cualquier página, en al apartado Servicios de Hotmail.
- Una vez hecho, nos permite elegir en qué directorios queremos buscar. A nosotros sólo nos aparece el servicio de directorio de *Hotmail*, con lo que procedemos a hacer clic en él.
- La siguiente página (figura 5.50), llamada Búsqueda en el Directorio, nos permite escribir los parámetros de búsqueda, como el nombre y el apellido o apellidos de la persona, y el país donde habita (en el proceso de alta aparece el país).
- Una vez escrito los datos, se procede a la búsqueda, con un listado de las posibles coincidencias de búsqueda que haya encontrado. En cada resultado aparece el nombre buscado y su localización. El nombre es un hipervínculo a la página de redacción, donde podremos escribir un mensaje a la persona que creemos es la que hemos encontrado. La dirección ya la pone *Hotmail* en el campo Para.

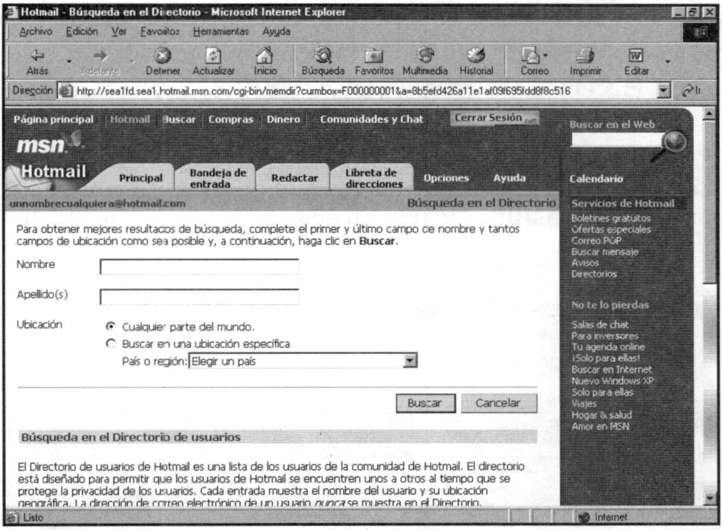

Figura 5.50. Página de búsqueda en el Directorio de *Hotmail*

5.25. Avísenme, por favor

Otro servicio muy interesante es el sistema de avisos a nuestro propio buzón de correo *Hotmail*. De esta manera, podemos tener una pequeña agenda en la red, que nos va mandando correos cuando nosotros le digamos. No la utilicemos como agenda normal diaria, sino sólo para recordatorios periódicos o fechas señaladas.

La página de avisos se accede mediante el hipervínculo Avisos, del apartado Servicios de Hotmail en la parte derecha de cualquier página. En ella podemos ver ya dos tipos de avisos programados. La primera vez esta lista aparecerá vacía.

Para crear un nuevo aviso:

1. Hacemos clic en el hipervínculo Crear nuevo.
2. En la página de creación (figura 5.51), debemos escribir:

   - Ocasión: será el asunto del mensaje que recibamos como aviso.
   - Recordarme: cuándo queremos recibir el aviso. Se indica el día del año, el día de cada semana o el día de cada mes, mediante los botones de opción y las listas desplegables.

- Detalles adicionales: será el contenido del aviso, que corresponderá al contenido del mensaje.

3. Hacemos clic en Aceptar y el aviso ya estará programado.

Si lo que queremos es modificar los avisos o eliminarlos, basta con que seleccionemos los que queremos tratar, activando sus casillas de verificación, y hacer clic en los hipervínculos que correspondan: Modificar o Eliminar.

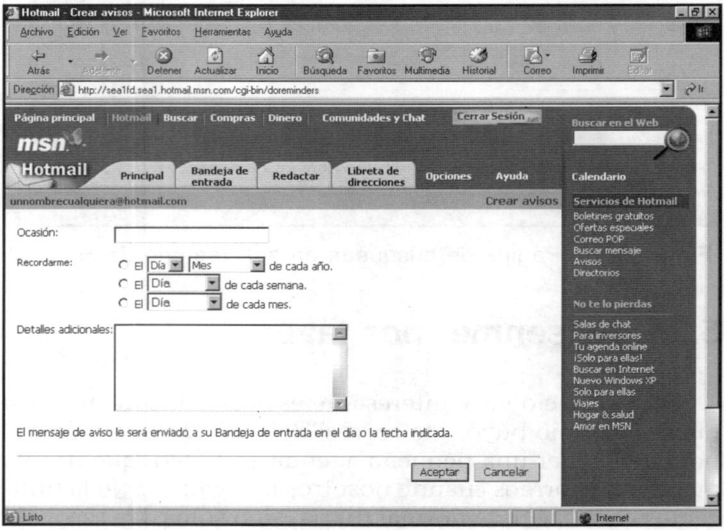

Figura 5.51. Página de creación de un aviso nuevo

5.26. Leer correo tradicional (POP)

Una opción interesante es la de poder leer correo POP desde la página Web.

Útil si viajamos y sabemos que usaremos un ordenador que no es nuestro y puede que no tenga el programa de correo POP.

Hotmail leerá por nosotros el correo y nos lo direccionará a nuestra cuenta Web. Para ello debemos indicarle los mismos datos de conexión que en los programas como *Outlook Express* y *Netscape Messenger*.

La manera de ir a la página para configurar estos parámetros es:

- Ir a la página de Opciones, a la derecha de la ficha **Libreta de direcciones**.
- Una vez en Opciones, hacemos clic en la parte de arriba de la columna Opciones adicionales, en el hipervínculo Correo POP.

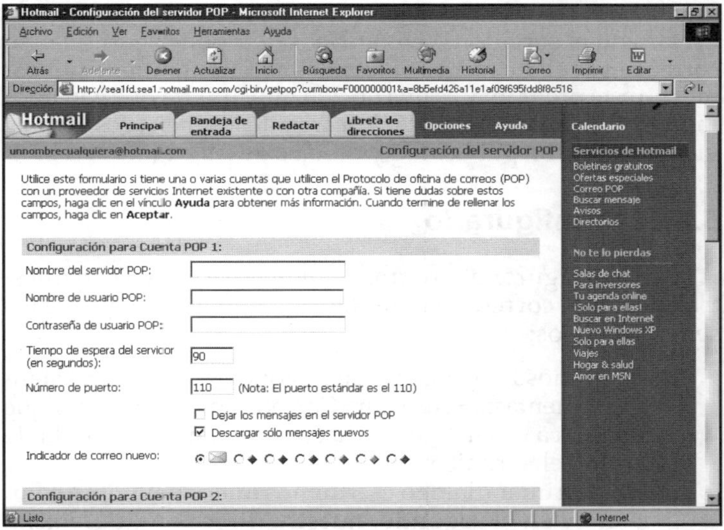

Figura 5.52. Página de configuración para que *Hotmail* lea el correo de algunas cuentas POP

Dentro de esta página, que vemos en la figura 5.52, tenemos la posibilidad de leer cuatro posibles cuentas de correo POP. Para cada una hay que:

- Escribir el nombre del servidor de correo POP (por ejemplo, correo.arrakis.es).
- El nombre de usuario y contraseña de la cuenta, en cada uno de los cuadros de texto.
- El tiempo de espera y el número de puerto son datos más técnicos, y con los que aparecen suele ser suficiente.
- Elegir si queremos conservar los mensajes que *Hotmail* lea de la cuenta POP.
- Elegir si queremos descargar todos o sólo los nuevos.

- Elegir el icono de los mensajes asociados a esa cuenta, para diferenciarlos rápidamente de los mensajes recibidos en la cuenta de Hotmail.

5.27. Hotmail en Outlook Express 6

Hemos comentado brevemente en el capítulo 4 que el programa de correo electrónico *Outlook Express 6* era capaz de conectar con el servidor Web de *Hotmail* y poder gestionar su correo desde el programa. Si estamos acostumbrados a utilizar mucho este programa, es una opción muy útil, ya que ganamos rapidez en el manejo y en la descarga de los mensajes, que no vienen junto con publicidad y dibujos de las páginas Web.

5.27.1. Configurarlo

Para configurar el programa *Outlook Express 6* con nuestra cuenta de correo Web de *Hotmail*, debemos seguir estos sencillos pasos:

1. Seguimos la secuencia de acciones Menú Herramientas> Cuentas...> Agregar>Correo..., para conseguir que aparezca el asistente para crear una nueva cuenta de correo electrónico.
2. En el primer diálogo escribimos nuestro nombre completo y en el segundo, nuestra dirección de *Hotmail*, como por ejemplo unnombrecualquiera@hotmail.com.
3. Al escribir el dominio hotmail.com, el asistente detecta que la cuenta de correo es vía Web (HTTP), por lo que aparecerá un cuadro de diálogo, cuyos datos no debemos modificar.
4. Tras pulsar **Siguiente**, podemos escribir ahora la contraseña y elegir si deseamos recordarla. Si no la escribimos ahora, nos la pedirá al conectarnos a *Hotmail*.

> ***Advertencia:*** *Hay que prestar especial atención a la opción de recordar la contraseña, pues si estamos en un ordenador que usa más gente, podrían revisar nuestro correo sin ningún tipo de prohibición.*

- Una vez finalizados estos pasos y tras salir del asistente, *Outlook Express* nos preguntará si deseamos descargar las carpetas del servidor agregado. Esta opción es necesaria, pues todas las carpetas y mensajes que manejemos de la cuenta de *Hotmail* no están guardados en nuestro ordenador, sino en el servidor de *Hotmail*. Necesita descargar una copia de las carpetas para poder manejarlas como si la tuviésemos en nuestro equipo.

5.27.2. El resultado

Si todo va bien, el resultado es como el de la figura 5.53, donde vemos la cuenta de ejemplo que hemos usado en el servidor de correo Web.

El manejo a partir de ahora es idéntico al de una cuenta POP, con la excepción que todos los cambios que hagamos ocurren en el servidor de *Internet* de *Hotmail*, no en nuestro equipo.

Así, por ejemplo, podemos seguir leyendo nuestro correo desde varios equipos. Los mensajes no se borrarán del servidor a menos que los eliminemos expresamente, como en la página Web.

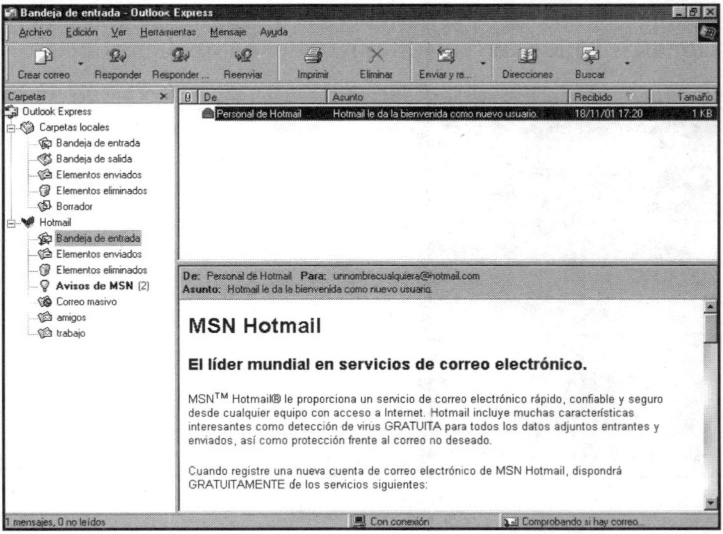

Figura 5.53. Cuenta de correo Web de *Hotmail* en *Outlook Express 6*

5.28. Otros servidores de correo Web gratuitos

En *La Red* existen infinidad de sitios Web con correo electrónico gratuito. Entre éstos, a modo de ejemplo, tenemos en español a los correo electrónicos Web gratuitos de *Mixmail* (www.mixmail.com), *Terra* (correo.terra.es), *Latinmail* (www.latinmail.com), *Yahoo* (correo.yahoo.es) y *EresMás* (webmail.eresmas.com), con sus 30 "megas" (Mb) de espacio en cada cuenta.

5.29. Cuentas gratuitas de correo electrónico

Antes de comentarle las cuentas gratuitas, es posible que pueda disponer de una y no lo sepa. Quizá pertenezca a alguna asociación, colegio profesional, sindicato o partido político que, entre otras opciones, le ofrezca la posibilidad de tener una cuenta de correo gratuita. Incluso algunos bancos la ofrecen junto con una serie de añadidos exclusivos para clientes. Compruebe si pertenece a alguna de las antes mencionadas y pregunte al administrador sobre dicha opción.

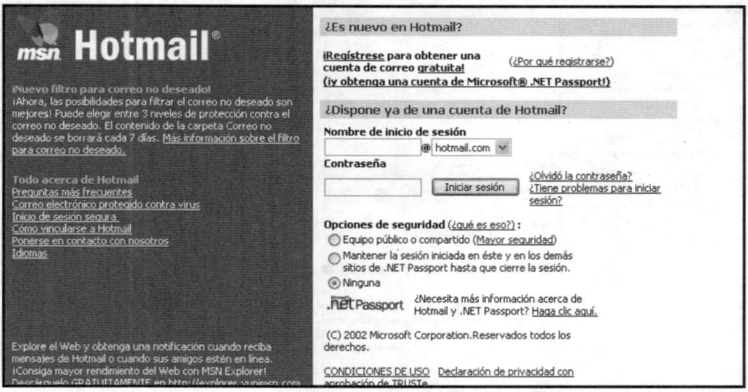

Figura 5.54.

"Buceando" por Internet encontrará muchos portales que le ofrecerán cuentas gratuitas (véase figura 5.54). Pero, para evitarle búsquedas, aquí le ofrecemos unas cuantas (sólo unas pocas), todas ellas disponibles en español. La razón por la que son gratuitas es que, habitualmente, incluyen mensajes publicitarios en la ventana de lectura de los mensajes, pero suponen una privacidad total si, por ejemplo, quiere separar la cuenta del trabajo de la personal.

Tenga en cuenta que alguna de las direcciones antes señaladas pueden haber variado de URL cuando lea estas líneas. De todos modos, en cualquier buscador en el que introduzca las palabras "email gratis", "Free email", "correo gratis" o cualquier otra combinación similar, obtendrá una lista enorme de páginas que le ofrecen este servicio.

5.30. Listas de correo

Cuando está interesado en mandarle un correo a una persona determinada, y conoce su correo electrónico, le envía un mensaje y punto.

Figura 5.55.

¿Pero qué pasa si lo que le interesa es mandar un correo a todos aquellos interesados en, por ejemplo, los felinos? ¿Conoce a todas las personas con su misma afición? Para eso están las Listas de Correo. Consiste en contactar con un grupo con sus mismas inquietudes, gustos o intereses, y poder ponerlos "encima de la mesa" y que cualquiera que quiera pueda opinar sobre los temas planteados.

Una lista de correo consta de una dirección (similar a la que puede ser la suya) y de un administrador, persona que, entre otras características, será el encargado de dar de alta o de baja a los miembros. Este proceso no es difícil, pues consiste simplemente en mandar un correo a dicho administrador solicitándolo y, a no ser que sea una lista privada, el alta será inmediata. Y, también, una lista puede estar "moderada" o no. Esto significa, en el caso de no tener moderador, que todos los mensajes publicados por los miembros serán recibidos por todos, mientras que si es moderada, una persona se encarga de seleccionar aquellos que puedan tener importancia para el grupo, y luego los envía.

Para obtener una lista completa por temas y en castellano acceda, por ejemplo, a la dirección http://www.rediris.es/list/tema/tematic.es.html (véase figura 5.55).

5.31. Grupos de discusión (News)

La finalidad de los grupos de discusión es simple: compartir opiniones, con la diferencia de que en una lista de correo recibe mensajes sobre el tema elegido, y en los grupos de discusión debe conectarse a un "Servidor de noticias" para leer los mensajes. Por lo demás el funcionamiento es muy similar, con una temática específica elegida por usted, un idioma o emplazamiento...

Aquí sí se hace necesaria la figura de un "Administrador de Noticias", persona encargada de "publicar" los mensajes en el emplazamiento dedicado a tal fin, y también puede existir la figura del moderador para "filtrar" los mensajes. Con el propósito de evitar saturaciones en los servidores, cada X tiempo se borran los mensajes antiguos (depende de cada grupo), es decir, en la jerga de las News, "expiran".

Grupos de discusión hay... infinitos (no tantos, pero el número es enorme). Si quiere conocer unos cuantos, acceda a la página www.groups.google.com (véase figura 5.56) y tendrá a la vista la pantalla principal para elegir News. Por ejemplo, le presentamos el aspecto del grupo de España de discusión sobre actualidad (véase figura 5.57).

Figura 5.56.

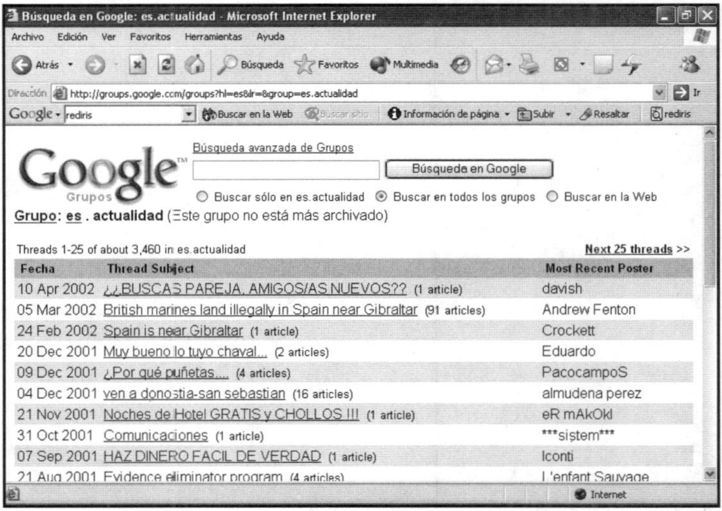

Figura 5.57.

6

Mensajería y conversación en Internet

6.1. Introducción

Después de todo lo dicho, queda claro que Internet es, ante todo, comunicación. Por eso, además de la Web y el servicio de correo electrónico, las news o las listas de correo, ahora le toca el turno a las conversaciones puras y duras, aunque en formato escrito (más adelante hablaremos de los servicios de telefonía). Para resumir, los servicios de mensajería y conversación en Internet le permiten mantener conversaciones por escrito en tiempo real, con la demora típica que le pueda imponer su conexión. Podrá elegir entre charlar amigablemente con un grupo de amigos o conocidos (mensajería tipo "Messenger"), o conocer a nuevas personas y dar rienda suelta a su imaginación (chat, IRC, ICQ...). A continuación le contamos de qué va todo esto.

6.2. Software de mensajería

Para mantener conversaciones por escrito con quien usted quiera, necesitará tener un software específico. No se preocupe, la oferta es muy grande y en muchas ocasiones no le costará nada (por supuesto, dejando aparte el importe de la conexión a Internet). Estos programas pueden ser usados por cualquier persona que disponga de un ordenador y de una conexión activa con Internet. Pero, sobre todo, están dirigidos a aquellas personas que están conectadas permanentemente, no tiene mucho sentido o puede ser muy caro conectarse cada vez que quiera recibir o mandar un mensaje, y tenga en cuenta que este tipo de comunicación no es como el correo electrónico, donde puede enviar un correo a alguien y quizá recibir la contestación a las varias horas o al día siguiente. Su "filosofía" es la de mantener una conversación, por lo que el intercambio de mensajes puede ser continuo.

6.2.1. Yahoo Messenger 3.5

Este programa es distribuido de forma gratuita por la empresa Yahoo en la página Web http://es.messenger.yahoo.com (véase figura 6.1). Para utilizarlo deberá descargarse un archivo de 1,86 Mb. Una vez descargado al sitio que haya elegido de su disco duro, haciendo clic dos veces sobre el ejecutable comenzará la instalación.

Figura 6.1.

Yahoo! Messenger es un servicio de mensajería gratuito que le permite comunicarse de forma instantánea con sus amigos, familiares, compañeros, etc. Podrá hablar con sus amigos a través de mensajes instantáneos e, incluso, saber cuándo están conectados. Pero antes de nada. Yahoo Messenger es gratuito, pero deberá darse de alta (también de forma gratuita) en una cuenta de Yahoo para poder disfrutar del programa. Esto no tiene por qué suponer ningún impedimento, ya que los datos que escriba en el formulario (véase figura 6.2) no tienen que ser "reales", sólo deberá acordarse de su nombre de usuario y de la contraseña.

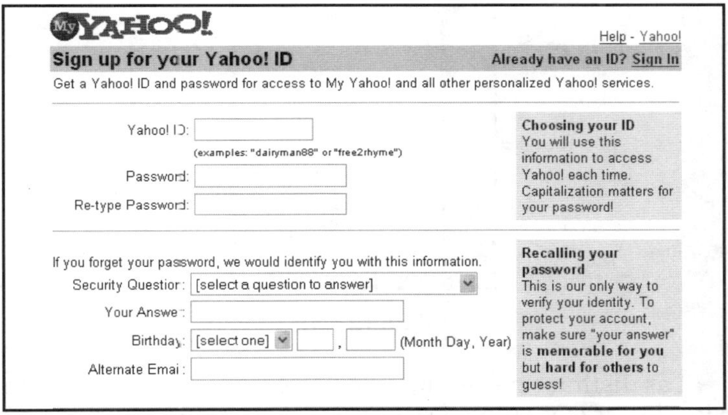

Figura 6.2.

Figura 6.3.

¿Qué ventajas le aporta tener Yahoo Messenger en su ordenador? Pues, por ejemplo, la aplicación le avisa al instante cuando llegan mensajes a sus cuentas de Correo Yahoo! (gratuitas al abrir la cuenta antes referida), o cuando sea la hora de una cita que haya fijado en su Yahoo! Agenda (otra opción interesante que tampoco le costará nada).

Incluso podrá consultar fichas de cotizaciones de bolsa, noticias y pronóstico del tiempo que le permitirán, además de hablar con sus amistades, mantenerse al tanto de toda la información elegida por usted.

También podrá enviar emoticones para expresarse mejor (véase figura 6.3), iniciar una charla de voz (depende de las opciones de su sistema y de la conexión).

Y lo importante, ¿cómo es? Pues la figura 6.4 le dará una idea muy exacta.

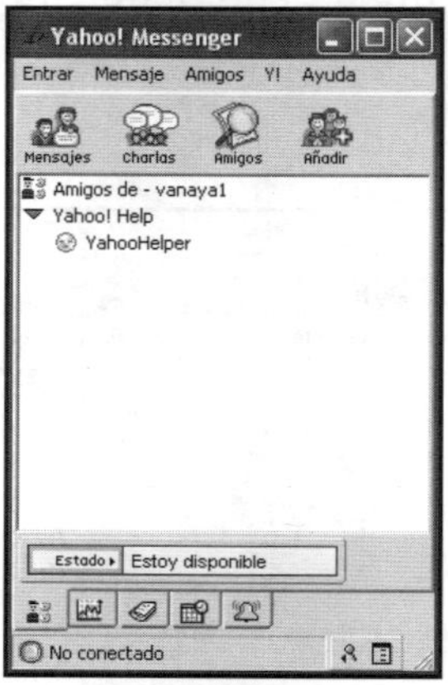

Figura 6.4.

Las distintas partes que componen este "mensajero" son simples, y con sólo echarle un vistazo sabrá usarlo. Está compuesto por una parte central donde aparecerán los mensajes recibidos, las típicas barras de herramientas en la parte superior para las opciones de programa, y una serie de botones en la parte inferior para poder pasar de la ventana de mensajes a la de agenda, cotizaciones o servicio de alarma. Todo a mano y de modo simple.

6.2.2. MSN Messenger 4.6

Un programa muy similar al anterior, de aspecto muy parecido (véase figura 6.5), también gratuito, con casi las mismas opciones, que sirve para lo mismo... ¿La diferencia? Pues que uno es de Yahoo (y hay que descargarlo específicamente de su página Web para utilizarlo) y el otro es de Microsoft y viene ya incluido en las versiones del sistema operativo Windows. Pero si su sistema no lo incluye, puede descargarlo de la página Web de Microsoft http://messenger.msn.es (véase figura 6.6). Como pasaba con Yahoo, una aclaración anterior a la instalación y descarga del programa: también deberá darse de alta en un servicio gratuito tipo Hotmail o Passport. Para más información al respecto, consulte el capítulo 4 de este libro donde le explicamos el modo de dar de alta una cuenta de este tipo.

Figura 6.5.

Figura 6.6.

Como ya le comentábamos con el software anterior, podrá ver cuándo se conectan sus amigos (con la ventaja de que vale tanto para MSN Messenger como AOL Instant Messenger), enviar y recibir mensajes instantáneos en tiempo real, seguir las conversaciones al ser capaz el programa de ver cuándo está escribiendo algo algún participante, controlar fácilmente quién puede "verle" cuando esté conectado (y quién no, que en ocasiones es interesante), y decidir quién puede enviarle mensajes instantáneos. Otras opciones son recibir notificaciones al llegar nuevos mensajes en su cuenta de correo electrónico de Hotmail (el servicio en el que tiene que darse de alta para poder utilizar MSN Messenger). En definitiva, opciones muy similares al programa de Yahoo, incluyendo también la posibilidad de realizar las conversaciones por voz y mediante videoconferencia (para poder utilizar estas características, consulte si su sistema operativo las soporta y si el tipo de conexión que va a utilizar es compatible con ellas).

6.2.3. ICQ 2000

ICQ es la forma americana de decir "te busco" (I Seek You). Es un programa que le permite conocer al instante si las personas que tiene incluidas en su lista de contactos están conectadas en ese momento a la Red, charlar con ellos tipo "chat" o, incluso, intercambiar archivos. Es otra herramienta interesante para comunicarse.

La instalación del programa no debería darle ningún problema (véase figura 6.7). Puede descargarlo de su página Web, www.icq.com (véase figura 6.8). Es un archivo de alrededor de 4 Mb (tenga esta circunstancia en cuenta a la hora de descargarlo, sobre todo si lo hace desde casa y con un módem), y su aspecto es como el de la figura 6.9.

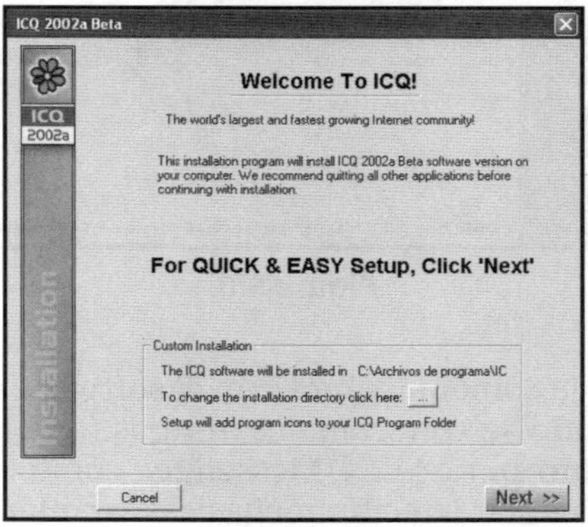

Figura 6.7.

Figura 6.8.

Figura 6.9.

6.2.4. Chat

"Chat" es, literalmente, charlar. Es un servicio que pone en contacto a varios usuarios a la vez y en tiempo real, es decir, que cuando uno de ellos escribe algo, inmediatamente es recibido por los demás, y la sensación de conversación es muy alta (aunque, en ocasiones, el cruce de preguntas-respuestas se puede convertir en un verdadero embrollo si hay un alto número de usuarios). A diferencia de los servicios de mensajería instantánea antes comentados, un chat es un lugar público donde cualquiera puede entrar y opinar sobre lo que sea. También es verdad que se puede acceder o crear "habitaciones privadas" para hablar con una o unas personas determinadas, pero habitualmente dichas personas no se conocían con anterioridad. También es la "cuna" del anonimato por excelencia. Nadie sabe quién es usted en realidad a no ser que se lo diga, e incluso en esa ocasión, nadie le creerá.

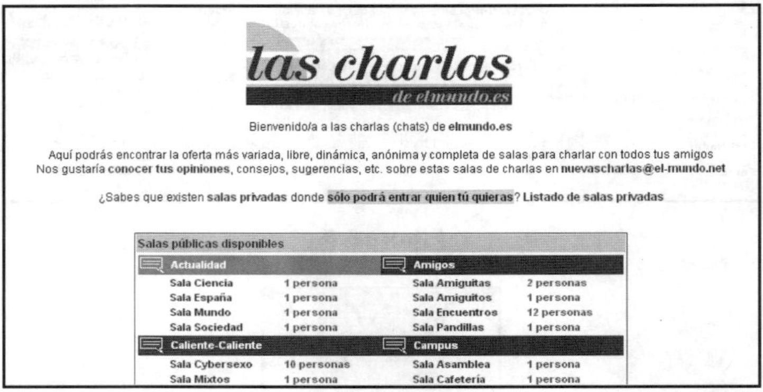

Figura 6.10.

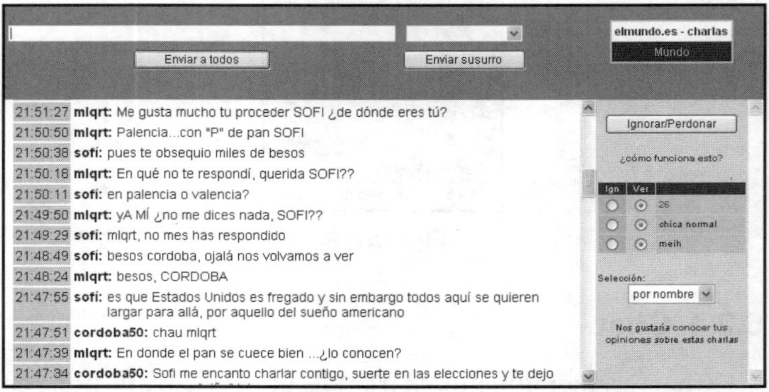

Figura 6.11.

El modo de funcionamiento es simple: cada usuario realiza una conexión al servidor por medio de un programa o desde una página Web (véase figura 6.10), y elije un "apodo" (o "nick name" o "nick" o "alias"...) que lo identifique frente al resto de los usuarios. El único requisito es que dicho apodo no esté siendo utilizado por ningún otro usuario o esté registrado por personas habituales del chat. En algunos chat puede elegir incluso un icono que servirá para representarle. Después de todo esto, ya puede ponerse a charlar con el resto de los componentes de la sala elegida (véase figura 6.11). Muchas de estas salas son temáticas, dividiéndose por edad, aficiones... (que, al final, no siempre son respetadas).

Y el modo de empezar a utilizarlo es muy fácil. Escriba su texto en la ventana de mensaje y, cuando haya acabado, pulse la tecla **Enter**. Inmediatamente verá publicado su mensaje en la pantalla. A continuación le mostramos cinco direcciones de Internet relacionadas con los chat.

- www.chatear.com
- www.chateo.net
- www.comversa.com
- www.inforchat.com
- www.latinchat.com

6.2.5. IRC

IRC o "Internet relay Chat", es una red de conversación donde usuarios de cualquier lugar del mundo se reúnen para hablar en grupos o en privado y es el método de chat más antiguo y popular en Internet.

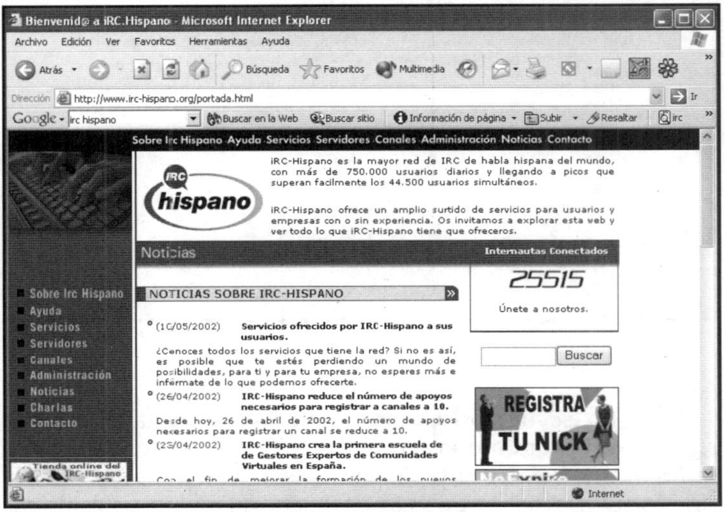

Figura 6.12.

Para ello, el usuario usa un programa de IRC (como puede ser mIRC) que le permite conectarse con un servidor de IRC y elegir la conversación deseada de entre las muchísimas existentes en dichos servidores. De nuevo, el sistema es muy similar a los ya comentados con anterioridad, pero es público, abierto a cualquier persona que desee hablar.

Uno de los servidores en castellano más activos sobre IRC es IRC-Hispano (www.irc-hispano.org) (véase figura 6.12.), donde podrá encontrar mucha información interesante y le ayudarán a adentrarse en este interesante mundo.

mIRC 6.01

mIRC no está traducido al castellano, pero siguiendo estas indicaciones no es difícil de configurar y es uno de los programas más utilizados por los usuarios aficionados al IRC. Podrá encontrar dicho programa en la dirección www.mirc.com (véase figura 6.13).

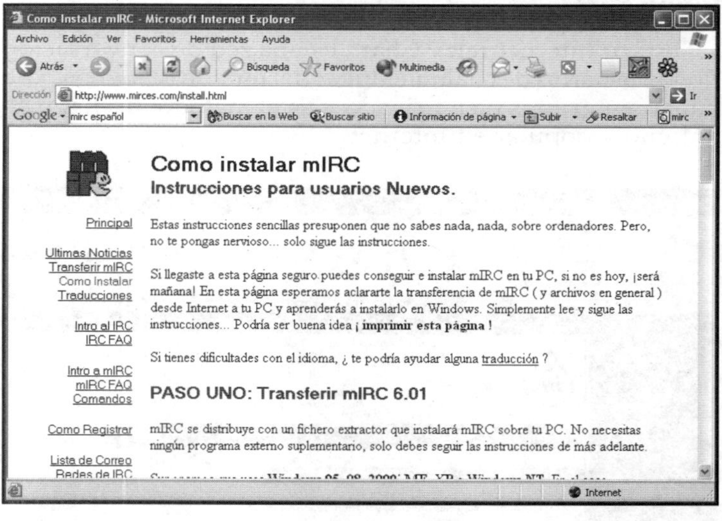

Figura 6.13.

Cuando ejecute mIRC, este pequeño programa le conectará a un servidor en una red de IRC. Todos los servidores se interconectan entre sí y pasan mensajes de usuario a usuario. Podrá participar en grupos de charla en los miles de canales del servidor conectado, o en cualquiera de los cientos de redes de IRC existentes por todo el mundo. O, simplemente, puede hablar en privado con familiares o amigos, independientemente del lugar en que ellos estén. Otra característica interesante es que su aspecto es totalmente configurable, y podrá encontrar cientos de "skins" (pieles, o aspecto general del programa) para personalizarlo a su gusto. El aspecto final de una de estas "pieles" en el programa mIRC podría ser este (véase figura 6.14).

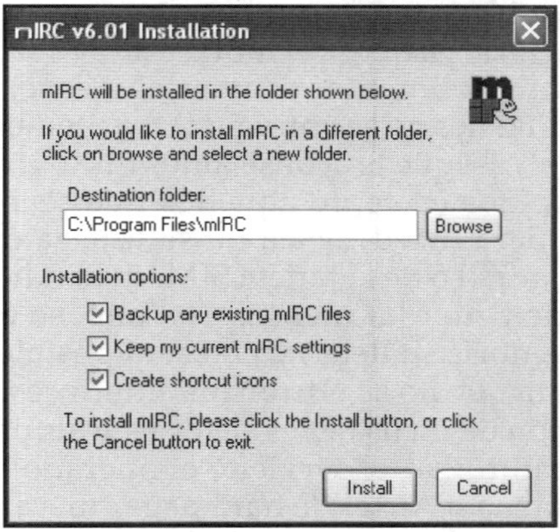

Figura 6.14.

6.2.6. SMS

Y, para finalizar este capítulo, vamos a hablarle del SMS, o "Short Message Service" (Servicio de Mensajes Cortos). El servicio SMS le permite enviar o recibir mensajes breves de texto (con un máximo de 160 caracteres), desde un teléfono GSM (Global System for Mobile Communication) a otro teléfono GSM, y los mensajes serán visualizados directamente en la pantalla del teléfono. Junto al mensaje, el receptor puede leer el número del emisor y la hora a la que ha sido enviado el mensaje (pero siempre hay opciones que le permitirán evitar que su número sea visualizado y que aparezca como "Número Privado". Consulte con su operador para más información).

Para poder enviar un mensaje es necesario que su teléfono móvil esté dotado con la función SMS/MO (Mobile Originated), y que disponga de un número telefónico del Centro de Mensajes del propio operador (habitualmente viene ya incluido en el propio teléfono cuando lo adquiere, ya que suelen venir con las funciones predefinidas del operador con el que haga el contrato). Es muy difícil contar uno por uno los métodos de introducir un mensaje en el móvil, debido al enorme número de terminales y modelos, por lo que para escribir, leer, borrar o acceder a los mensajes guardados le aconsejamos consultar siempre el manual de uso del teléfono móvil.

El mensaje enviado será recibido en pocos segundos (siempre que el móvil del destinatario esté encendido y en zona de cobertura, ya que si el móvil está apagado o fuera de cobertura, la red reintentará enviar el mensaje durante 48 horas, tras las cuales no se entregará). La memoria del móvil no es "infinita", así que le aconsejamos que borre los mensajes una vez leídos (excepto aquellos que sean de especial importancia para usted), y así no saturar la capacidad de memoria del móvil o de la tarjeta SIM (dependiendo del modelo, se pueden guardar mensajes en uno, en otro o en ambos). Si la memoria se llena, ya no será posible recibir más mensajes hasta que no se borren los anteriores.

La recepción de mensajes es siempre gratuita, pero no así el envío. Para utilizar el servicio, el operador (en España, Movistar, Amena o Airtel) le hará pagar un canon o le hará pagar por mensaje enviado. A diferencia de España, la mayor parte de los proveedores europeos ofrecen gratuitamente el canon y la recepción de mensajes, cobrando por el envío de mensajes. La tarifa media en Europa para el envío de mensajes es de unos 0,15 euros (unas 25 pesetas de las "de antes") por cada uno. E, incluso, algunos operadores optan por cobrar una tarifa fija mensual, permitiendo el envío ilimitado de mensajes (sin ningún coste añadido).

Pero no sólo se pueden mensajes enviar mensajes SMS desde su móvil. También desde Internet se pueden enviar desde una serie de páginas que ofrecen este servicio. La gran ventaja es que es gratuito, el operador no le cobrará nada, pero no podrá enviar un número ilimitado de ellos. O bien tendrá la opción de enviar un número determinado por hora, o un máximo por unidad de tiempo (dependiendo del operador) a un mismo número de teléfono. De todos modos, a continuación le damos una pequeña lista de páginas Web desde las que podrá enviar los SMS.

- www.amenapolis.com
- www.correo.movistar.net
- www.digival.es/sms/

- www.eldorado.es
- www.freesms.net
- www.gsmbox.es
- www.gsm-cables.net
- www.gsmnet.net
- www.gsmspain.com/sms/
- www.latinia.com
- www.mensajedirecto.com
- www.movilmania.cjb.net
- www.mtnsms.com
- www.myalert.com
- www.navegalia.com
- www.nora.es
- www.nublo.com
- www.operadores.org
- www.quios.com
- www.sms.it
- www.smsfever.com
- www.terra.es
- www.worldsms.com
- www.xasa.com
- www.zonagsm.com

7

FTP y ficheros

7.1. Introducción

Una de las cuestiones que más importancia tiene cuando se navega por Internet, es la posibilidad de encontrar prácticamente cualquier fichero que se necesite. Y, aunque piense que nunca necesitará hacerlo, le aseguramos que tarde o temprano acabará haciéndolo. Este "intercambio" de ficheros se realiza por FTP, que..., en primer lugar, conviene explicar qué significa FTP: son las iniciales de "File Transfer Protocol" o Protocolo de Transferencia de Ficheros. Recuerde que un protocolo es un conjunto de normas que permiten "ponerse de acuerdo" a varios ordenadores con sistemas diferentes, y eso implica que con el FTP podrá descargar archivos de servidores sin importar el sistema que haya en el otro ordenador (aunque sólo podrá utilizar aquellos que estén programados para el sistema que usted utilice).

El modo en que actúa este sistema es conectarse a un servidor, examinar todos los fichero que están disponibles, y elegir y descargarse el que necesite. Hasta ahí todo muy bien, pero no siempre podrá hacerlo. La gran mayoría de estos fichero necesitan de una "autorización" para poder ser descargados, autorización que vendrá protegida por un nombre de usuario y una contraseña, lo normal en Internet. Pero también puede acceder a servidores en los que hay información disponible para cualquiera que lo desee. Este servicio es lo que se conoce como FTP anónimo, en el que habitualmente el nombre de usuario es "anonymous" y no existe contraseña. Como usted comprenderá, la información contenida en estos servidores no siempre es tan "jugosa" como la que puede encontrar en un servidor privado.

Para poder descargar un archivo, FTP utiliza el principio de "cliente/servidor" (igual que con la Web o con el correo electrónico). Necesitará un software especial (cliente FTP) que será el que se conecte con el servidor y haga efectiva la descarga. Los navegadores más conocidos y utilizados incluyen entre sus características la opción de FTP, pero también hay software especializado para esta función que le permitirá elegir entre muchas más opciones y realizar FTP de un modo completamente personalizado.

También es importante hablar de los ficheros en general. El enorme número de aplicaciones que hay en el sector informático implica también que hay un número enorme de tipos de ficheros (o, si lo prefiere, de formatos). En general, aunque muchas aplicaciones "entienden" el formato de otras que se dedican a la misma función (archivos de texto, gráficos, de sonido, vídeo...), cada uno de los programas suele darle un formato propio a los archivos que crea. Por ejemplo, el formato de los archivos creados con Microsoft Word tienen una extensión ".doc", los de MS Excel ".xls", los del programa gráfico Paint Shop Pro ".psp", etc... De nuevo, le repetimos que estas aplicaciones pueden importar y exportar los ficheros en multitud de formatos, pero si se pone a examinar las extensiones de los archivos que tiene en su ordenador, se dará cuenta que estos son más de los que conoce.

Más adelante le hemos preparado un lista bastante completa de las extensiones más habituales y a qué corresponden. No están todas (esa será una tarea casi imposible), pero sí la mayoría de las que se encontrará cuando navegue o "curiosee" por su ordenador.

7.2. Definiciones y términos relacionados

Tampoco se crea que "todo es jauja" en Internet. A pesar de que, como le comentábamos, podrá encontrar todo lo que necesite, tampoco es gratuito. Los programas que hay en la Red tienen el mismo tipo de tratamiento que los que puede encontrar en una tienda. Imagínese que está en una charcutería: unos productos se los regalarán (unos caramelos a la entrada), otros serán de exclusiva venta (el jamón de pata negra o, en general, la gran mayoría de los artículos), y uno terceros podrá "alquilarlos" (le darán un poco de queso para que lo pruebe y, si le gusta, que compre más)... Pero vamos a explicárselo un poco mejor.

- **Shareware:** estas aplicaciones se suelen distribuir de forma gratuita y, habitualmente, sin restricciones de ningún tipo. Pero el autor le "requerirá" una cantidad de dinero al cabo de un tiempo o de un número de usos. Este precio no suele ser excesivo y, a cambio, le suele ofrecer actualizaciones y soporte técnico gratuito, mejoras, funciones más completas, manuales, etc... Pero, como no siempre estamos dispuestos a pagar por algo que se nos ofrece gratis (qué se le va a hacer, somos así), muchas veces el programa dejará de funcionar tras ese periodo de prueba, o tendrá desconectadas algunas funciones (como, por ejemplo, la de grabar lo realizado con esa aplicación), o la de mostrar publicidad o recordatorios continuamente (el denominado "nagware", en el que "nag" significa regañar).
- **Freeware:** estos sí son totalmente gratuitos y sin restricciones ("free" es gratis o libre en inglés). La única restricción es que el autor se reserva el "copyright" y cuando el archivo "cambia de manos" (como por ejemplo incluyéndolo en su página Web personal), se debe señalar quién es el autor y no pueden ser plagiados ni alterados sin su consentimiento.
- **Comerciales:** como su propio nombre indica, programas a la venta exclusivamente. Habitualmente no verá "demos" de estos programas por Internet ni podrá probarlos (entonces pasaría a ser shareware). Como mucho, podrá encontrar imágenes de algunas ventanas del programa, pero no disfrutará de él hasta que no lo adquiera.
- **Dominio público:** no sólo pueden ser distribuidos y utilizados gratuitamente, sino que pueden ser alterados por usted de cualquier modo para adaptarlos a sus necesidades.
- **Warez:** a pesar de no ser un tipo de aplicaciones, se las puede encontrar en muchas páginas de Internet. Son programas comerciales o shareware que han sido desprotegidos y que se ofrecen de forma gratuita a quien quiera descargarlos de la Red. Aunque pueda parecer muy "apetecible", tenga en cuenta que ese tipo de actuación es un delito (es equivalente a ir a unos grandes almacenes, guardarse productos en los bolsillos, y luego regalárselos a la gente que pase por la calle). Y hay un ejemplo que siempre suele dar resul-

tado: imagínese que es el creador de ese programa. Ha estado meses sin dormir apenas, ha puesto dinero de su bolsillo para crearlos... Poco más hay que decir.

7.3. Compresión de ficheros

Los ficheros ocupan espacio. Esa no es una verdad que hayamos descubierto ahora. El problema es que descargarlos implica esperar en función del tamaño de éstos. A mayor tamaño, más tiempo de espera y, por tanto, más gasto en la factura telefónica, y más posibilidades de que se corte la comunicación y la descarga. Cuando se dispone de una tarifa plana no hay problema, puesto que se paga una cantidad al mes independientemente del tiempo de conexión, con lo que puede tener descargando un fichero de muchas megas durante horas sin que eso implique que su factura sea semejante al presupuesto para defensa de un país pequeño. Además, las conexiones tipo RDSI o ADSL tienen una velocidad de transferencia mucho mayor que un simple módem, por lo que, encima, tardará menos tiempo. Pero el gran número de usuarios de Internet todavía lo hacen por medio de un módem que, en el mejor de los casos, es de 56,6 kbps (kilobits por segundo). Para acelerar estas descargas (y, en general, para facilitarle el almacenamiento), los ficheros suelen estar comprimidos.

La compresión de ficheros consiste es disminuir el tamaño de un archivo sin por ello perder ni un bit de información. Pero también implica que para poder utilizar las aplicaciones originales, deberá "descomprimir" los ficheros descargados.

Cada programa compresor utiliza un "Algoritmo de compresión" distinto. Los archivos informáticos están creados con datos binarios (con ceros y unos). Cada algoritmo, lo que hace es utilizar un método diferente para que esa información quede reducida al máximo. Por ejemplo, imagínese que un programa está formado por un número enorme de 0 y 1. Una de las cadenas de datos podría ser 000000011111000. Un algoritmo puede, por ejemplo, reducir esa cadena y nombrarla de este modo: 705130, que es lo mismo que decir 7 ceros, 5 unos y 3 ceros. Los algoritmos de compresión más usados son LZW (iniciales de sus creadores, Lempel, Jacob Ziv y Terry Welch) y LZ77 (diseñado por James Storer y Thomas Szymansky y basado en el trabajo de Lempel y Ziv).

La norma es la siguiente: el mejor compresor es el que comprime más rápido y hace los ficheros resultantes más pequeños, cuestiones que son habitualmente difíciles de conseguir a la vez. Lo normal es que, a mayor tiempo de proceso, menor sea el tamaño (mayor compresión), y a menor tiempo, menor compresión. A continuación le presentamos una pequeña lista de los programas compresores más utilizados, la extensión de archivo que crean y el algoritmo de compresión usado.

Tabla 7.1.

Programa	*Extensión del fichero creado*	*Algoritmo de compresión*
ARC	.arc	LZW
ARC	.arj	LZ77
GZIP	.gz o .z	LZ77
GZIP	.z	LZW
LHARC	.lha o .lzh	LZ77
WinZip	.zip	LZ77
ZOO	.zoo	LZ77

Pero, también es habitual que estos programas de compresión sean una herramienta ya utilizada por usted o que, en último caso, se encuentren situados para su descarga en la misma página donde se encuentren los de su elección. De todos modos, le vamos a contar por encima dónde puede encontrarlos y cómo son.

7.3.1. WinZip 8

WinZip es uno de los programas más útiles, cómodos, fáciles de usar y de más aceptación entre los usuarios internautas (aunque seguro que en este punto hay discrepancias).

Podrá encontrarlo como shareware en su página Web, www.winzip.com (véase figura 7.1).

Su ventana principal es como la de la figura 7.2, pero se habrá dado cuenta que el programa está en español, cuando sólo lo podrá descargar en inglés. Le explicaremos cómo traducirlo en el apartado 7.3.1.1.

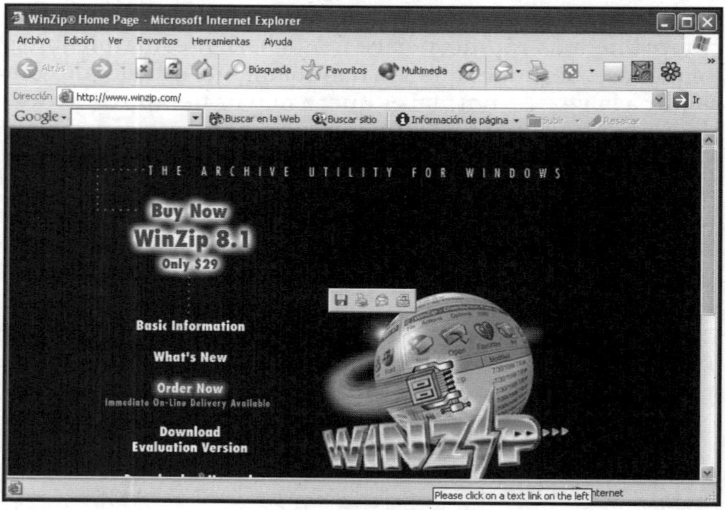

Figura 7.1.

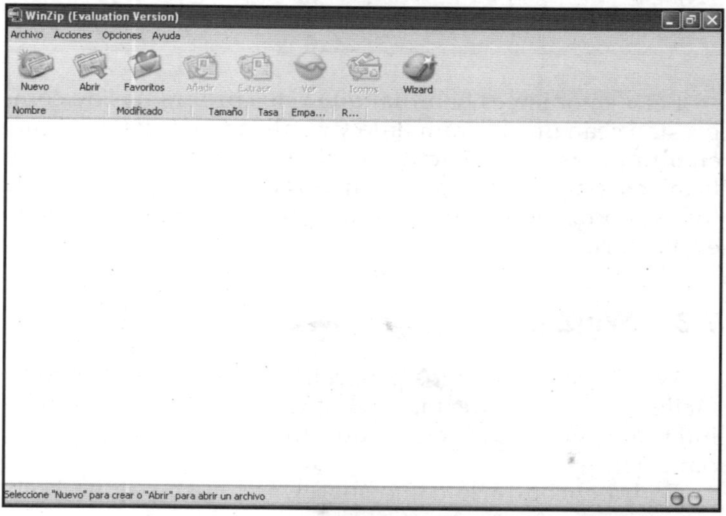

Figura 7.2.

A la hora de comprimir datos tiene dos posibles opciones que le resultarán fáciles y cómodas de usar: con cualquier programa de compresión, si quiere comprimir un archivo suelto o un directorio la solución está a un par de pasos: al seleccionar muchos archivos a la vez, debe decirle al programa dónde guardar el archivo comprimido, su nombre, tipo de compresión (máxima, normal...).

Pero, cuando instala WinZip, éste no sólo se introduce en una carpeta y "espera" a que le llame, es decir, se comporta como cualquier otro programa que sólo funciona cuando lo activa, sino que también se instala en determinados lugares del sistema operativo para hacerle más fácil algunas acciones, como por ejemplo estar disponible en las funciones que hay en el botón derecho del ratón.

Los dos casos que le hemos comentado al inicio tienen algo en común: los archivos originales tienen un único nombre (el del archivo en cuestión o el de la carpeta que incluye los otros archivos).

Puede que parezca que esto no tiene mucha importancia, pero implica que si quiere comprimirlos será más rápido de hacer ya que, por defecto, el programa no necesita preguntarle el nombre con el que guardará el archivo comprimido, sino que tomará directamente el que llevan la carpeta o el fichero (aunque repetimos que es la opción por defecto y que puede realizar la compresión al modo "clásico" y elegir todos los parámetros como nombre y similares). (Véase figura 7.3.)

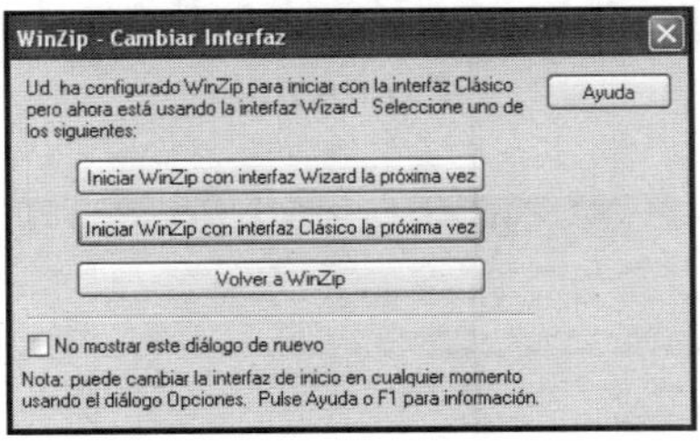

Figura 7.3.

Las opciones que el programa le ofrece son bastantes, como la información que podrá ver (véase figura 7.4), las rutas de las carpetas donde guardar los ficheros (véase figura 7.5), información del sistema (véase figura 7.6) u otra información variada (véase figura 7.7.)

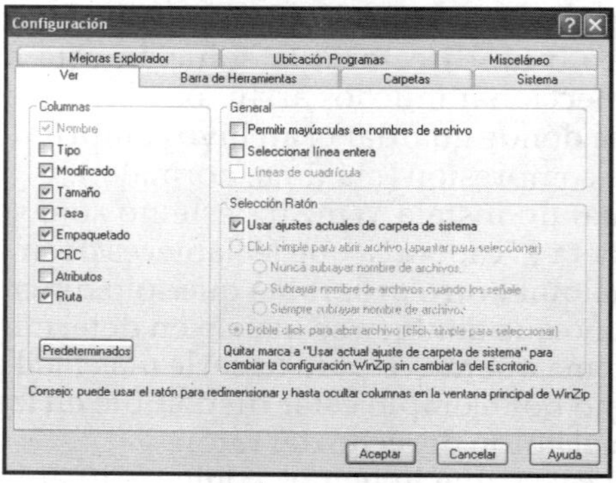

Figura 7.4.

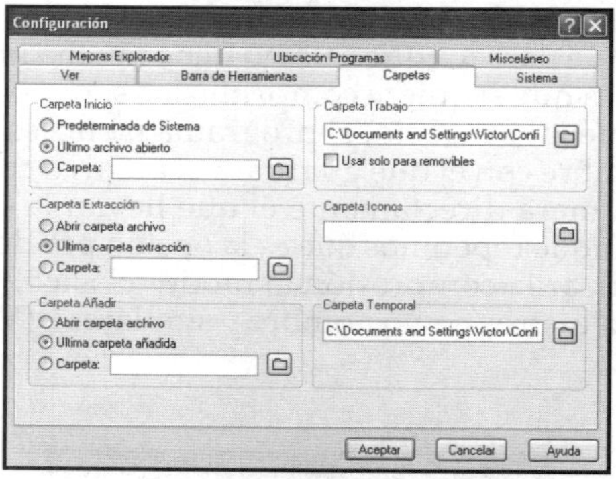

Figura 7.5.

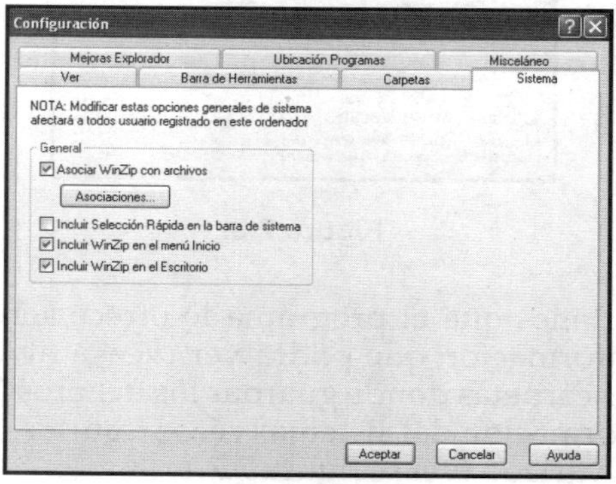

Figura 7.6.

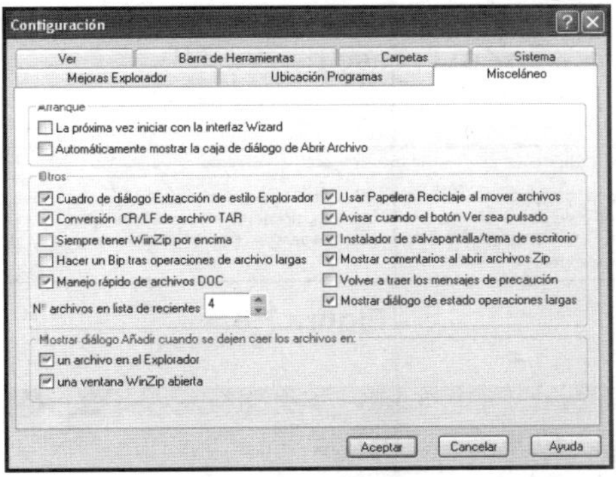

Figura 7.7.

Parche de idioma

Después de lo dicho, no le descubriremos nada diciendo que WinZip es una herramienta básica para cualquier usuario de ordenadores. Sin embargo, se encontrará con una herramienta que está en inglés, por lo que algunas de las opciones disponibles pueden llevar a dudas o que no se atreva a utilizarlas por miedo a estropear los archivos. No se preocupe, ya que WinZip 8.0 tiene disponible un parche de idioma para traducirlo sin apenas esfuerzo. Pero, en primer lugar, debe saber que el parche no es "oficial", es decir, no lo ha realizado la propia empresa creadora de WinZip. En su página Web (véase figura 7.1) sólo dispone por el momento de parches de idioma para el alemán, francés y japonés, aunque no se preocupe pues el parche funciona bien.

Para descargar el parche conéctese a Internet y acceda a la página www.nuevafase.com. Es la de un portal en español en el que hemos encontrado el parche (según sus propias indicaciones, está realizado por ellos mismos). Una vez que se haya cargado la página, acceda a la sección "Informática" y, por último, localice y haga clic sobre el botón **Programas: Descarga o busca, tú decides**. En la siguiente página que se abrirá en su navegador tiene disponible el propio programa WinZip 8.0 por si aún no lo tiene, o podrá descargarse sólo el parche de idioma (véase figura 7.8).

Una vez descargado el parche a su ordenador podrá instalarlo haciendo clic dos veces sobre el archivo resultante (compruebe antes que no está activa su copia de WinZip).

La única "complicación" es indicarle al parche dónde tiene instalado WinZip (véase figura 7.9).

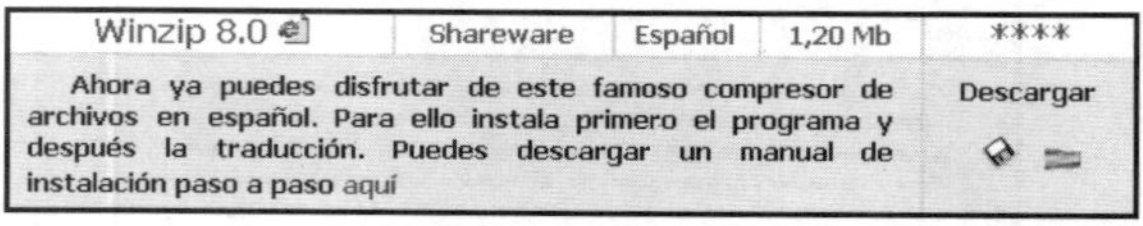

Figura 7.8.

Figura 7.9.

Teclas de acceso rápido

Una vez que haya usado WinZip estará de acuerdo con que es una herramienta muy útil y que no debería faltar en ningún ordenador. El modo más habitual de usar el programa es por medio del ratón, pero, para aquellos que realizan una misma acción muchas veces, controlar el programa por medio de este periférico llega a ser monótono y repetitivo. Puede hacer muchas cosas con una simple combinación de teclas con lo que, además, acelerará significativamente la velocidad de ejecución. Aquí las tiene:

Tabla 7.2.

Tecla o combinación de teclas	*Acción resultante*
Control-A	Seleccionar todos los ítems
Control-N	Crear un archivo nuevo
Control-O	Abrir un archivo
Control-P	Imprimir una lista de archivos de un fichero
Teclas de dirección	Mover el cursor y/o desplazarse por una lista
Enter	Hace lo mismo que un doble clic

Tecla o combinación de teclas	Acción resultante
Mayús.-A	Añadir ficheros a un archivo
Mayús.-C	Activar la herramienta de verificación
Mayús.-D	Borrar archivos de un fichero
Mayús.-Teclas de dirección	Seleccionar múltiples ítems en una lista
Mayús.-E	Extraer archivos de un fichero
Mayús.-F	Carpetas favoritas
Mayús.-G	Ver, añadir o editar un comentario
Mayús.-I	Instalar ficheros en un archivo
Mayús.-K	Crear un archivo auto-extraíble
Mayús.-L	Cerrar un archivo
Mayús.-M	Mandar un archivo por email
Mayús.-R	Renombrar un archivo
Mayús.-S	Buscar virus
Mayús.-T	Hacer test a un archivo
Mayús.-U	Descodificar un archivo
Mayús.-V	Ver los archivos de un fichero
Mayús.-W	Cambiar al modo de interfaz "Mágico"
F1	Activar el archivo de ayuda
Alt-F4	Salir de WinZip
F7	Mover un archivo
F8	Copiar un archivo

7.4. Software de FTP

Como le comentábamos, para tener muchas más opciones de FTP que las que le ofrece su navegador de confianza, es importante que disponga de un software más especializado. Vamos a ver un par de ejemplos.

7.4.1. WS-FTP 7

WS-FTP en su versión 7 es un programa cliente de FTP. Fue creado por John Junod y fue uno de los primeros que funcionó bajo el sistema operativo Windows, aunque hoy por hoy lo comercializa la empresa Ipswitch. Desde su página Web, www.ipswitch.com, podrá descargarse el programa.

Véase figura 7.10.

Figura 7.10.

Como características que se pueden nombrar del programa son que, por ejemplo, guarda información de los servidores FTP visitados con más frecuencia, y viene ya configurado con los 25 servidores más importantes (siempre desde el punto de vista de la empresa que lo comercializa). Una cuestión a tener en cuenta es que el programa básico es freeware (no así sus versiones "Pro" o "Server").

Su instalación no supone ningún problema: descargar el archivo y ejecutar el programa resultante. Le preguntará dónde quiere instalarlo en su ordenador (véase figura 7.11) y poco más.

Una vez instalado se abrirá una ventana en la que deberá introducir los datos necesarios para que el programa funcione correctamente (véase figura 7.12), como pueden ser su nombre de usuario, contraseña (o si quiere hacer FTP como anónimo). La ventana principal del programa es como la de la figura 7.13.

Figura 7.11.

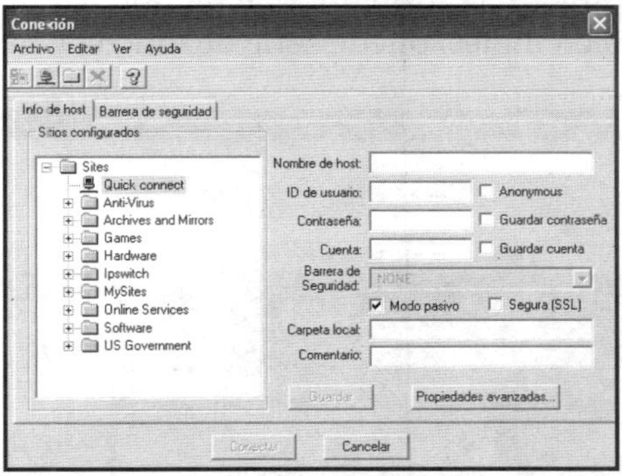

Figura 7.12.

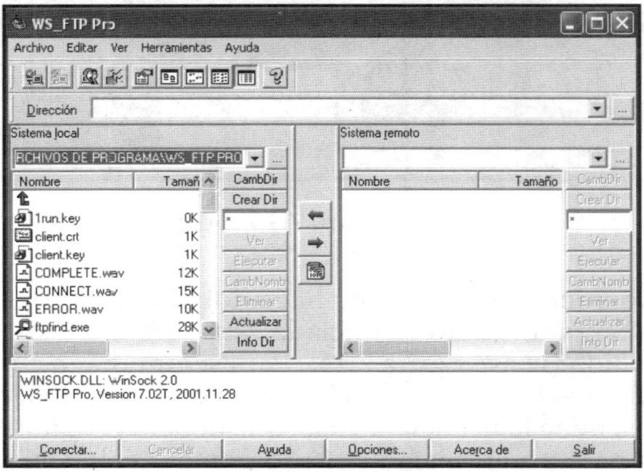

Figura 7.13.

7.4.2. Cute-FTP 4.2

CuteFTP es otro programa de transferencia de ficheros basado en Windows que le permite trasladar archivos por medio de Internet. Su uso es fácil, aunque es necesario estar un poco "al tanto" del modo de funcionamiento de FTP (para usuarios algo más avanzados). Lo primero que debe hacer es descargar el programa. Lo encontrará en la página Web www.cuteftp.com (véase figura 7.14).

Si además dispone de Acrobat, uno de los estándar en lo que a ficheros de texto se refiere (el programa básico, Adobe Acrobat Reader, puede descargarlo gratuitamente en www.adobe.com), en la misma página podrá descargarse el manual completo en formato PDF (el que lee Acrobat) que, aunque está en inglés, puede serle de mucha y buena ayuda.

Figura 7.14.

Para iniciar la instalación haga doble clic sobre el archivo descargado. Una vez iniciada ésta verá una ventana de bienvenida (véase figura 7.15). Para seguir, haga clic sobre el botón **Next**. A continuación, como en casi todos los programas, tiene la licencia de uso, que deberá aceptar sus términos para poder instalar el programa. Léala y si está de acuerdo haga clic sobre **I Agree**. La siguiente ventana le permite elegir dónde grabar CuteFTP (véase figura 7.16). Una vez satisfecho con la decisión, haga clic en el botón **Next** para continuar y comenzar la instalación.

Figura 7.15.

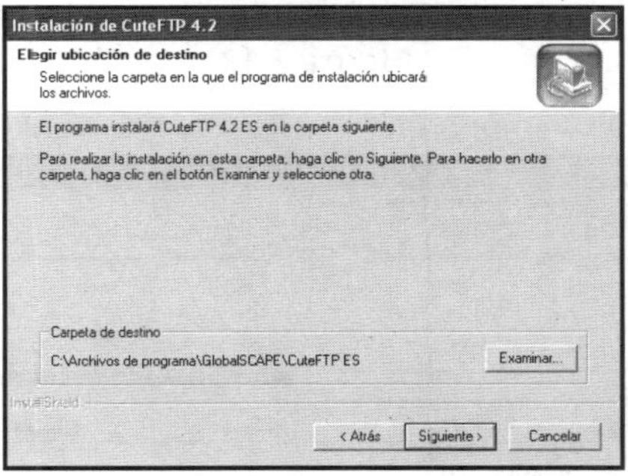

Figura 7.16.

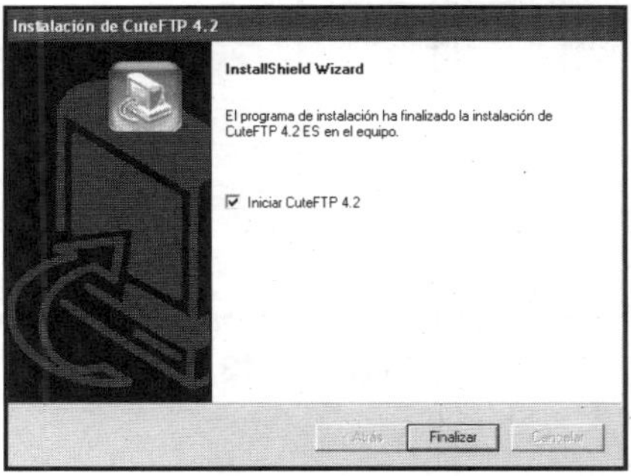

Figura 7.17.

Una vez finalizada la instalación (véase figura 7.17) tiene una serie de opciones a elegir. Una de ellas tiene que ver con la conexión. Destacando esta opción se lanzará un asistente que le permitirá configurar todos los datos necesarios para que la conexión sea efectiva (véase figura 7.18). El aspecto general de CuteFTP es el de la figura 7.19.

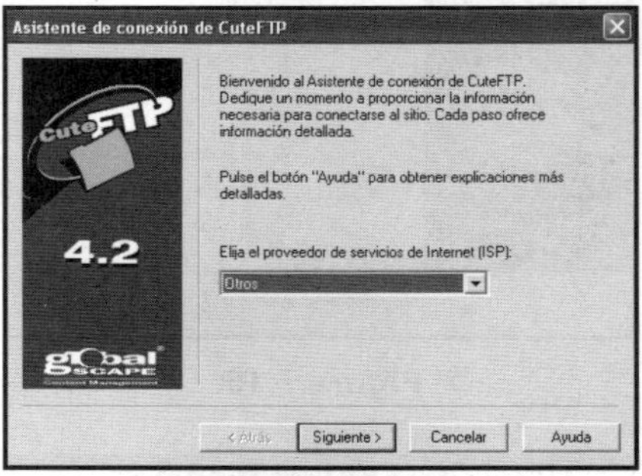

Figura 7.18.

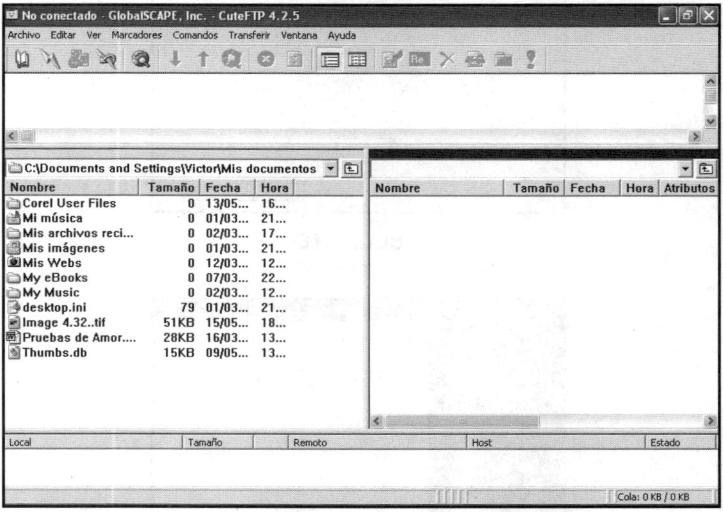

Figura 7.19.

8

Telefonía y videoconferencia

8.1. Introducción

En pleno siglo XXI, las comunicaciones no se pueden limitar a una simple llamada telefónica y mucho menos a mantener el contacto con otras personas por medio de la correspondencia "habitual". Cualquier empresa, y poco a poco también los particulares, están comprendiendo que todas las direcciones señalan hacia un punto muy concreto: la comunicación integral. En ella, el texto, la imagen, la voz y los datos de alta calidad en tiempo real son imprescindibles. Por un lado, estamos en un mundo en el que se diluyen las fronteras y se acortan las distancias. Los telediarios cada día nos sorprenden con algo, y si es asiduo a las revistas técnicas y especializadas, se habrá dado cuenta que en los últimos 50 años ha habido un crecimiento exponencial en el mundo de las telecomunicaciones. Esta comunicación juega un papel clave en el mundo empresarial pero, como le decíamos, también en el personal. El teléfono, el fax, Internet y el correo electrónico son imprescindibles para cualquier empresa u organización moderna, pero lentamente se comienzan a implantar otra serie de dispositivos que hace tan solo 10 años eran prácticamente impensables o al alcance de las grandes multinacionales, pero no del usuario de "a pie".

Dentro del marco antes señalado, aparecen dos tecnologías que parecen que se van a llevar la palma. Una de ellas ya es de uso habitual suyo: la telefonía en general. El otro, lo será en muy poco tiempo si no lo es ya: la videoconferencia.

8.2. Definiciones y términos relacionados

Estamos entrando en un mundo apasionante, el de las telecomunicaciones. Pero, a la vez, mantiene un lenguaje y unos términos que, a veces, utilizamos todos los días sin saber qué significan y de otros no hemos oído hablar nunca.

Esperamos que esta pequeña compilación de términos le sirva de ayuda en este capítulo.

- **Latencia:** es el retardo que hay entre el mensaje emitido y cuando lo escucha el otro componente de la conversación.
- **Fidelidad del sonido**: semejanza entre el sonido original y el que se recibe tras la comunicación.
- **Gateway**: literalmente es "pasarela", y consiste en un paquete de hardware y software que hace de "puente" y que facilita las conexiones entre el ordenador y el teléfono o entre un teléfono y otro, pero siempre usando la red Internet.
- **Velocidad de bits**: velocidad a la que debe transmitirse el contenido de audio y vídeo digital para reproducirlo correctamente en un reproductor; También se denomina así a la velocidad a la que el contenido digital se transmite a través de una red. La velocidad de bits suele medirse en kilobits por segundo (Kbps); por ejemplo, 28,8 Kbps.
- **Paquete:** Como ya hemos dicho en otros capítulos, un paquete es cada uno de los trozos, en la tecnología de Conmutación de Paquetes, en los que se dividen los distintos datos. Son pequeños segmentos de información de entre 1 y 1.500 caracteres de longitud, y cuentan con la información suficiente para llegar a su destino sin depender de los otros paquetes que forman el mensaje original.
- **Codec**: es el dispositivo electrónico que transmite y recibe las señales de vídeo que verán los participantes de la videoconferencia. Un módem toma datos digitales y los transmite a través de las líneas de teléfono regulares. Por el contrario, un "codec" toma las señales analógicas, las comprime y digitaliza transmitiendo las señales a través de las líneas del teléfono digitales.

8.3. Telefonía por Internet

8.3.1. ¿Cómo funciona?

Hace no mucho tiempo, realizar una llamada telefónica a través de Internet se podía convertir en una pesadilla, pero los medios actuales permiten realizarla como si se tratase de una conexión más a la Red. Hay tres modos de utilizar las líneas telefónicas con las que está conectado a Internet:

- De un ordenador a otro ordenador.
- De un ordenador a una red fija (teléfono).
- De un teléfono a otro teléfono.

En los tres sistemas se utiliza la red de ordenadores interconectados para efectuar la transmisión de los datos en lugar de la red telefónica convencional. Desde principios de 1990, Internet permite a las personas hablar entre ellas a través del ordenador. Al principio, la tecnología era compleja y la calidad del sonido muy precaria, pero en 1996 algunas compañías empezaron a ofrecer servicios telefónicos en los cuales la persona que iniciaba la llamada podía utilizar el ordenador (entre ellas Vocaltec, www.vocaltec.com) (véase figura 8.1), mientras que el receptor de la llamada la recibía con su teléfono convencional. De nuevo, el sonido era bastante malo.

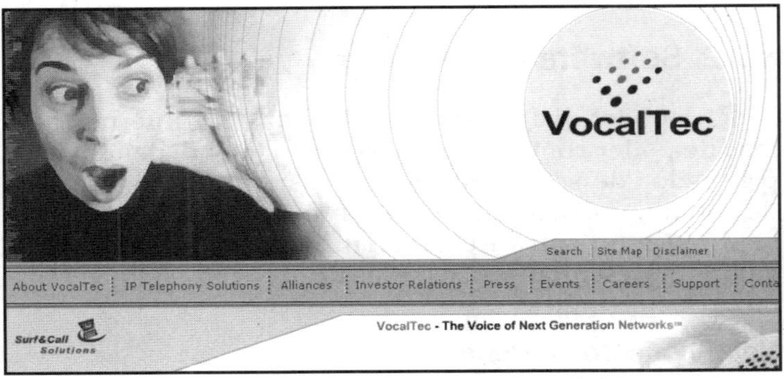

Figura 8.1.

Hoy en día hay empresas que ofrecen llamadas de larga distancia, de teléfono a teléfono, pero que se transmite por las redes de Internet, con una calidad de sonido que se acerca cada vez más a la que se puede obtener mediante la red telefónica convencional. Las llamadas telefónicas "convencionales" tienen mayor calidad dado que cada conversación tiene su propia "vía", que ocupa un cierto espacio en la red sin importar si los interlocutores están hablando o no. Por el contrario, una llamada por Internet normalmente viaja como si se "rompiera" el mensaje en varios trozos, cada uno de los cuales se envía por diferentes rutas hacia el destino (es la misma tecnología que la de "flujo de datos"). De forma algo más técnica, los sonidos se traducen a código binario y los distintos "paquetes" buscan su propia ruta independientemente de los otros.

Al llegar al destino, los trozos se unen para componer el mensaje inicial y, aunque se pueden perder algunos trozos (haciendo que la calidad sea menor que la comunicación telefónica tradicional), el mensaje es perfectamente audible y comprensible.

Pero aquí viene una de las ventajas de la telefonía por Internet: las llamadas efectuadas por estas redes son entre un 50 y un 80 por ciento más baratas que una llamada tradicional. Esta reducción se debe en su gran mayoría a que los diferentes proveedores de servicios de Internet (ISP) no pagan "royalties" por el uso de las redes, como sí deben hacerlo las empresas de telefonía tradicionales.

Si está interesado en esta forma de comunicación, consulte con su ISP para comprobar que le puede ofrecer este servicio, así como las tarifas vigentes.

8.3.2. Software de telefonía

Para poder disfrutar de las llamadas por Internet, además de poder contar con este servicio (que depende de su proveedor de servicios), deberá disponer de una tarjeta de sonido, unos auriculares y un micrófono, también deberá tener un software especializado. A continuación le vamos a presentar dos ejemplos de software, uno en español y otro en inglés.

Net2Phone CommCenter 1.0

Es un programa en castellano disponible en la página Web www.net2phone.com (Véase figura 8.2). Cuenta con una tecnología revolucionaria que le permite utilizar Internet para llamar desde un PC a cualquier teléfono convencional del mundo. Además, con Net2Phone sólo el que llama necesita un PC con una conexión a Internet, no así los que reciben la llamada. Lo mejor de todo es que el emisor se ahorra mucho en llamadas internacionales y provinciales. Con esta versión podrá llamar gratis a los números gratuitos de Estados Unidos (800, 888, 877). Pero, para poder llamar a otros números de teléfono de todo el mundo, necesitará adquirir una cuenta con la que le cobrarán por minutos de conexión; de todos modos, el precio de las llamadas es bastante inferior al que le ofrecen las empresas de telecomunicaciones "clásicas".

Para más detalles respecto a las tarifas le recomendamos que visite su página Web (véase figura 8.2), ya que éstas varían muy a menudo y sólo le interesarán las que estén vigentes en el momento en que se decida (si lo hace) a instalar el producto. Su aspecto es como el de la figura 8.3.

Figura 8.2.

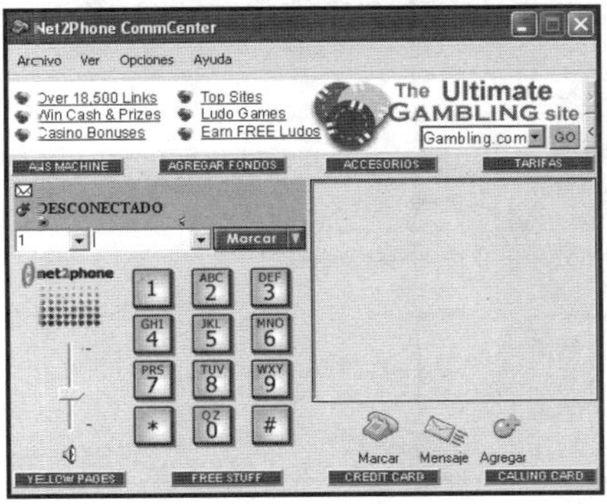

Figura 8.3.

El software en sí es gratuito. Puede descargarlo desde la página Web del fabricante sin ningún problema, pero si se decide a usarlo es cuando deberá darse de alta con Net2Phone, que una vez satisfecho el contrato y recibidos todos los datos le dará un nombre de usuario y una contraseña (véase figura 8.4).

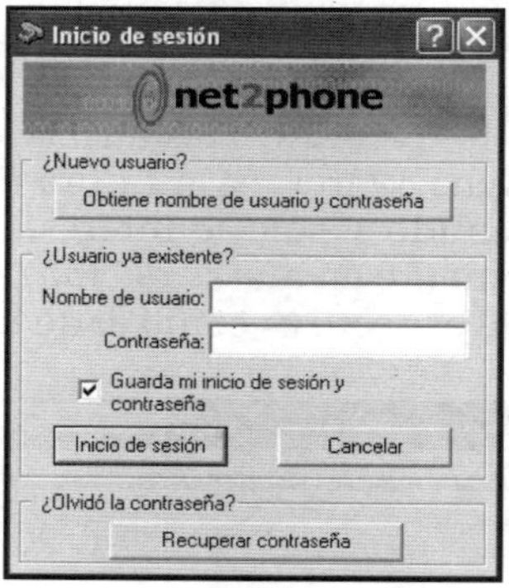

Figura 8.4.

Para ello deberá rellenar un formulario como el de la figura 8.5. Es muy importante que se lea atentamente las condiciones de uso (véase figura 8.6), ya que en ellas se detalla lo que puede y no puede hacer (así como las posibles limitaciones de uso).

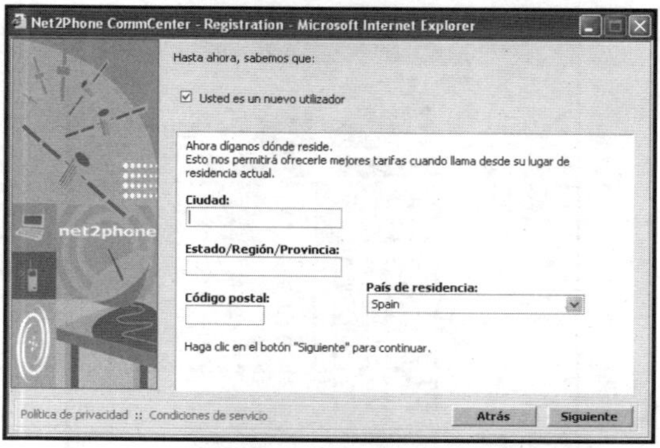

Figura 8.5.

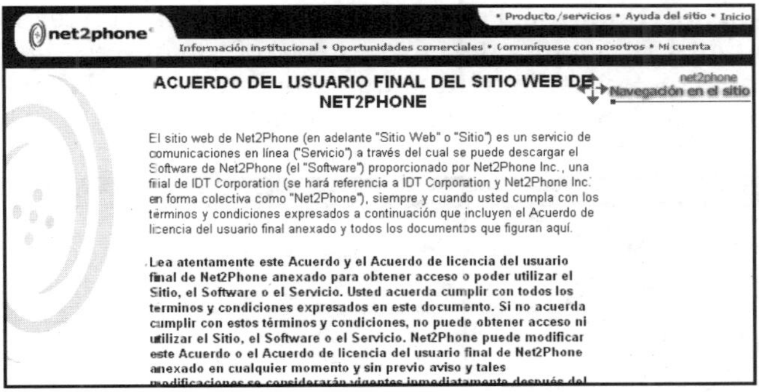

Figura 8.6.

PC-Telephone 4.1

El segundo programa que le vamos a presentar es PC-Telephone 4.1, disponible en la página www.pc-telephone.com (véase figura 8.7). Su "filosofía" es la misma que la de Net2Phone, la posibilidad de realizar llamadas PC-PC o PC-Teléfono. El programa es también gratuito, pero no le servirá de nada si no adquiere una tarjeta de llamada (véase figura 8.8). El modo de tarificación es por pasos.

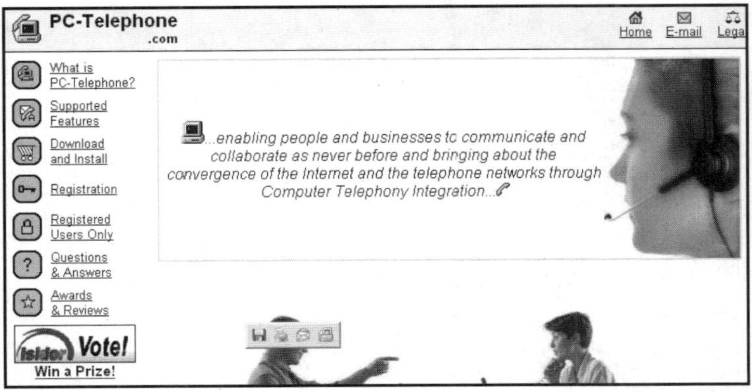

Figura 8.7.

Entre los países que pueden recibir llamadas realizadas con esta aplicación está España (véase figura 8.9). A cada país le corresponde una serie de pasos por minuto que equivalen a un precio determinado a descontar de la tarjeta previamente adquirida. Por ejemplo, una llamada a un teléfono fijo de España equivale a 69 pasos (0,0069$ que es algo así como 0,08 Euros), mientras que a un móvil son 312 pasos (0,37 Euros). Su aspecto es como el de la figura 8.10.

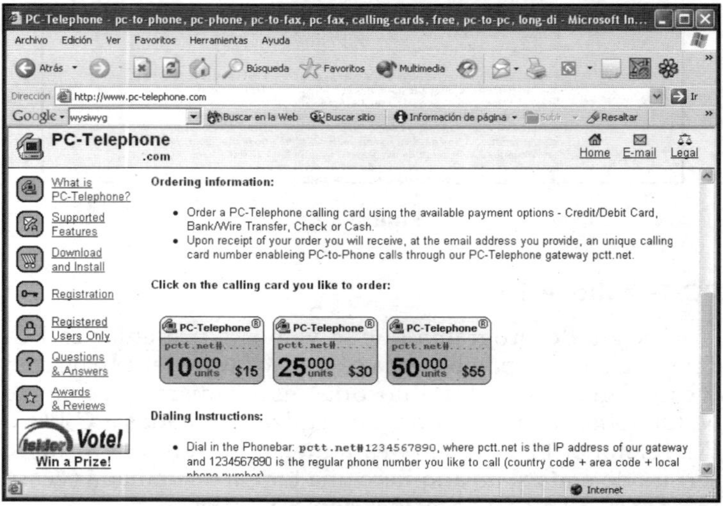

Figura 8.8.

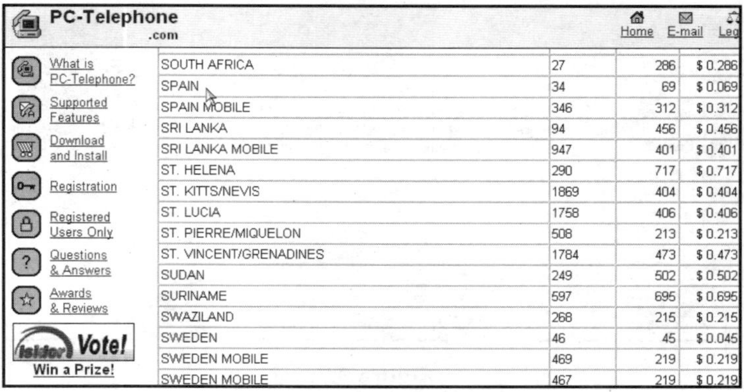

SOUTH AFRICA	27	286	$ 0.286
SPAIN	34	69	$ 0.069
SPAIN MOBILE	346	312	$ 0.312
SRI LANKA	94	456	$ 0.456
SRI LANKA MOBILE	947	401	$ 0.401
ST. HELENA	290	717	$ 0.717
ST. KITTS/NEVIS	1869	404	$ 0.404
ST. LUCIA	1758	406	$ 0.406
ST. PIERRE/MIQUELON	508	213	$ 0.213
ST. VINCENT/GRENADINES	1784	473	$ 0.473
SUDAN	249	502	$ 0.502
SURINAME	597	695	$ 0.695
SWAZILAND	268	215	$ 0.215
SWEDEN	46	45	$ 0.045
SWEDEN MOBILE	469	219	$ 0.219
SWEDEN MOBILE	467	219	$ 0.219

Figura 8.9.

Y una buena y última noticia al respecto: con PC-Telephone puede "probar antes de comprar". La versión de prueba le permite hacer llamadas por RDSI que no tengan una duración superior a 2 minutos y, si está satisfecho de la calidad del sonido y de las tarifas que ofrece, entonces registrarse y empezar a usarlo sin limitaciones de ningún tipo.

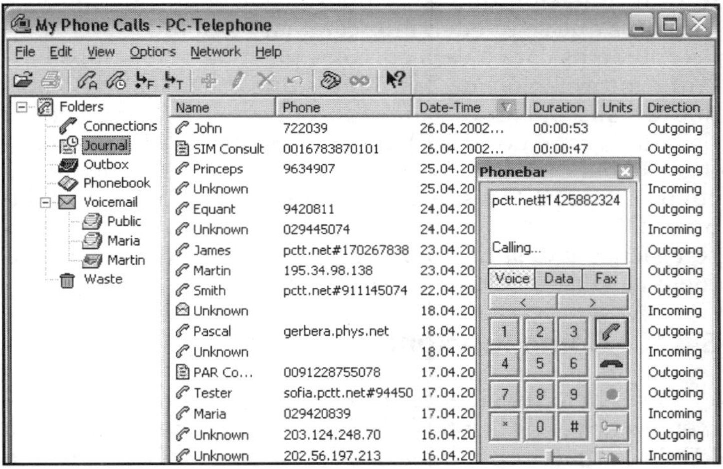

Figura 8.10.

8.4. Videoconferencia

La videoconferencia es una tecnología que permite a un grupo de personas, todas o alguna de ellas ubicadas en lugares distantes, llevar a cabo reuniones como si estuvieran en la misma sala. Los participantes pueden escucharse unos a otros y verse en vídeo en tiempo real a la vez que se pueden intercambiar datos, faxes, información gráfica y documental, vídeos, diapositivas, etc. El sistema permite todas las opciones de presentación e intercambio de información que son posibles en las reuniones presenciales, pero con las ventajas de no tener que desplazarse.

Sus ventajas fundamentales son aprovechar de forma mucho más eficiente el tiempo, al mismo tiempo que se reducen los costes asociados a transportes, hoteles, dietas... Se pueden planear reuniones cuando son necesarias (si surge un problema se puede reunir al instante sin esperar a llegar al acuerdo de un día en el que las agendas de todos los participantes estén libres), un mayor enriquecimiento de las reuniones por la participación de un mayor número de personas (un cargo secundario quizá no viaje, pero puede participar sin ningún coste añadido en una reunión por videoconferencia), disponibilidad de cualquier documento o información que se requiera (por el alto número de formatos que se pueden intercambiar) y, sobre todo, cuando hablamos cara a cara con otra persona obtenemos bastante información de las expresiones faciales, casi más que de sus palabras o del tono de voz. Investigaciones llevadas a cabo por psicólogos, han determinado que cuando se habla cara a cara, sólo el siete por ciento de lo que es comunicado es transferido por el significado de las palabras. Otro 38 por ciento proviene de cómo las palabras son dichas y deja un 55 por ciento restante de la comunicación a la forma de las señales visuales.

8.4.1. ¿Cómo funciona?

El servicio de videoconferencia se proporciona básicamente a través de la interfaz BRI (también denominada línea RDSI), la cual proporciona dos canales de 64 kbps cada uno y un canal de 16 kbps. El equipo de videoconferencia se conecta al terminal de la red y éste, a su vez, a las líneas telefónicas del abonado en cuestión desde donde se va a realizar la videoconferencia.

Si en lugar de la configuración antes dada, utiliza dos o más líneas RDSI, se puede tener este servicio de videoconferencia con velocidades mayores, lo que implica menos "saltos" de imagen en la transmisión:

- 2 * 64 Kbps = velocidad 128 kbps (una línea RDSI)
- 4 * 64 Kbps = velocidad 256 Kbps (dos líneas RDSI)
- 6 * 64 Kbps = velocidad 384 Kbps (tres líneas RDSI)

Si a un ordenador personal, por ejemplo, se le añade o adapta un kit multimedia con cámara de vídeo y un terminal con conexión RDSI, tendrá las mismas funciones que un equipo de videoconferencia RDSI, como el que comentábamos en el caso anterior.

8.4.2. Hardware necesario

Los sistemas de videoconferencia están compuestos por monitores, cámaras, micrófonos, altavoces y por el denominado "Codec". Un terminal de Videoconferencia común lleva todos los elementos integrados en un mueble: la cámara de vídeo, el monitor y el "codec" con compresor de datos. Otros sistemas tienen como plataforma un ordenador personal, (un PC o Macintosh) al cual se le instala un kit que constará de una cámara (que puede ser tipo Webcam), un micrófono, altavoces, tarjetas codificadoras de vídeo y audio, un terminal de comunicación (RDSI) y el software de funcionamiento pertinente. Vamos a "descomponer" estos componentes:

- **Monitor:** los equipos más completos llevan dos monitores y en cada monitor se puede ver una ventana por la que se "monitoriza" la imagen local que se está transmitiendo. Estos monitores pueden ser de formato PAL o VGA y, dependiendo de las necesidades del usuario, pueden tener medidas desde 15" hasta 35".
- **Cámara:** son las utilizadas para llevar a cabo la videoconferencia, es decir, las que van a captar la imagen de los participantes para transmitirla al otro extremo de la línea. Estas cámaras pueden ser fijas o motorizadas, y suelen estar situadas encima del monitor o debajo de éste. También se utilizan cámaras para la visualización de documentos escritos, gráficos, diapositivas, etc. La salida de vídeo puede ser conectada a un cañón de proyección o a un magnetoscopio (para grabar la videoconferencia). Casi todos los modelos admiten la conexión de proyectores de transparencias, cámaras de documentos, faxes y ordenadores personales.
- **Micrófono:** pueden ser de sobremesa, de mano, sin hilos, etc. Los más utilizados son omnidireccionales, es decir, aquellos que se colocan en un punto fijo y son capaces de detectar de dónde viene el sonido y "centrarse" en él.
- **Codec:** es la unidad de codificación/decodificación. Se encarga de comprimir y descomprimir la señal analógica que va a ser transmitida a través de la red digital. La mayoría de los equipos de videoconferencia también pueden compartir aplicaciones de ordenador tales como hojas de cálculo, procesadores de texto, etc. Esto quiere decir que, a la vez que se comparte audio y vídeo, puede estar trabajando con un mismo documento, hacer anotaciones sobre él, modificar campos o tomar notas.

Formas de conexión

En cuanto a la conexión existen básicamente dos tipos:

- **Videoconferencia Punto a Punto**: Cuando la videoconferencia se va a realizar entre dos únicos terminales de videoconferencia. Previamente se establecerá la llamada telefónica mediante el numero RDSI. Es decir, un equipo de videoconferencia hace la llamada a través del número RDSI al otro equipo y se inicia la comunicación.
- **Videoconferencia Multipunto**: en este modelo la videoconferencia va a ser entre más de dos terminales. Por tanto, se hace necesario un equipo que sea capaz de hacer de nexo entre todos los terminales que participarán en la Multiconferencia, y este equipo es un "Equipo Conmutador de Vídeo de Puertos RDSI". Será a partir de ahora el puente de videoconferencia, y se encargará de recibir la señal de todos los equipos de videoconferencia y de distribuir todas estas señales a todos los equipos, con el fin de que puedan participar al mismo tiempo en dicho evento. Este puente de videoconferencia se suele contratar a empresas de telecomunicaciones, dado su alto coste.

8.4.3. Software de videoconferencia

La videoconferencia tiene un interés especial en el sector empresarial y, lógicamente, los medios con los que cuenta una empresa son muy superiores a los que un particular tiene acceso. También, el uso que una empresa le da a una videoconferencia no tiene nada que ver con el que podría darle usted. Pero, con un ordenador y una simple cámara conectada a él, podrá disfrutar de las ventajas de ver a la gente con la que sólo habla por teléfono. Le comentamos una aplicación de software para videoconferencia.

Im4cam 3.30

Im4cam es una aplicación de videoconferencia que le permitirá mantener charlas a través de su Webcam, pudiendo reunirse hasta un máximo de 10 personas al mismo tiempo. Puede ver las características de este programa y descargárselo en la página Web www.im.co.kr/English/ (véase figura 8.11).

Figura 8.11.

Im4cam le ofrece, además, chat de texto y una pizarra donde podrá realizar dibujos o esquemas que sus interlocutores podrán ver en tiempo real. El programa permite grabar simultáneamente vídeo y audio remoto, procesar imágenes, compartir archivos, reproducir archivos de sonido "midi", etc. Y algo importante: es gratuito. Su aspecto es como el de la figura 8.12.

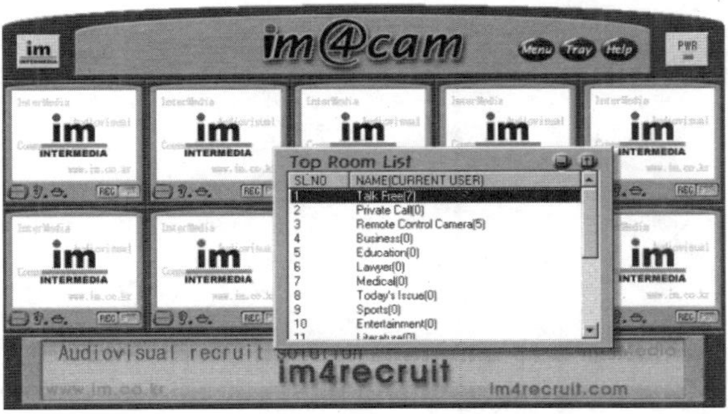

Figura 8.12.

Figura [illegible]

Indicam [illegible] además, [illegible] donde [illegible] [illegible] ... de la figura [illegible]

Figura [illegible]

9 Creación de páginas Web

9.1. Introducción

Como le contábamos al principio del libro, hoy en día, "*quien no tiene una página Web es casi como si no existiera*". Bueno, en realidad esto es una exageración, pero si ya se ha dado más de una vuelta por la Red verá que, al menos en lo que concierne al tema empresarial, esta máxima sí tiene algo de verdad. Casi todas las empresas que tienen "algo que decir", tienen un escaparate en Internet que muestra al resto del mundo a lo que se dedica. Y también, poco a poco, las pequeñas empresas e incluso los negocios familiares están adoptando este medio para darse a conocer. Raro es el negocio que no incluye entre sus datos el correo electrónico.

Otra cuestión aparte es una página personal. En ella puede incluir sus aficiones, sus gustos, sus manías, o incluso ser un punto de reunión de varios amigos en el que poder intercambiar opiniones o cualquier otra cosa que se le ocurra. Las posibilidades son infinitas. Entonces pregúntese: ¿le hace falta una página Web? Si nos permite responder por usted podríamos decir, ¿y por qué no?

Una página Web no es difícil de hacer (más adelante se lo demostraremos), y puede "colgarla" de forma gratuita en muchos servidores que le ofrecerán este servicio sin ningún cargo. Por otro lado, muchas de las herramientas para realizar estas páginas son gratuitas, y si se adentra poco a poco en este mundo, se dará cuenta que se puede convertir en una afición muy entretenida. Una vez tenga su página en Internet, sólo el hecho de ver esa obra creada por usted, le dará muchas satisfacciones.

Sabemos que mucha gente no estará de acuerdo con todas estas afirmaciones, pero no le cuesta nada probar a realizar una y luego decidir si quiere o no continuar con ella. Una última cuestión: las "malas noticias" las hemos dejado para el final (así ya estará más decidido antes de leer estas líneas y no le preocupará tanto). El mantenimiento de una página debe ser habitual para que los contenidos no se queden obsoletos, y cuando decimos habitual es que, una vez "metido en harina", es posible que quiera hacerlo cada vez más a menudo. Bien por los propios contenidos incluidos, o porque quiera probar nuevas cosas, nuevos diseños, nuevos trucos aprendidos en otros sitios. ¿Esa es la única pega? Pues sí. O al menos a nosotros no se nos ocurren otras. Como le vemos totalmente decidido, vamos a comenzar de inmediato.

9.2. Definiciones y términos relacionados

Algunos de los términos que le listamos a continuación ya han aparecido a lo largo de otros capítulos del libro, pero son de especial importancia en este momento. Otros, por el contrario, son de primera aparición, pero también le ayudarán a conocer mejor la creación Web.

- **Banner:** es un espacio publicitario contenido en una página Web, y siempre están dotados de un hipervínculo que le conectará a la empresa que ofrece dicha propaganda. Las empresas pagan a los propietarios de las distintas páginas para que incluyan estos carteles a cambio de un tanto por ciento en las ventas, de una pequeña suma por cada visita realizada desde la página que contiene el banner o mediante el ofrecimiento de contenidos interesantes que hagan que el propietario quiera incluir la publicidad porque hace más atractiva la página (contenidos informativos, fotografías, resultados de sorteos...).
- **HTML:** "Hypertext Markup Language" o Lenguaje de Marcado de Hipertexto. Es el lenguaje mediante el cual se escriben las páginas Web, lenguaje que luego es traducido por los navegadores que le permiten ver todos los contenidos de Internet.
- **DHTML:** es "Dynamic Hypertext Markup Language" (HTML Dinámico). Es el modo en que se denomina al conjunto de novedades y ampliaciones de HTML, y que permite realizar páginas más interesantes y atractivas, es decir, más "dinámicas". Permite crear efectos de presentación para texto y objetos.

- **Dirección IP:** es una cadena numérica que identifica a cada ordenador en la red.
- **Enlace:** los enlaces o "Links" son conexiones físicas entre Routers. También adoptan este nombre cada uno de los elementos que conforman una página Web, y que permiten saltar de un lugar a otro para completar la información, o para consultar otros datos o páginas Web relacionadas de algún modo.
- **FTP:** es el acrónimo de "File Transfer Protocol" o Protocolo de Transferencia de Archivos. Una aplicación cuya función es intercambiar o transferir archivos entre ordenadores.
- **Hipertexto:** enlaces entre distintas partes de un documento o página Web por medio de palabras. Habitualmente, estas palabras vienen subrayadas y en otro color para hacerle notar al usuario que haciendo clic sobre ellas puede acceder a otra sección relacionada con ésta.
- **Java:** es un lenguaje de programación creado a mediados de los años 90 por la empresa Sun Microsystems, y su función fundamental es la de crear complementos al HTML y funciones adicionales a las páginas en que se incluye. Su gran importancia es que este lenguaje funciona en cualquier sistema operativo del mercado, por lo que su aceptación ha sido muy alta.
- **Applets:** es cualquier programa escrito con Java.
- **JavaScript:** lenguaje desarrollado por Netscape que sirve de complemento a HTML, pero no tiene ningún "parentesco" con Java excepto el nombre.
- **Multimedia:** como su nombre indica, es el uso de diferentes "medios" para mostrar una idea. Entre estos se encuentran el texto, sonidos, música, imágenes, animaciones, vídeo, etc.
- **Webmaster:** es un término válido tanto para un administrador de una página como para el creador de ésta. Es posible que, después de leer este capítulo, se convierta en un Webmaster.
- **WYSIWYG:** es el acrónimo de "What You See Is What You Get" (Lo que ve es lo que obtiene). Es el modo de trabajo de muchos programas de creación de páginas Web. En lugar de escribir código puro y duro, estos programas le permiten ver en todo momento cómo va quedando su página, ya que el diseño aparece directamente en la pantalla, aunque puede acceder al código HTML siempre que quiera.

- **XML:** "eXtensible Markup Language", otro pariente cercano de HTML que le permite realizar aplicaciones más complejas en una página Web, sobre todo las relacionadas con tratamiento de bases de datos.
- **Hoja de estilos en cascada (CSS):** especificación HTML que permite a los autores de páginas Web adjuntar hojas de estilo a los documentos HTML. Las hojas de estilo pueden incluir información tipográfica del aspecto de la página, como la fuente del texto. CSS también controla la forma en que se combinarán las hojas de estilos del documento HTML y el estilo del usuario.

9.3. Lenguajes de creación Web

Aunque ya le hemos adelantado alguno en la sección de términos, aquí vamos a explicárselos un poco más en detalle para que sepa, al menos, cuáles son y para qué sirven.

9.3.1. HTML

Hipertext Markup Language, Lenguaje de Marcado de Hipertexto. Su elemento básico es el texto.

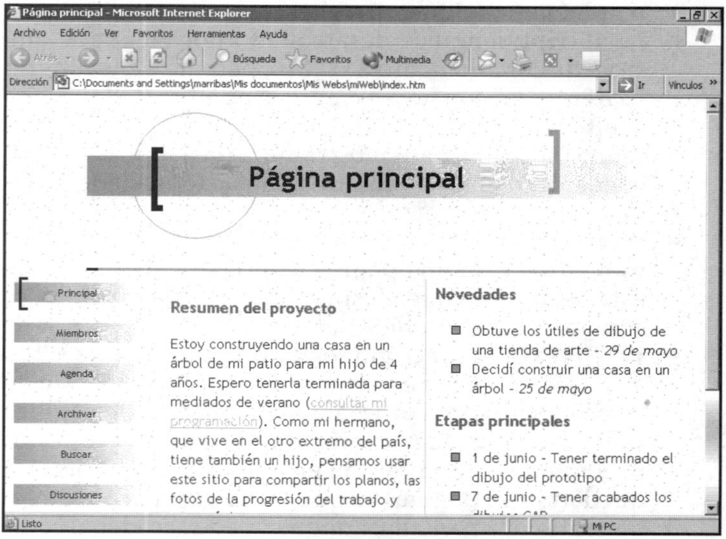

Figura 9.1.

Cualquier documento creado con HTML es un documento de texto, pero que incluye una serie de comandos que son los que hacen que los navegadores interpreten el documento de un modo u otro. Estas "marcas especiales" o comandos son llamados **etiquetas**, y son cadenas de texto que se utilizan para identificar el tipo, formato y apariencia de un elemento de página. Muchos elementos tienen etiquetas iniciales y finales que definen dónde se inicia y detiene el elemento.

El aspecto de una página creada con HTML es como el de la figura 9.1. Para que compruebe la diferencia con respecto a la vista WYSIWYG, vea la figura 9.2, que corresponde al mismo documento.

```
<html>

<head>
<meta http-equiv="Content-Type" content="text/html; charset=windows-1252">
<meta http-equiv="Content-Language" content="es">
<title>Página principal</title>
<meta name="GENERATOR" content="Microsoft FrontPage 5.0">
<meta name="ProgId" content="FrontPage.Editor.Document">
<meta name="Microsoft Theme" content="axis 111, default">
<meta name="Microsoft Border" content="tlb, default">
</head>

<body><table border="0" cellspacing="5" width="100%" cellpadding="5" align="left" style="border-le
  <tr>
    <td width="50%" rowspan="2" style="border-right-style: solid; border-right-width: 1; border-le
    <h3>Resumen del proyecto</h3>
    <p>Estoy construyendo una casa en un árbol de mi patio para mi hijo de 4 años.
    Espero tenerla terminada para mediados de verano (<a href="schedule.htm">consultar
    mi programación</a>). Como mi hermano, que vive en el otro extremo del país,
    tiene también un hijo, pensamos usar este sitio para compartir los planos, las
    fotos de la progresión del trabajo y trucos útiles.</p>
    </td>
    <td width="50%">
    <h3>Novedades</h3>
    <ul>
      <li>Obtuve los útiles de dibujo de una tienda de arte - <i>29 de mayo</i></li>
      <li>Decidí construir una casa en un árbol - <i>25 de mayo</i></li>
    </ul>
    </td>
  </tr>
```

Figura 9.2.

9.3.2. DHTML

HTML dinámico (DHTML) es una mejora de HTML versión 4.0 desarrollada por Microsoft que permite crear efectos visuales o mejorar el diseño de una página Web.

Por ejemplo, permite efectos visuales como animaciones en las que el texto parece volar por la pantalla, palabra a palabra. Otra mejora de diseño de páginas que ofrece son los esquemas contraíbles, que permiten ahorrar espacio (ver figuras 9.3 y 9.4).

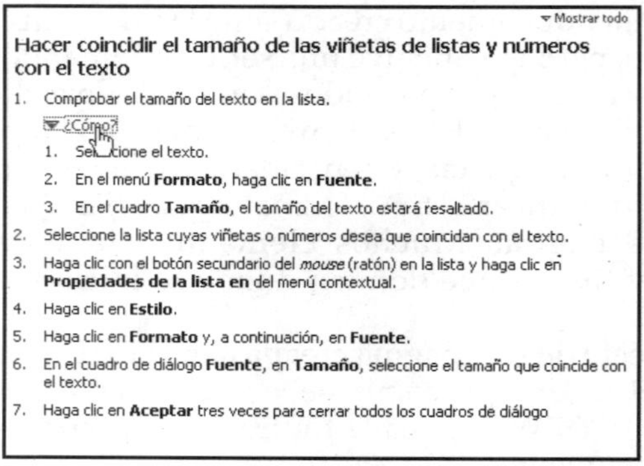

Figura 9.3.

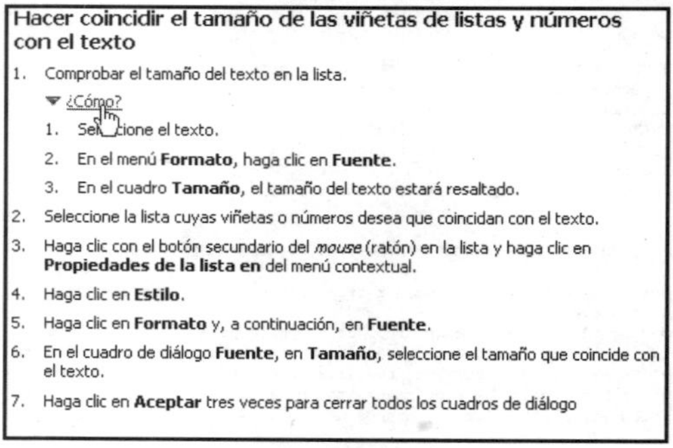

Figura 9.4.

9.3.3. ActiveX

Es un conjunto de tecnologías que permite a los componentes de software interactuar entre sí en un entorno de red, independientemente del lenguaje en que se crearon tales componentes. ActiveX se utiliza principalmente en el desarrollo de contenido interactivo para la World Wide Web, aunque también se puede emplear en aplicaciones de escritorio y otros programas.

9.3.4. CGI

"Common Gateway Interface". Es un método estándar que se utiliza habitualmente en el procesamiento de formularios, donde el explorador Web envía datos de formulario a una secuencia de comandos CGI en el servidor, la secuencia de comandos integra los datos con una base de datos y devuelve los resultados como página Web. El uso de CGI puede hacer que una página Web sea mucho más dinámica y agrega interactividad.

9.3.5. XML

El "Lenguaje de Marcado Extensible" (XML) y el "Lenguaje de Marcado de Hipertexto" (HTML) han sido diseñados para crear documentos Web. A diferencia de HTML, XML está diseñado y especializado en datos. Otra diferencia de XML con HTML es que XML admite el uso de etiquetas personalizadas para datos específicos. Las reglas que gobiernan la sintaxis de las etiquetas XML son más estrictas que las de HTML, y si en un documento XML falta una etiqueta o hay un atributo con formato incorrecto, no se podrá utilizar.

9.4. Software de creación Web

Y, como no, para crear una Web también necesitará un programa, un software específico. Vamos a contarle lo que puede hacer con FrontPage, el programa de Microsoft con tecnología WYSIWYG.

9.4.1. Microsoft FrontPage

FrontPage es una solución de administración y creación de contenido Web que proporciona a todo tipo de usuarios (del principiante al experto), todo lo que necesitan para crear exactamente la página que desean, controlarla y administrarla de forma fácil. Además, dada su similitud y compatibilidad con las aplicaciones de Microsoft Office, le permite aumentar su productividad al poder integrar todas las aplicaciones sin problemas. La ventana principal de FrontPage es como la de la figura 9.5. En este caso, para no dejar la ventana en blanco, se la ofrecemos con el ejemplo de lo que podría ser una página normal y corriente tal y como la vería usted.

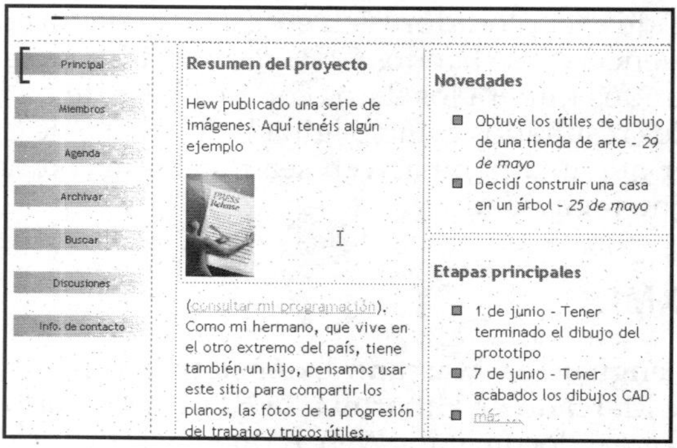

Figura 9.5.

Temas

Los "Temas" son plantillas o formatos de página Web ya creadas que le permiten aprovecharlos y realizar una página en poco tiempo. Habitualmente, estos temas contienen todo lo que puede necesitar en su Web, por lo que suponen una ayuda muy válida para los primeros pasos. Además, tiene muchos diseños, así que seguro que alguno de ellos le sirve. Una cuestión antes de nada: los temas "traducen" el diseño de una página (entre las posibles opciones del programa) a otro distinto. Por ello, si aplica un tema sobre una página nueva (en blanco), sólo aparecerá el fondo del tema, pero no el resto de los elementos. Para notar verdaderamente las diferencias, aplique siempre un tema sobre una página ya creada.

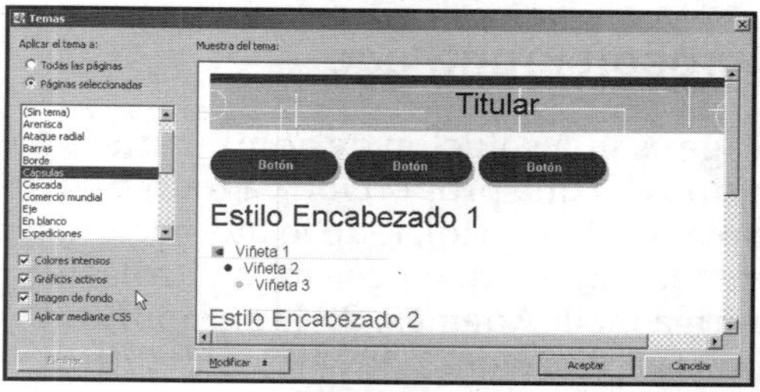

Figura 9.6.

Vínculos

Los vínculos quizá son una de las partes más importantes que puede tener una Web. Desde ellos puede acceder a otras páginas relacionadas con la misma temática que la suya, a sus favoritas o a otras secciones de la Web. Crear un buen vínculc es básico.

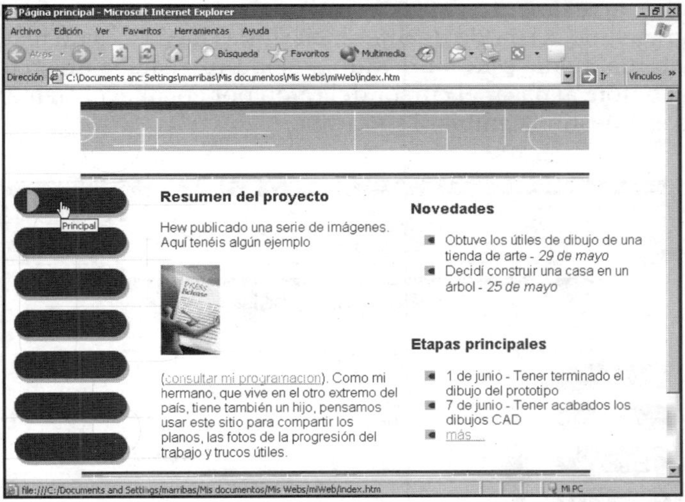

Figura 9.7.

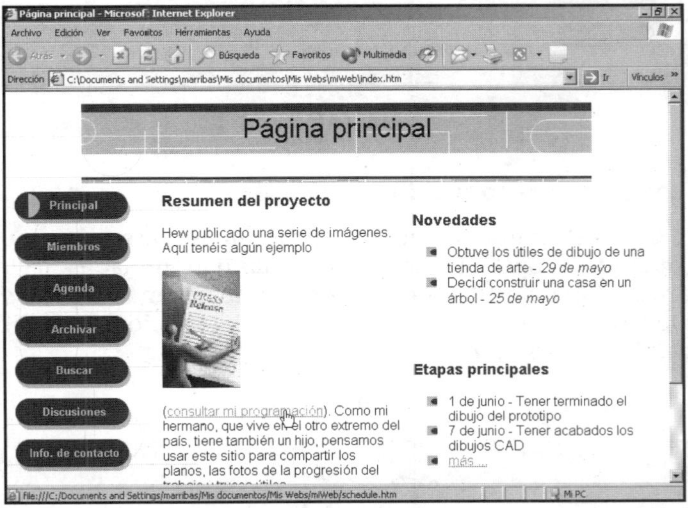

Figura 9.8.

Hay muchos modos de ver un vínculo. Desde un botón que le dirige a otra página (véase figura 9.7) o un texto que le permite "saltar" a otras zonas (véase figura 9.8) o incluso una fotografía (véase figura 9.9). Siempre que haciendo clic sobre un elemento, éste le permita ir a otras zonas, está ante un vínculo. El modo de diferenciarlos es fácil: si es un texto, habitualmente está subrayado, y siempre, sea una imagen o un botón, al pasar el cursor del ratón por encima, el elemento en cuestión cambiará su forma.

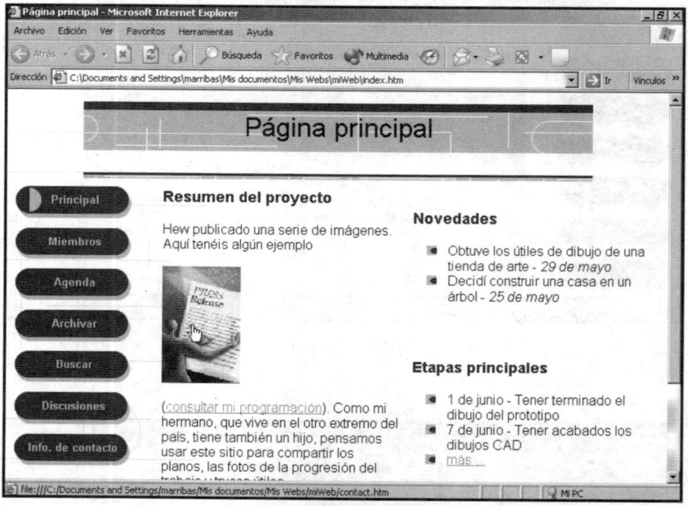

Figura 9.9.

Teclas de acceso rápido

Como en la gran mayoría de programas que se usan muy a menudo, FrontPage también tiene las denominadas "teclas rápidas" o atajos. Con ellas podrá trabajar más rápido ya que no tendrá que buscar las distintas opciones por los menús del programa.

Tabla 9.1.

Acción deseada	*Tecla o combinación de teclas*
Crear una página nueva	Control-N

Acción deseada	*Tecla o combinación de teclas*
Abrir una página	Control-O
Crear un hipervínculo en una página	Control-K
Vista preliminar en un explorador de Web	Control-Mayús-B
Imprimir una página	Control-P
Mostrar caracteres sin impresión	Control-Mayús-8
Mostrar etiquetas HTML	Control-Alt-A
Actualizar una página	F5
Cambiar entre páginas abiertas	Control-Tabulador Control-Mayús-Tabulador
Cerrar una página	Control-F4
Guardar una página	Control-S
Salir de Microsoft FrontPage	Alt-F4
Buscar texto en páginas o en HTML	Control-F
Reemplazar texto en páginas o en HTML	Control-H
Revisar ortografía en una página	F7
Buscar sinónimos de una palabra	Mayús-F7
Cancelar una acción	Esc
Deshacer una acción	Control-Z o Alt-Retroceso
Rehacer o repetir una acción	Control-Y o Mayús-Alt-Retroceso
Cambiar la fuente	Control-Mayús-F
Cambiar el tamaño de la fuente	Control-Mayús-P
Aplicar negrita	Control-N
Aplicar subrayado	Control-S
Aplicar formato de cursiva	Control-K

Acción deseada	*Tecla o combinación de teclas*
Aplicar formato de superíndice	Control-signo "+"
Aplicar formato de subíndice	Control-signo "-"
Copiar formato	Control-Mayús-C
Pegar formato	Control-Mayús-V
Centrar un párrafo	Control-E
Quitar formato manual	Control-Mayús-Z o Control-Espacio
Alinear un párrafo a la izquierda	Control-L
Alinear un párrafo a la derecha	Control-R
Aplicar sangría a un párrafo desde la izquierda	Control-M
Aplicar sangría a un párrafo desde la derecha	Control-Mayús-M
Aplicar un estilo	Control-Mayús-S
Aplicar estilo normal	Control-Mayús-N
Aplicar estilo Encabezado 1	Control-Alt-1
Aplicar estilo Encabezado 2	Control-Alt-2
Aplicar estilo Encabezado 3	Control-Alt-3
Aplicar estilo Encabezado 4	Control-Alt-4
Aplicar estilo Encabezado 5	Control-Alt-5
Aplicar estilo Encabezado 6	Control-Alt-6
Aplicar estilo Lista	Control-Mayús-L
Eliminar un carácter a la izquierda	Retroceso
Eliminar un carácter a la derecha	Supr
Eliminar una palabra a la izquierda	Control-Retroceso
Eliminar una palabra a la derecha	Control-Supr
Cortar texto seleccionado y colocarlo en el portapapeles	Control-X o Mayús-Supr

Acción deseada	*Tecla o combinación de teclas*
Copiar texto o gráficos	Control-C o Control-Ins
Pegar contenido del portapapeles	Control-V o Mayús-Ins
Insertar un salto de línea	Mayús-Entrar
Insertar un espacio sin salto	Control-Mayús-Espacio
Un carácter a la derecha	Mayús-Flecha derecha
Un carácter a la izquierda	Mayús-Flecha izquierda
Al final de una palabra	Control-Mayús-Flecha derecha
Al final de una línea	Mayús-FIN
Al principio de una línea	Mayús-INICIO
Una línea abajo	Mayús-Flecha abajo
Una línea arriba	Mayús-Flecha arriba
Al final de un párrafo	Control-Mayús-Flecha abajo
Al principio de un párrafo	Control-Mayús-Flecha arriba
Una pantalla abajo	Mayús-Av. Pág
Una pantalla arriba	Mayús-Re. Pág
Incluir la página entera	Control-A
Mostrar las propiedades de una selección	Alt-Entrar
Insertar una tabla	Mayús-Control-Alt-T
Seleccionar el contenido de la próxima celda	Tabulador
Seleccionar el contenido de la celda anterior	Mayús-Tabulador
Extender una selección a celdas adyacentes	Presione Mayús y presione una tecla de flecha repetidamente
Seleccionar una columna	Haga clic en la celda del principio o final de una columna, mantenga presionada Mayús y las teclas Flecha arriba o Flecha abajo repetidamente
Mostrar el menú contextual	Mayús-F10

Acción deseada	*Tecla o combinación de teclas*
Activar la barra de menú	F10
Mostrar el menú de icono de programa	Alt-Espacio
Seleccionar el comando siguiente o anterior en el menú o submenú	Flecha abajo o Flecha arriba (con el menú o submenú en pantalla)
Cerrar el menú y submenú visibles a la vez	Alt
Cerrar el menú visible o, si hay un submenú visible, cerrar sólo el submenú	Esc
Crear una vista en miniatura automática de una imagen seleccionada	Control-T
Mostrar, modificar o ejecutar macros	Alt-F8
Mostrar el Editor de secuencias de comandos de Microsoft	Mayús-Alt-F11
Mostrar el Editor de Visual Basic de Microsoft	Alt-F11
Mostrar la Ayuda en pantalla	F1
Mostrar Ayuda contextual	Mayús-F1

9.5. Recomendaciones útiles

Supongamos que ya tiene lista su página Web, ha realizado las modificaciones que consideraba necesarias y quiere publicarla. Dejando aparte el tema de que para publicar una página Web debe haber contratado el servicio de hospedaje, hay una serie de opciones que ha de tener en cuenta.

- La publicación de una Web consiste en copiar los archivos en un punto de destino, un servidor Web por ejemplo, donde otras personas podrán acceder a todos los datos que haya incluido en la página. Antes de publicar su Web, debe asegurarse de que funciona correctamente.

- Compruebe los hipervínculos rotos, es decir, aquellos que teóricamente le conducen a otra página o a otra sección de su página, pero que no funcionan.
- Asegúrese de que las páginas tienen el aspecto que considera adecuado, tanto por el tema que tratan como por el público al que van dirigidas
- Pruebe la página para asegurarse de que todo funciona. Si desea asegurarse de que está preparada antes de la publicación definitiva, obtenga una vista previa con las opciones que FrontPage le ofrece.

10

Listado de asociaciones relacionadas con Internet

Asociación de Internautas

Promueve la defensa de los usuarios de Internet en España y ofrece noticias, contactos, foro y la posibilidad de asociarse.

http://www.internautas.org

Asociación Española de Usuarios de Internet (AUI)

Destaca los mejores sitios españoles en la Red y pone a su disposición una bolsa de empleo.

http://www.aui.es

Association of Internet Professionals

Creada para unificar, prestar soporte y representar la comunidad global de profesionales de Internet.

http://www.association.org

Capitan Net

Proyecto de Unicef para sensibilizar a la sociedad, principalmente a padres, educadores y niños, con el fin de promover un mejor uso de Internet.

http://www.capitannet.com/

CommerceNet

Organización global sin fines de lucro para cumplir con las cambiantes necesidades de las empresas que hacen Comercio Electrónico.

http://www.commerce.net

Conlared

Portal de la Fundación Riojana para la Sociedad del Conocimiento, con noticias y reportajes sobre la implantación de la red en La Rioja, campañas de concienciación y otros servicios.

http://www.conlared.com/

Eumed

Equipo de investigación que promociona el uso comercial de Internet como una vía para el desarrollo social y económico en el área del Mediterráneo.

http://www.eumed.net/

GazteNet

Programa que tiene como objetivo facilitar la incorporación de todos los ciudadanos de la comarca a las autopistas de la información, usando como instrumento la difusión de todo lo relacionado con Internet.

http://www.gaztenet.com/

Internet Corp for Assigned Names and Numbers (ICANN)

Coordina la asignación de nombres de dominio, direcciones IP y parámetros de protocolo.

http://www.icann.org

Internet Society

Asociación que agrupa a los profesionales de Internet de Venezuela.

http://www.isoc.org.ve

Internet Society

Sociedad profesional con más de 150 organizaciones y 6.000 individuos en más de 100 paises.

http://www.isoc.org

Mienten.com

Comando Tarifa Plana, un grupo que reivindica los derechos de los usuarios contra las multinacionales que controlan el sector.

http://mienten.com/

Pangea

ONG cuyo objetivo es la comunicación a través de Internet. Contiene noticias agrupadas temáticamente, revista electrónica y una agenda.

http://www.pangea.org/nueva/pangea1es.htm

Plataforma Internauta

Colectivo de internautas de España en defensa de la tarifa plana y el acceso universal a la Red.

http://www.iplataforma.org/

Redlibre

Pretende la creación, mediante tecnología inalámbrica, de un acceso universal a Internet gratuito o a muy bajo coste.

http://www.redlibre.net/

Servicio de Observación sobre Internet

Examina el fenómeno Internet desde diversas perspectivas: religiosa, cultural y económica. Contiene ensayos y comentarios.

http://www.ua-ambit.org/soi/soi.htm

TarifaPlana.info

Noticias sobre la calidad del acceso en España, datos sobre la tarifa plana por línea analógica y las diferentes tarifas onduladas que existen.

http://tarifaplana.info/

The Global Internet Project

Grupo Internacional de altos ejecutivos comprometidos con impulsar el crecimiento continuo de Internet.

http://www.gip.org

The Internet Alliance (IA)

Organización de profesionales de la creación de políticas de Internet.

http://www.internetalliance.org

11

Extensiones de archivos

No están todos los que son, pero sí le aseguramos que son todos los que están. Una pequeña muestra de los archivos y sus extensiones que se puede encontrar navegando por Internet.

11.1. Archivos de texto plano (ASCII)

- **.html/.htm**: el lenguaje en el cual están escritos los documentos Web. Este tipo de archivo requiere un navegador Web, como Netscape Navigator o Internet Explorer para poder ser visto.
- **.txt**: estos archivos pueden ser vistos con un procesador de textos como Microsoft Word o un editor de texto como Simple Text o BBEdit para Macintosh. En un PC, puede usar el Notepad que incluye su sistema operativo Windows o un programa compartido llamado Programmer's File Editor (pfexxx.zip) (editor de archivos para el programador).

11.2. Documentos con formato

- **.doc**: un formato de PC común para archivos de textos formateados. Aunque ocasionalmente pudiera encontrarse con archivos con esta extensión que no son de texto, normalmente son documentos que fueron creados usando Microsoft Word o WordPerfect para Windows. Si no tiene ninguno de esos programas, intente con Wordview para ver documentos en MS Word.

- **.pdf**: "Portable Document Format" (formato de documento portátil), un documento de propiedad creado por Adobe Systems que permite que los documentos formateados (incluyendo folletos u otros documentos que contengan diseño gráfico) sean transferidos por la red, para que se vean iguales en cualquier máquina. Este tipo de archivo requiere Adobe Acrobat Reader para ver los archivos. Está disponible para Mac, Windows y UNIX, directamente de Adobe (www.adobe.com).
- **.ps**: archivo PostScript. Aunque técnicamente es un archivo de texto plano, es esencialmente ilegible excepto por una impresora Postscript o con la ayuda de un visualizador "en pantalla" como el Ghostscript, el cual está disponible para Mac, Windows y UNIX.

11.3. Archivos comprimidos y codificados

- **.arc**: un antiguo y poco eficiente formato para archivar y comprimir. Si necesita intercambiar archivos con un sistema operativo más antiguo o tiene archivos antiguos que leer en una máquina nueva, necesita un programa ARC. Stuffit Expander para Windows funcionará para PC. Para Macintosh inténtelo con el programa ARCMac.
- **.arj**: formato bastante común para máquinas MS-DOS, especialmente en Europa. Es bastante lento y, en algunos casos, podría hacer un mejor trabajo que los formatos gzip, zip y Stuffit comunes. Puede usar el Stuffit Expander para Windows o WinZIP. En Macintosh, inténtelo con UnArjMac.
- **.bin**: archivo binario de Macintosh. Este tipo de archivo requiere Stuffit Expander para Macintosh. Descargará este tipo de archivo como MacBinary o Binary.
- **.exe**: un programa de DOS o Windows o un archivo que se extrae a sí mismo. Si es un archivo ejecutable (que se extrae a sí mismo), entonces usualmente puede ser lanzado haciendo doble clic sobre el icono en su escritorio o en la carpeta que lo contenga.
- **.gz/gzip**: el programa de compresión del GNU Project, utilizado más comúnmente para archivos de UNIX y

PC. Para Mac, utilice MacGZP. Existen varios descompresores disponibles.

- **.hqx**: formato de codificación común para Macintosh. Un archivo con las extensiones .hqx es un archivo binario de Macintosh que ha sido convertido en texto ASCII para así poder ser transferido con seguridad por la Red. Puede utilizar el programa Stuffit Expander para decodificar en Mac o BinHex4 para crear y extraer archivos Binhex.
- **.sit**: archivo Macintosh que ha sido comprimido usando un programa llamado Stuffit. Para descomprimir un archivo con una extensión .sit necesita un programa llamado Stuffit Deluxe o puede usar Stuffit Expander para Mac o Windows.
- **.sea**: archivo comprimido que se extrae a sí mismo en Macintosh. Un archivo comprimido es habitualmente una colección de archivos que han sido reunidos en uno para facilitar su descarga. Debido a que el archivo comprimido se extrae a sí mismo, no necesita ninguna aplicación especial o utilidad para lanzarlo. Simplemente haga clic en el icono del escritorio de Macintosh y éste descomprimirá los archivos.
- **.tar/.tar.gz/.tar.Z/.tgz**: archivo de UNIX que también está disponible para PC. Tar, que es la abreviatura de Tape Archive, puede archivar de modo comprimido archivos, pero no comprimirlos, así que los archivos .tar a menudo están con extensión gzip, razón por la cual podría encontrar ocasionalmente la extensión de archivo .tar.gz. Para descargar y usar archivos .tar en un Macintosh, use un programa llamado Tar. Para Windows puede usar WinZIP para ver y extraer este tipo de archivos comprimidos.
- **.uu**: archivo Uuencode. Permite que el usuario convierta datos binarios en texto para así poder ser enviados por correo electrónico. Usualmente no ve la extensión .uu porque muchos programas de correo electrónico lo decodifican automáticamente de una forma que no es visible para usted.
- **.Z**: un formato de compresión UNIX. Puede utilizar WinZIP para descomprimir y visualizar archivos con esta extensión, o tratarlo con el programa Stuffit Expander para Mac. También puede utilizar gzip para descomprimir, pero no para crear estos tipos de archivos.

.zip: estos archivos pueden ser descomprimidos con WinZIP. Puede también utilizar Stuffit Expander para Macintosh o Windows.

11.4. Archivos de gráficos

- **.gif**: el formato de gráficos más común en Internet. Las siglas significan "Graphics Interchange Format.
- **.jpg/jpeg/jfif**: un popular estándar de compresión usado para fotografías e imágenes sin movimiento. Los archivos JPEG pueden ser vistos en muchas plataformas siempre y cuando tenga un visualizador JPEG. Para Mac, use JPEGView.
- **.tiff**: formato muy grande y de imagen de alta resolución

Todos los formatos de gráficos antes mencionados pueden ser visualizados, creados o manipulados con facilidad con uno o más programas de software de gráficos disponibles, como Photoshop o Paint Shop Pro para Windows.

11.5. Archivos de audio

- **.au/uLaw/MuLaw**: es uno de los formatos de sonido más común en Internet. Los ordenadores Macintosh necesitan el programa Sound App para reproducir este tipo de archivo; un PC puede utilizar Waveform Hold and Modify.
- **.aiff**: otro formato de sonido bastante común. A pesar de ser un formato para Macintosh, también puede ser utilizado en otras plataformas. Requiere los mismos programas que .au para reproducirse.
- **.mp3**: el formato de archivo más popular en la Web para la distribución de música con calidad de CD. Los archivos de 1Mb son iguales a, aproximadamente, un minuto de música. Este tipo de archivo requiere un reproductor de MP3, los cuales están disponibles tanto para Macintosh como para PC.
- **.ra**: formato de RealAudio. Creado por una compañía llamada RealNetworks, RealAudio le permite reproducir sonidos en tiempo real. Este tipo de archivo requiere Real Player, que está disponible para Macintosh y PC.

- **.wav**: el formato de sonido nativo para Windows. En un Mac, puede utilizar Sound App para reproducir archivos .wav.

11.6. Archivos de vídeo

- **.avi**: formato de video estándar para Windows.
- **.mov/.movie**: el formato común para películas en QuickTime, la plataforma de película nativa de Macintosh. Puede utilizar un buen número de aplicaciones para reproducir archivos .mov incluyendo MoviePlayer en Macintosh y QuickTime para Windows.
- **.mpg/mpeg**: formato estándar para películas en Internet. Usa el esquema de compresión MPEG. Hay una gran variedad de MPEG Players (reproductores) para Windows.
- **.qt**: otra extensión que se refiere a una película en QuickTime. Utilice la última versión de QuickTime para Macintosh en caso de querer reproducirlo.

12

Internet: ese sitio tan curioso...

12.1. Introducción

Internet, como ya hemos comentado en más de una ocasión, es cuando menos curioso. Seguro que más de uno dirá que ese calificativo es bastante "básico" para lo que se puede encontrar, pero si empezáramos a dar definiciones sobre la Red, la lista sería inmensa y seguro que la gran mayoría de ellas no sería tan benevolente como la que hemos puesto.

La Web tiene esa parte de prohibida, de anárquica, de peligrosa y de excitante (en cualquier sentido que se le quiera dar), que atrae. Sus contenidos le incitarán a navegar perdiéndose por los distintos enlaces hasta que el punto de salida y de destino tengan muy poco que ver entre sí; descubrirá páginas, aficiones y personajes que no se podía imaginar que existieran excepto en los relatos de fantasía o, incluso, en sus peores pesadillas. Pero existen. Al menos lo hacen desde el momento en que aparecen en Internet y usted los visita. La existencia, por tanto, no tiene por qué ser real. Aquí es donde de verdad se demuestra la tan manida expresión de "virtual". Prepárese para entrar en un mundo distinto.

En las siguientes páginas, encontrará una serie de direcciones Web que le llevarán a los distintos "universos paralelos" que cada persona imagina. Es posible que algunas de estas direcciones cuando vaya a visitarlas, hayan cambiado y no pueda acceder a ellas, pues la Red es, sobre todo, evolución. Sin embargo, hemos procurado que la mayoría de ellas sean de las que perduran en el tiempo, bien por su interés o por estar enclavadas dentro de dominios fijos y permanentes. También le avisamos que algunos de los contenidos que puede encontrarse pueden "herir" su sensibilidad, pero creemos que son interesantes de conocer y no vamos a mostrar nada que usted no conozca ya... ¿O sí?

Bienvenido a este nuevo mundo. Tan distinto pero a la vez tan parecido al que puede ver todos los días desde su casa o el autobús.

12.2. Definiciones y términos relacionados

Aunque en Internet los términos se repiten una y otra vez, en cuanto domine unos pocos los demás vendrán "rodados", es interesante listar algunos que puede encontrarse en su navegación diaria:

- **Pop-Up:** También llamada ventana flotante o emergente es una pequeña ventana que aparece al conectar con algunas páginas Web, y su finalidad es la de promocionar o publicitar algo con lo que la dirección escogida pretende sacar un beneficio (Véase figura 12.1). En ocasiones, el número de pop-up que pueden aparecer al querer ver una página concreta es tan alto que algunos usuarios prefieren cerrarlas todas y navegar por otro lado, con lo que la supuesta estrategia de marketing para la que están creadas, se queda en nada.

Figura 12.1. Ejemplo de pop• up sobre la página del periódico "The New York Times"

- **Clic:** Esta onomatopeya es una de las más utilizadas en el mundo informático. Se considera como clic cualquier pulsación de los botones del ratón, pero también la acción de acceder a los distintos contenidos extra que una página Web incluye, casi siempre en forma de publicidad. Por ejemplo, cuando se incluye un anuncio en la página Web, el modo de pago por tener dicha publicidad se podrá hacer por las ventas directas que se hagan desde la página que contenga el anuncio o por el número de clics que genere; es decir, por cada vez que un visitante pulse sobre el anuncio, independientemente de si se realiza alguna transacción económica o no.

12.3. Leyendas urbanas

Seguro que más de una vez ha recibido en su correo electrónico alguna historia en la que intentaban "ayudarle"de alguna forma. Casi siempre son testimonios de personas a las que les ha pasado algo, o conocen a alguien en esa situación, y de este modo pretenden denunciar este hecho y evitar que le pueda ocurrir a más gente. Son las denominadas "Leyendas Urbanas", historias que hace años se contaban en las reuniones de amigos, en los fuegos de campamento y que servían para pasar el tiempo, pero que nunca se sabía qué tenían de cierto. Internet ha desbancado a las charlas informales delante de una barbacoa, pero precisamente por eso tienen más "peligro", por el enorme número de personas a las que pueden llegar. Y, ¿por qué se crea una leyenda urbana? Pues es muy simple... Porque la gente se aburre mucho. O por motivos no tan simples, sino porque se intenta sacar un beneficio de ellas. Los ejemplos que mostramos a continuación han sido extraídos de páginas Web que se dedican a recopilar estas leyendas, pero les aseguramos que muchas de ellas (algunas de las cuales no aparecen en este capítulo, las hemos recibido personalmente en nuestro buzón de correo electrónico).

En ocasiones, estas leyendas son sólo historias entretenidas. Seguro que usted recuerda la leyenda de "la mujer de blanco en la curva", esa que se aparece a los conductores despistados y les avisa de una curva peligrosa en la ella tuvo un accidente, y de la que casi todos los pueblos se jactan de tener en sus aledaños. El problema surge cuando la leyenda incluye una marca comercial conocida y cuando la leyenda se hace, como ya hemos comentado, para sacar un beneficio. O lo que es lo mismo, para perjudicar a terceras personas o empresas. También es significativo el final de la historia, que suele aparecer firmado por alguien, o por un organismo, que da visos de credibilidad, lo que aumenta la veracidad de la noticia. Sobre todo, desconfíe de aquellas historias en las que se le pide que, al final, firme usted con su nombre y dirección de correo electrónico. A veces se le pide esto para "hacer fuerza" delante de un organismo oficial o similar, pero su única finalidad es la de obtener su dirección y, de este modo, poder enviarle más adelante publicidad no solicitada. Y esto, en el mejor de los casos...

Como primer ejemplo, tenemos uno sobre la bebida Coca-Cola, que muestra perfectamente lo que se puede conseguir como "extra" con esta bebida (leyenda extraída de http://usuarios.lycos.es/leyendasurbanas/):

Asunto: Algunos datos que conviene saber sobre la Coca-Cola

- En muchos estados de EE.UU., la Patrulla de Caminos lleva 2 galones de Coca-Cola en su coche para quitar la sangre que queda sobre el pavimento después de haber ocurrido un accidente.
- Puedes poner un filete de carne en una plato lleno de Coca-Cola y éste desaparecerá en dos días.
- Para limpiar un inodoro: Vaciar una lata de Coca-Cola dentro de la taza y déjala durante una hora, luego tira de la cadena. El ácido cítrico de la Coca-Cola, quita las manchas de la porcelana.
- Para quitar las manchas de óxido de cromo de los parachoques de los coches: Frotar con un trozo de papel de aluminio, mojado en Coca-Cola.
- Para limpiar la corrosión en los terminales de la batería de tu coche vierte una lata de Coca-Cola sobre los terminales y las burbujas se llevarán la corrosión
- Para aflojar un tornillo oxidado: Aplicar al tornillo un trapo empapado en Coca-Cola durante varios minutos.
- Para quitar manchas de grasa de la ropa: Colocar la ropa dentro de la lavadora, vaciar encima una lata de

Coca-Cola, agregar el detergente y lavar con el ciclo completo. La Coca-Cola soltará las manchas de grasa. También es muy útil para limpiar un parabrisas de coche que esté sucio del camino.

- El ingrediente activo en la Coca-Cola es ácido fosfórico. Su PH es 2.8. Esto disuelve un clavo en unos 4 días. El ácido fosfórico es dañino para calcio de los huesos y es uno de los mayores contribuyentes al aumento de la osteoporosis
- Para transportar el concentrado de Coca-Cola, los camiones comerciales deben disponer de la tarjeta de "material peligroso", reservada para materiales altamente corrosivos. Los distribuidores de Coca-Cola han estado usándolo para limpiar los motores de sus camiones desde hace 20 años.

No sabemos si, de verdad, se intentará perjudicar a la multinacional con este mensaje, pero lo que sí está claro es que, una vez leído el mensaje, más de uno se pensará dos veces si vuelve a beber el refresco.

Con motivo del atentado del 11-S, los mensajes sobre posibles atentados se multiplicaron, aprovechando que la gente estaba muy sensibilizada. Un ejemplo lo tenemos con la leyenda del virus Klingerman. Dese cuenta cómo la historia va firmada al final por una supuesta persona, que puede ser una experta en el tema o alguien muy cercano al tema que se trata, cono lo que se consigue mayor credibilidad. En su correo podía recibir un mensaje similar a este (historia extraída de http:www.leyendasurbanas.com):

El virus Klingerman

Asunto: Fw: Advertencia recibida de la policía. Por favor, léanlo y pásenlo

Es muy aterrorizante y no es una broma. Por favor, léanlo; definitivamente es una seria amenaza a nuestra vida y nuestra salud. Es un alerta sobre un virus, en el sentido original de la palabra, uno que afecta nuestro cuerpo, no al disco duro de nuestros microprocesadores. Ha habido 23 casos confirmados de personas atacadas por el Virus Klingerman. Es un virus que llega a través de tu correo postal, no de tu correo e-mail. Alguien ha estado enviando grandes sobres azules, aparentemente al azar, a personas en Estados Unidos y Canadá, con letras grandes negras, escritas a máquina que dicen "Un Regalo para Usted de la Fundación Klingerman 8". Cuando se abre el sobre, hay una pequeña esponja sellada en plástico. Esta esponja tiene lo que ha llegado a ser conocido como el Virus Klingerman 8 y los oficiales de Salud Pública afirman que es una clase de virus que nunca han encontrado antes. Aquellos quienes han llegado a estar en contacto con el Virus Klingerman han sido hospitalizados con una disentería (diarrea) severa. Hasta ahora, siete, de las veintitrés víctimas, han muerto. No existe una fundación Klingerman legítima que esté enviando regalos no solicitados. Si usted recibe un sobre azul grande en su correo, marcado como "Un Regalo para Usted de la Fundación Klingerman.." ¡NO LO ABRA! Colóquelo en una bolsa de plástico fuerte o en un contenedor y llame a la policía inmediatamente. El regalo 8 es uno que usted definitivamente no quiere abrir.

Por favor... PASE ÉSTO A TODOS AQUELLOS A QUIÉNES CONOZCA Virginia Wagg, Administrative Assistant Department of Geography Brock University St. Catharine's ON L2S 3A1

Telephone: 905-688-5550 ext. 3484

Desde luego, alarmante era alarmante, pero no cierto.

También las hay creadas para infundir miedo. De este tipo tenemos dos ejemplos muy claros. El primero es sobre una posible estafa en los cajeros automáticos, con la "firma" del Ministerio de Interior, pero se nombran una serie de entidades bancarias que, estamos seguros, no saldrían nada beneficiadas (extraída de http://usuarios.lycos.es/leyendasurbanas):

Comunicado del Ministerio del Interior

Un nuevo fraude permite duplicar tarjetas de crédito tras su utilización en cajeros estafadores yugoslavos han introducido un sistema de lectura en la ranura receptora de algunos cajeros

Desde el Ministerio de Interior se ha comunicado que una importante banda de estafadores yugoslavos está utilizando franjas lectoras de datos en las ranuras de los cajeros Caja-Madrid, La Caixa y BBVA (que tienen el mismo sistema de recepción de tarjetas).

Dicha banda es capaz de almacenar más de de 100 números de tarjetas con todos los datos de los titulares; una vez recopilada la información proceden a grabar dichos datos en tarjetas falsas pudiendo ser utilizadas tanto en cajeros automáticos como en comercios.

Del comunicado se desprende que la forma que tienen estos para saber qué cajeros tienen puesta la banda magnética son unas pegatinas pequeñas (de unos 3 cm. de ancho por 2 cm. de alto) de colores vistosos que colocan en la parte de abajo del cajero. Si encuentra algún cajero con este "distintivo" no metas allí su tarjeta y avise rápidamente a la sucursal para que bloqueen el dispositivo.

Envíe o comunique este mensaje a sus conocidos por que, si bien aún no se sabe el número de personas que pueden (o podrán) estar afectadas, sí se calcula que la banda cuenta ya con gran volumen de números de tarjetas.

Revise a menudo los movimientos de su cuenta y, si nota algo extraño, póngase rápidamente en contacto con su banco. Y vigile en qué cajeros mete su tarjeta.

O también esta otra, sobre una misteriosa llamada a su teléfono móvil con desastrosas consecuencias para su factura de teléfono. De nuevo, la firma de una empresa del sector está presente (noticia extraída de http://usuarios.lycos.es/leyendasurbanas):

ESTAFA TELEFÓNICA Un falso mensaje puede disparar la factura de su móvil. Reproducimos el mensaje de alerta remitido por el departamento de comunicación de Vodafone

Según fuentes del Departamento de Comunicación de Vodafone, se está desarrollando un nuevo tipo de estafa a través del teléfono móvil. Reproducimos a continuación el mensaje que la compañía ha puesto en circulación:

"Si recibe un mensaje en su teléfono móvil, indicando que llame al número 0141455414, NO CONTESTE BAJO NINGÚN CONCEPTO. Si lo hace, su factura podría aumentarse hasta el infinito. Desde hace algún tiempo han encontrado la posibilidad de poder utilizar su teléfono móvil de forma fraudulenta. Le llaman a su número de teléfono móvil, se presentan como su proveedor, entonces le piden que marque un número secreto, el 09 o el 90, explicándole que eso sirve para comprobar el funcionamiento correcto. NO MARQUE ESE NÚMERO SECRETO Y CUELGUE ENSEGUIDA. Por medio de ese número los estafadores tienen la posibilidad de leer el número de su tarjeta SIM, con lo que pueden crear una nueva. Esta estafa está produciéndose a gran escala. Por lo tanto, es necesario reenviar esta información rápidamente al mayor número de personas posibles. Rogamos hagan extensiva esta información a cualquier persona que Vds. conozcan como usuario de telefonía móvil.

Dirección de Comunicación
Madrid, 16 de noviembre de 2001.

Las posibles consecuencias de un supuesto "acto delictivo", también hacen que algunos mensajes se conviertan en verdaderos protagonistas del correo electrónico durante unos días, por el enorme efecto que tienen y por su difusión. Este mensaje, en concreto, fue recibido en nuestro correo por muchas vías y remitentes diferentes, lo que hace suponer la importancia que se le dio en su momento (noticia extraída de http://usuarios.lycos.es/leyendasurbanas):

Pueden ser solicitadas en un control rutinario. Multas por tener CD o cintas de música piratas en el coche. Las sanciones se podrán retirar presentando los originales en un plazo de tres días en cualquier delegación de tráfico

Todo el mundo tiene en casa o en el coche algún CD o cinta de música un" pelín" piratilla. Ya han pasado aquellos tiempos de cintas piratas en el rastro. Ahora las cosas son muy distintas: llegó Napster, las grabadoras de CD, los establecimientos de alquiler de discos, etc...

Sin embargo, no hay que olvidar que se trata de una actividad ilegal y que atenta contra los derechos de autor. En esta línea, cuando una pareja de la Guardia Civil nos para en un control rutinario, o porque ya nos han hecho una foto y quieren que se la dediquemos, además de la documentación, el seguro y el carnet de conducir, nos pueden pedir que les enseñemos los CD de música que llevamos en el cargador del coche (o las cintas o CD sueltos, dependiendo del coche).

Cuando ven que nuestros CD son más piratas que nuestra tarjeta del Canal Plus, nos ponen una multa por atentar contra los derechos de autor. La única manera de librarnos de esta multa será presentar los discos originales en el plazo de 3 días en cualquier delegación de tráfico para así acreditar que los discos del coche se trataban de nuestras copias de seguridad personales.

Y, por último, una leyenda urbana curiosa, más bien publicada para entretener y divertir que para otra cosa, ya que su contenido hace que no sea excesivamente "creíble" (noticia extraída de http://usuarios.lycos.es/leyenda surbanas):

SUCESOS

Un conductor ebrio conduce el coche de la Guardia Civil hasta su casa mientras le practicaban un control. Tuvo lugar en Talavera de la reina (Toledo)

En la carretera N-V, a la altura de Talavera de la Reina, un hombre que responde a las iniciales de A.J.M., y que al parecer circulaba bajo los efectos del alcohol, fue obligado a parar por la Guardia Civil en un control rutinario de alcoholemia. Mientras la patrulla le estaba pidiendo la documentación, se produjo un accidente leve a escasos 300 metros del lugar, lo que obligó al agente a alejarse unos minutos.

Aprovechando el momento, el conductor borracho se dio a la fuga, llegó a su casa, metió el coche en el garaje, cerró el garaje con llave y le dijo a su mujer que, si alguien preguntaba, dijera que él había estado toda la noche en casa y que no había salido para nada.

Unas dos horas después, la policía se presentó en su domicilio. El conductor borracho y su mujer dijeron que no habían salido de casa en toda la noche, pero la policía les pidió que les indicaran dónde guardaban el coche. Cuando abrieron el garaje, apareció dentro el coche patrulla, con las luces superiores todavía encendidas y dando vueltas. El hombre lo había confundido con su propio vehículo debido a su extremo estado de embriaguez.

12.4. Esa loca gente...

En Internet hay sitio para todos... Literalmente. Navegando por sus distintas páginas, podrá encontrarse con los personajes más extraños, pintorescos y extravagantes que se pueda imaginar. Pero no se engañe. Muchos de estos sujetos "son como son" por una pura estrategia de marketing, y lo que van buscando es, simple y llanamente, aumentar el número de visitantes a su página para ingresar más dinero, bien por los pop-up que aparecen al conectar con su Web o por la publicidad que incluyen (y que, por pequeño que sea el número de visitantes que accedan a estos reclamos, a mayor tráfico, más posibilidades de que alguno de ellos "pique", de ahí que tengan que ser atractivos).

De todos modos, es interesante ver lo que la gente es capaz de hacer si se le da la oportunidad. Es como irse a la calle central de una ciudad cualquiera, y ponerse a observar a los personajes que pululan en cuanto hay alguien que les hace caso.

Antes de nada les avisamos. Muchas de estas páginas tienen un alto número de visitantes, lo que es aprovechado por muchas empresas para incluir publicidad. Y, por desgracia, la mayor publicidad la hacen las páginas Web con contenidos pornográficos.

Si no quiere tener acceso a estos contenidos, tenga en cuenta que sólo por el hecho de visualizar alguna de las direcciones que le ofrecemos, puede tenerlos disponibles.

El sexo vende y, algunas páginas, tienen muchos contenidos sobre sexo.

Una de las primeras páginas que le comentamos es la de Superman... Porque existe, o al menos eso es lo que piensa el primer candidato a "gente rara". En la dirección http://www.stcloudsuperman.com/ (Véase figura 12.2), podrá ver un buen número de fotografías y experiencias de este sujeto con superpoderes.

Figura 12.2. Página Web del verdadero Superman

Figura 12.3. Eugene Mirman y su página cantora

El siguiente es Eugene Mirman (http://www.eugenemirman.com/) (Véase figura 12.3.)

Alguien a quien le gusta cantar y que ha creado una página donde su "alter ego", una fotografía en sepia de un niño pequeño (probablemente del autor), canta multitud de canciones de ayer, hoy y siempre.

Figura 12.4. 10.000$ si le presenta a la mujer perfecta para el matrimonio

El tercero en discordia es una persona que ofrece 10.000$ a aquél que le presente a su futura mujer... ¿Realidad o ficción?

Puede verlo en http://www.10k4awife.com/ (Véase figura 12.4.)

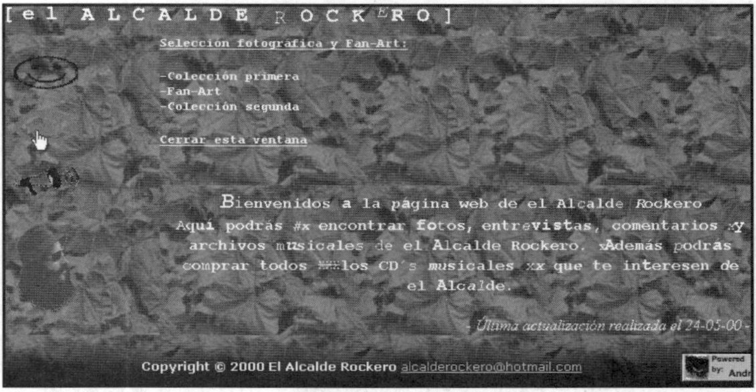

Figura 12.5. El alcalde rockero

Por último, puede deleitarse con la página del famoso "Alcalde rockero".

Estuvo de moda hace unos años, tras su aparición en una noticia de televisión, pero que en Internet sigue "guerreando" en http://usuarios.iponet.es/enigma/alcalde rockero/alcalde_rockero.htm.

Véase figura 12.5.

12.5 ... Y sus locas aficiones

Pero no sólo hay gente rara. También se pueden encontrar aficiones "extrañas". Y si no, échele un vistazo a las siguientes páginas:

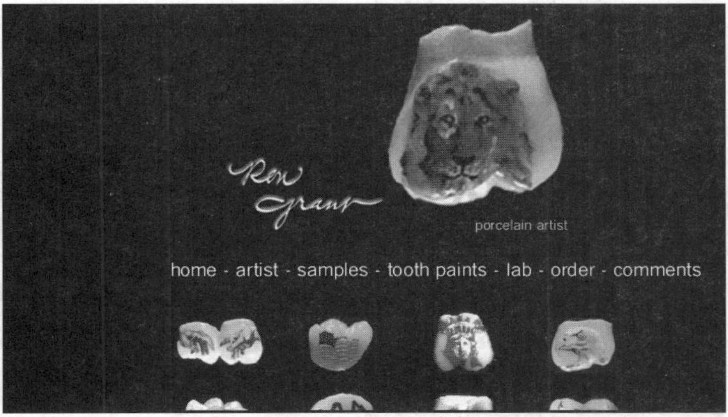

Figura 12.6. Tatúese un diente

¿Está harto de la moda del "piercing" y de los tatuajes? ¿quiere ser diferente de verdad?

Pues tatúese un diente.

En http://www.rongrant.com/ (Véase figura 12.6.), le explican cómo y le dan muchos ejemplos de tatuajes ya creados.

Deje de preocuparse por todo y únase a la primera embajada extraterrestre en nuestro planeta.

En http://www.rael.org/ (Véase figura 12.7.), tendrá mucha más información al respecto.

Figura 12.7. La primera embajada extraterrestre en la tierra

Si no sabe qué hacer, ayude a esta gente a localizar a Nessie... Sí, el monstruo de Lago Ness sigue vivo y, si tiene suerte, podrá verlo en http://www.lochness.scotland.net/index.cfm (Véase figura 12.8.), gracias a las Webcam que incluye la página.

Figura 12.8. Localice a Nessie

12.6. La originalidad al poder

¿Le ha parecido poco? Otra cosa no, pero por originalidad no podrá quejarse. En las siguientes direcciones podrá comprobar cómo dicha originalidad llega a los extremos más altos. Son páginas que merece la pena visitar, por contenidos y para pasar un rato muy entretenido.

Figura 12.9. Historias de huevos

La primera le permitirá descargarse archivos de animación con huevos como personajes centrales. Necesita darse de alta como usuario, pero merece la pena y no necesita suministrar prácticamente ninguna información personal. Su dirección es http://www.huevocartoon.com/ (Véase figura 12.9.)

Figura 12.10. Una página para nostálgicos

Seguro que se acuerda de las series de televisión de su infancia. ¿Y qué decir de los cromos o juegos con los que pasó tan buenos momentos? Pues todo lo tiene recogido en http://www.teacuerdas.com/ (Véase figura 12.10). Sólo para nostálgicos.

Quizá sea un poco tétrico y de mal gusto para algunos, pero en http://www.estasmuerto.com/ (Véase figura 12.11.)

Podrá saber muchas cosas sobre el tema de la muerte y, entre ellas, su fecha de fallecimiento.

La última. En la página http://www.rincondel vago.com (Véase figura 12.12.) tiene todo lo necesario para salir airoso de cualquier trabajo que le puedan poner en la universidad.

Así como una enorme base de datos sobre apuntes de cualquier asignatura que se le ocurra.

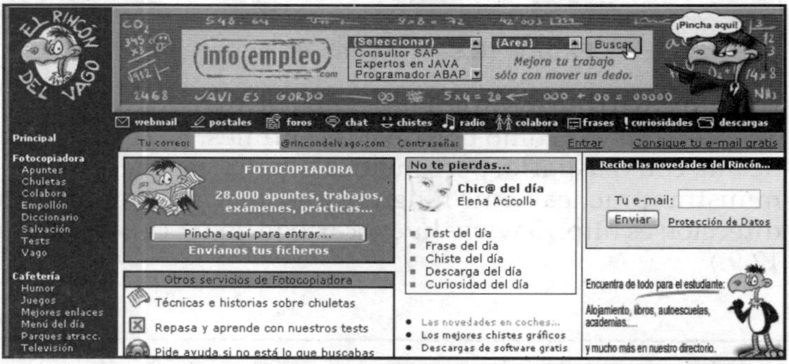

Figura 12.12. Trabajos y apuntes para no dar "ni clavo"

12.7. Recopilatorios

Para terminar, le ofrecemos una serie de páginas Web cuya finalidad es servir de punto de encuentro a todas esas cosas raras, divertidas u originales que pululan por Internet. De nuevo le repetimos que en alguna de ellas pueden aparecer contenidos o pop-up de tipo pornográfico.

Una de las más completas es http:www.yonkis.com, con una gran base de datos sobre contenidos de meses anteriores. Sus proveedores: gente como usted, que recibe algo en el correo electrónico, y se lo envía para que lo publiquen (si no lo han hecho ya, pues la actualización de la página es constante y siempre están con lo "último").

Pero podrá encontrar muchos contenidos diferentes, casi siempre de tipo humorístico en las siguientes páginas:

- http://www.bromas.com/
- http://www.solochistes.com/
- http://www.humorspain.com/
- http://www.portalmix.com/
- http://www.lopeor.com/
- http://www.bromamania.net/
- http://www.humorada.com/
- http://Webs.demasiado.com/

Apéndice A
Mi página Web

A.1. Lo primero, una buena planificación

Antes de embarcarse en un proyecto, sea del tipo que sea, es necesario un diseño previo sobre qué es exactamente lo que queremos. En un sitio Web necesitaremos pensar previamente:

- El tema principal de la Web.
- La cantidad de páginas o documentos HTML que tendrá.
- El diseño de cada una de ellas, para lo que se recomienda dibujar un boceto en papel. Hay que intentar que cada página no sea más ancha de 800 píxeles (puntos de pantalla), que es la resolución estándar que más se suele usar en los monitores de los internautas. Por muy bonitos que queden, no se recomiendan el uso de marcos, pues aumenta la complejidad del diseño.
  Se recomendarán en su lugar poner tablas sin bordes (tablas invisibles), en cuyas celdas podemos poner los elementos que deseamos, y así colocarlos a nuestro antojo. Las tablas dentro de celdas de otras tablas (tablas anidadas) se usan también con frecuencia.
- El menú principal que enlazará con cada una de los documentos HTML.

- Qué tipo de imágenes nos harán falta y cuántas. No se recomiendan un uso excesivo de ellas, a la vez que no sean demasiado grandes.
- Si incluiremos algún tipo de sonido, vídeo u otro tipo de ficheros.

A.1.1. Preparando el ejemplo

Para el capítulo nos basaremos en un ejemplo, una mini Web sobre animales de compañía.

Para que el ejemplo sea lo más sencillo posible, estará formado por tres páginas inicialmente (luego será nuestra imaginación la que aumente el contenido y número de páginas), cada una de ellas almacenada en su correspondiente fichero HTML:

- La página principal, con la presentación y el menú para acceder al resto de opciones. Se llamará index.htm.
- Una página dedicada a los perros, llamada perros.htm.
- Otra página dedicada a los gatos, que para no cambiar se llamará gatos.htm.

Los archivos de imágenes estarán almacenados en una subcarpeta del servidor Web, llamada imágenes (sin acento).

Para poder almacenar tanto los archivos .htm (o .html) como las imágenes, deberemos crearnos una carpeta en nuestro disco duro.

Por ejemplo, si el disco duro tiene la letra C asignada, podemos crear una del estilo C:\MiWeb. Dentro de ella crearemos la subcarpetas imágenes, quedando de la manera C:\MiWeb\imagenes.

A.2. Después, el programa de diseño

Para el diseño de la página tenemos varios programas en el mercado.

Elegiremos uno de los más famosos, que viene junto con el paquete de programas *Microsoft Office XP*. Hablamos de *Microsoft FrontPage 2002*. Su página principal la tenemos en la figura A.1.

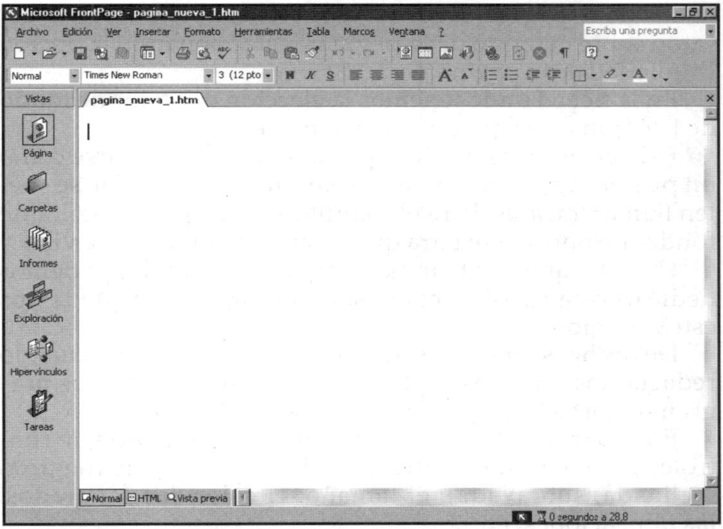

Figura A.1. Ventana principal de *Microsoft FrontPage 2002*

A.3. Empecemos

Crearemos, en primer lugar, una carpeta llamada MiWeb, y dentro de ella otra llamada imágenes (sin acento), donde deben estar ya guardadas las imágenes que queremos incluir en nuestra Web.

A.3.1. Página principal

Diseñaremos el documento index.htm. Para asignar directamente el nombre del archivo, iremos directamente a guardarlo, en Archivo>Guardar (o Guardar como), o en el botón **Guardar** de la barra de herramientas. Ahí es don de buscaremos nuestra carpeta MiWeb creada anteriormente, y donde asignaremos el nombre de archivo index.htm (o index.html, es cuestión de gustos y del servidor que aloje la página).

A.3.2. Los colores y el texto

Para asignar un color de fondo o una imagen en mosaico (repetida como si fuesen ladrillos), debemos ir a las propiedades de la página, haciendo clic con el botón derecho del ratón sobre el fondo de la página y seleccionando la opción Propiedades de página....

En la ficha **Fondo** tenemos la elección del color de fondo de la página, y si queremos una imagen.

Existen algunas de ellas que al repetirse y apilarse como un puzzle, aparentan un fondo continuo. Son lo que se suelen llamar *texturas*. Para el ejemplo aplicaremos un color de fondo de tono suave para que no choque mucho a la vista.

Una vez que nos hemos encargado del fondo, podemos dedicarnos a escribir, como si en un procesador de textos estuviésemos.

De hecho, se puede escribir de igual manera que cuando redactamos un mensaje de correo electrónico, con los programas como *Outlook Express* o *Netscape Mail*.

En la barra de herramientas tenemos la mayoría de controles para definir el la fuente de la letra, su estilo (negrita, inclinada, subrayada), el tamaño, el color, los sangrados, las alineaciones, etc.

A.3.3. Las tablas

Como ya hemos comentado antes, la mejor manera de organizar los elementos que componen la página Web es mediante tablas sin borde (tablas invisibles), con las que se pueden crear celdas de diferentes tamaños, y organizadas de diferentes maneras.

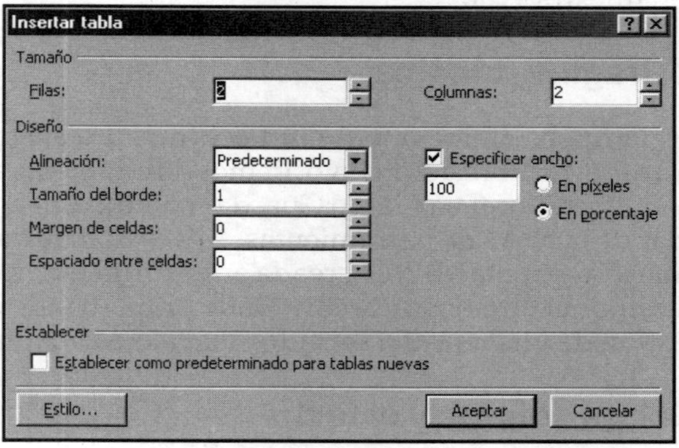

Figura A.2. Cuadro de diálogo para insertar una nueva tabla

Para añadir una nueva tabla al documento debemos ir a Tabla>Insertar>Tabla..., con lo que tendremos el cuadro de diálogo de la figura A.2, donde podemos elegir el número de filas y columnas, la alineación de la tabla en la página, el tamaño del borde (cero "0" para tablas invisibles), márgenes para las celdas, la separación entre ellas, y el ancho, en porcentaje (con respecto a la página o al interior de otra celda), o en píxeles (puntos de pantalla).

Una vez la hemos creado, podemos ya escribir en el interior de las celdas, y elegir la alineación del texto en su interior, así cambiar el tamaño de las celdas (arrastrando con el puntero del ratón sus bordes), dividirlas en más subceldas, etc.

La mayoría de estas acciones se consiguen haciendo clic con el botón derecho sobre alguna celda, como Insertar filas o Dividir celdas..., y más detalladamente dentro de sus propiedades, eligiendo del mismo menú contextual la opción de Propiedades de tabla... o Propiedades de celda....

A.3.4. Las imágenes

Las imágenes son parte fundamental de cualquier página Web. Para insertar una dentro de una celda, primero colocamos el cursos en su interior, y seleccionaremos Insertar>Imagen>Desde archivo..., donde un cuadro de diálogo nos pedirá que elijamos el archivo de imagen que queremos insertar. Deberían estar en las subcarpeta imágenes dentro de nuestra carpeta MiWeb.

Un elemento parecido a las imágenes son las *líneas horizontales*, de las que podemos elegir su color, ancho y alto. Para insertar una nueva, debemos ir a Insertar>Línea horizontal. Como aparecerá una por defecto, con un ancho del 100 por 100 y un color establecido, podemos variar esas propiedades haciendo un doble clic sobre ella, o clic con el botón derecho y seleccionando Propiedades de línea horizontal....

A.4. ¿Cómo va quedando?

En la parte inferior de la ficha con el contenido del documento (**index.htm**) tenemos tres botones con los títulos **Normal**, **HTML** y **Vista previa**. El primero es el de por defecto, en el que vemos las líneas ocultas de las tablas sin borde, o las marcas de los objetos cuando los seleccionamos.

Si queremos ver cómo quedará nuestra Web en el navegador, podemos hacer clic cobre el tercer botón **Vista previa**, o verlo directamente en el navegador por defecto de *Windows*, en el botón **Vista previa en el explorador**, de la barra de herramientas. La vista HTML es sólo para los usuarios avanzados, con conocimientos de programación de páginas Web, con los lenguajes HTML, DHTML (*Dynamic HTML*) y *JavaScript*.

Con un poco de maña y de paciencia con el ratón, podemos definir la página Web de la figura A.3, insertando tablas, dividiendo sus celdas en más subceldas a su vez, modificando sus tamaños y colores de fondo, e insertando imágenes, texto y líneas horizontales.

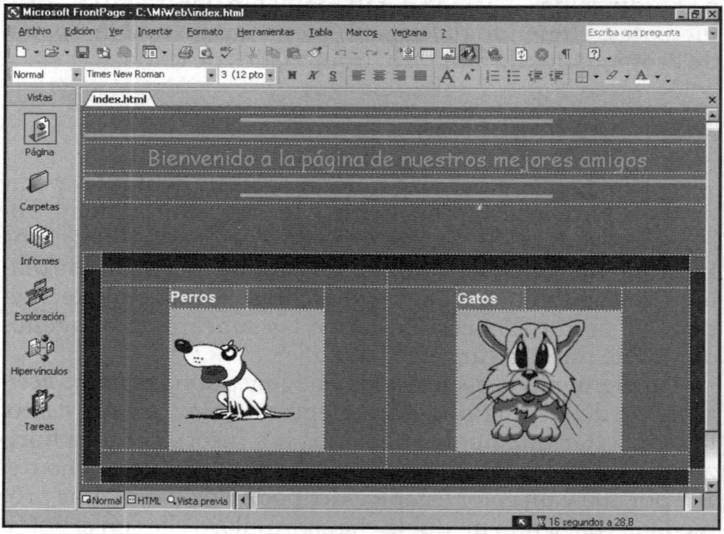

Figura A.3. Vista *normal* del documento principal de nuestra Web

A.5. Enlazar todo: los hipervínculos

Ahora toca el trabajo de enlazar esta página con las otras que vayamos diseñando.

Hemos dado el supuesto de que tendremos dos documentos HTML más, uno llamado perros.htm, con información y fotos sobre estos animales, y el otro llamado gatos.htm, aplicado del mismo modo para los felinos, los dos dentro de la misma carpeta MiWeb.

Los elementos de la página que pueden hacer de hipervínculos pueden ser realmente cualquiera. En este caso, vamos a conseguir que la imagen del perro sea el hipervínculo a la página perros.htm, así como la del gato a su página gatos.htm. Para ello, en la vista **Normal**, nada más fácil que hacer clic con el botón derecho del ratón sobre la imagen del perro (por ejemplo), y elegir la opción Hipervínculo.

O bien seleccionar previamente la imagen e ir a Insertar> Hipervínculo.

Del aparentemente complejo cuadro de diálogo que se nos aparece, sólo debemos elegir de la carpeta actual (MiWeb en este caso) el archivo html que queremos que referencia el hipervínculo de la imagen del perro, que sería perro.htm (abrir).

A.6. La Web como un todo

Para que el programa considere a todas las páginas y su elementos como un sitio Web completo, debemos "abrirlo", en el menú Archivo y la opción Abrir Web.... *FrontPage 2002* nos informará que añadirá información extra en la carpeta para poder gestionar mejor el sitio, así como su navegación mediante los hipervínculos. Así, una vez abierta la Web, si hiciésemos clic en el botón **Hipervínculos**, de la barra de vistas, veremos de forma gráfica qué pagina enlaza con otras. También tenemos unos informes muy completos sobre nuestra Web y sus componentes, haciendo clic sobre el botón **Informes** de la barra de vistas.

A.7. La publicación

Vamos con la parte realmente interesante del proyecto, mostrar nuestra Web al mundo. Para ello, *FrontPage 2002* dispone de un asistente para conectarnos a un servidor que aloje nuestra Web, así como la creación de un alojamiento nuevo si no lo tenemos. Los pasos son:

1. Elegir la opción Publicar Web... del menú Archivo.

2. Aparecerá el cuadro de diálogo para elegir el lugar de hospedaje de nuestra Web. Lo más normal es escribir un servidor de FTP en el que nos hayamos registrado previamente para publicar loas archivos. Si no nos acordamos de él o queremos registrarnos uno nuevo, haremos clic en el botón **Examinar....** Si ya lo tenemos y lo sabemos de memoria, sólo tenemos que escribirlo y hacer clic en el botón **Aceptar**. Si el servidor es de FTP, nos pedirán el nombre se usuario y la contraseña de acceso.
3. Una vez seleccionados los archivos y carpetas de nuestra Web debemos cargar en el servidor, haciendo clic en el botón **Publicar** se comenzará el proceso de descarga, incluido el de las imágenes de cada documento HTML, con los que nos preguntará la carpeta de destino de éstas.

A.8. Comprobación final

Si ya estamos deseosos de ver si nuestra página la puede ver cualquier persona con su navegador, lo probaremos nosotros mismos escribiendo la dirección que registramos en alguna de las Web que se dedican a ello.

Si nos hemos registrado en *Geocities*, y nuestro ID de *Yahoo!* es "lawebdeprueba", nuestra dirección será del estilo http://www.geocities.es/lawebdeprueba.

Índice alfabético

A

B

C

H

I

J

L

M

N

O

P

R

W

X

Y